宁夏社会蓝皮书

宁夏蓝皮书系列丛书

# 宁夏社会蓝皮书

## 宁夏社会发展报告

# （2024）

宁夏社会科学院 编

李保平／主编

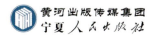

黄河出版传媒集团
宁夏人民出版社

图书在版编目（CIP）数据

宁夏社会蓝皮书：宁夏社会发展报告. 2024 / 李保平主编. -- 银川：宁夏人民出版社，2023.12
（宁夏蓝皮书系列丛书）
ISBN 978-7-227-07959-0

Ⅰ. ①宁… Ⅱ. ①李… Ⅲ. ①社会发展 - 研究报告 - 宁夏 - 2024 Ⅳ. ①D674.3

中国国家版本馆 CIP 数据核字（2023）第 255618 号

宁夏蓝皮书系列丛书　　　　　　　　　　　　　宁夏社会科学院　编
宁夏社会蓝皮书：宁夏社会发展报告（2024）　　　李保平　主编

责任编辑　　陈　浪
责任校对　　陈　晶
封面设计　　张　宁
责任印制　　侯　俊

 黄河出版传媒集团　宁夏人民出版社　出版发行

出 版 人　薛文斌
地　　　址　宁夏银川市北京东路 139 号出版大厦（750001）
网　　　址　http://www.yrpubm.com
网上书店　http://www.hh-book.com
电子信箱　nxrmcbs@126.com
邮购电话　0951-5052104　5052106
经　　　销　全国新华书店
印刷装订　宁夏银报智能印刷科技有限公司
印刷委托书号　（宁）0028482

开本　　720 mm×1000 mm　1/16
印张　　17.75
字数　　263 千字
版次　　2023 年 12 月第 1 版
印次　　2023 年 12 月第 1 次印刷
书号　　ISBN 978-7-227-07959-0
定价　　50.00 元

# 目　录

## 总　报　告

## 领　域　篇

## 高质量发展篇

## 民生热点篇

## 科技支撑篇

## 社会治理篇

# 总报告

ZONG BAOGAO

# 2023 年宁夏社会形势与 2024 年社会发展展望

马 妍

2023 年以来，宁夏各级党委和政府全面贯彻落实党的二十大精神，深入学习贯彻习近平总书记视察宁夏重要讲话指示批示精神，认真践行以人民为中心的发展思想，坚持把造福人民作为最重要的政绩，大力推动经济社会高质量发展，将 75% 以上的财力用于保障和改善民生，以实施就业创业优先、居民增收致富、医疗健康保障、住房安居宜居、社保扩面提标、养老育幼服务、文体惠民提升"七大工程"为抓手，强化政府兜底保障，注重推动基本公共服务均等化，突出教育、科技、人才在社会主义现代化美丽新宁夏建设中的基础性、战略性支撑作用，推动全区社会建设和社会事业高质量发展实现新突破。

## 一、2023 年宁夏社会发展总体形势和主要成就

### （一）区域经济高质量发展更加显著

宁夏认真贯彻落实习近平经济思想，完整、准确、全面贯彻新发展理念，以建设黄河流域生态保护和高质量发展先行区为总抓手，以实体经济为支撑，积极培育打造"六新六特六优"产业，大力发展壮大民营经济，深入推进开发区、国资国企、营商环境等改革，主动融入共建"一带一

---

作者简介　马妍，宁夏社会科学院社会学法学研究所副研究员，社会学博士。

路"，持续推动经济高质量发展，全区经济发展实现稳中有进、稳中向好、质效同升，为社会建设和民生保障打下了坚实的物质基础。特别是在经济工作中，坚持坚持系统思维、系统观念、系统方法，更加注重绿色低碳循环发展，更大力度统筹发展和安全、发展和环保、发展和民生，让改革发展成果更多更公平惠及全体人民，全区城乡居民获得感、幸福感、安全感稳步提升。2023 年前三季度，全区实现地区生产总值 3749.74 亿元，同比增长 6.4%，其中：第一产业增加值 270.26 亿元，同比增长 7.3%；第二产业增加值 1737.63 亿元，增长 8.0%，其中工业增加值 1472.72 亿元，增长 9.0%；第三产业增加值 1741.85 亿元，增长 4.9%。

**（二）科教兴区动能更加强劲**

宁夏坚持把科技创新作为推动高质量发展的动力源泉，组织实施创新力量厚植、创新主体培育、创新协同联动、创新生态涵养"四大工程"，出台科技强区行动、完善科技激励机制等指导政策，全区 R&D 投入强度稳步提升，综合科技创新水平指数从全国第 22 位提升到第 18 位，银川市跻身全国创新型城市行列。实施企业技术创新能力提升行动，制定创新型示范企业、瞪羚企业认定管理办法，科技型企业突破 2800 家、有研发活动的规上工业企业比例提高到 40.2%。建立健全东西部科技合作、企业主导的产学研联动机制，制定自治区科学技术奖励办法，组建创新联合体 16 家。大力实施人才强区战略，制定出台人才新政"18 条"等系列政策，持续开展"才聚宁夏1134"行动，培养自治区科技领军人才、青年拔尖人才 1004名，全区人才总量达到 85.2 万人。特别是在科技创新助力民营经济和民营企业发展方面，为加快全区民营经济高质量发展做了大量打基础、利长远的事情。一方面，强化关键技术攻关，搭建自治区技术市场、自治区技术转移研究院平台，深化"科技支宁"东西部合作机制，先后与 11 个省市、14 所高校院所签署了科技合作协议，与 800 余家创新主体开展合作，支持企业建设自治区重点实验室 1 家、自治区工程技术研究中心 11 家，备案自治区技术创新中心 198 家，依托企业建设的科技创新平台达 600 余家。同时，实行重大科技项目"揭榜挂帅"、"赛马"等制度，采取"前引导、后支持"等机制，支持企业等创新主体聚合优势科研力量，实施重点关键科技攻关项目 147 项，10 米超大采高工作面智能刮板输送成套装备、特大型风电轴承智能模压淬火成套装备等关键技术达到国际领先水平，填补了国内空白。另一方面，加快科技成果转化，制定出台自治区杰出科技人才、科技领军人才培养和创新团队建设管理办法，支持院士等高层次人才牵头建设装备制造、新材料自治区实验室，支持企业组建自治区科技创新团队 65 个，柔性引进科技创新团队 43 个，培育科技领军人才、青年拔尖人才 1004 名，分产业、分类型、分层次打造推动经济社会高质量发展的生力军。同时，建设"飞地"研发中心、科技成果育成平台和离岸孵化器，建立"东部研发+宁夏转化"科技成果落地新机制，实施重点科技成果转化项目超过百项、县域科技成果引进示范项目 90 余项，举办宁夏首届科技成果转化暨人才交流合作大会，全区登记科技成果 980 项，新培育国家科技型中小企业 1061 家、自治区科技型中小企业 263 家和瞪羚企业 10 家、国家高新技术企业 167 家，获批国家级科技企业孵化器 2 家，全区科技型企业突破 2800 家，有研发活动的规上工业企业提高到 40.2%，综合科技创新水平迈入全国二类创新地区。

宁夏全面贯彻党的教育方针，坚持教育优先发展，紧盯建设高质量教育体系目标，以改革创新为动力，落实立德树人根本任务，与教育部签署部区战略合作协议，拉开了新一轮部区合作推动宁夏教育高质量发展序幕，推进教育数字化和义务教育优质均衡发展等经验做法在全国推广，全区教育事业迈上发展新台阶。统筹各类教育项目资金 15.9 亿元，新改扩建幼儿园 14 所、中小学校 116 所，新增幼儿学位 5640 个、义务教育学位 1.5 万个，目前全区共有各级各类学校 3307 所，其中，幼儿园 1473 所，小学 1446 所，中等职业学校 32 所，普通中学 320 所，普通高等学校 20 所，特殊教育学校 15 所。全区各级各类学校在校学生 164 万人，专任教师 101980 人。特别是在促进就业普惠公平、加快教育数字化等方面作了积极探索。在促进优质均衡发展方面，新改扩建幼儿园 14 所，新增幼儿园学位 5640 个，全区幼儿园公办率、普惠性幼儿园覆盖率和学前三年毛入园率分别为 60%、90.42%、91.30%，提前完成国家"十四五"学前教育发展目标；新改扩建 116 所中小学校校舍，新增学位 1.5 万个，培育 15 个自治区级特色优质教育集团，集团化办学覆盖率达到50%，进一步扩大了优质资源覆盖面；新建普通高中校舍4.69万平方米，加快县级中学振兴发展，加强部属高校托管帮扶、福建省"组团式"帮扶、普通高中结对帮扶，全区县中托管帮扶实现全覆盖，六盘山高中、育才中学在银川试点招生平稳落地；建设特殊教育资源中心24个，成立特殊教育专家委员会28个，实现特殊教育专家委员会全覆盖，特殊教育供给能力持续提升。在加快教育数字化方面，"互联网+教育"示范区建设顺利通过验收，教育数字化助力中西部教育高质量发展现场推进会在银川召开，成立国家智慧教育平台整省试点工作领导小组，印发《宁夏教育数字化战略行动计划（2023—2027年)》，建成中小学智慧教育、职业教育智慧教育、高等教育智慧教育、24365大学生就业服务4个子平台，上线中小学知识点动画微课资源2049件，评星定级智慧校园195所。

**（三）就业优先地位更加稳固**

宁夏各地不断完善就业优先政策，健全促进就业"七项机制"，扎实开展"就业创业促进年"活动，就业形势总体稳定向好。一方面，坚持就业与用工融通，出台促进就业创业"33条"、优化调整稳就业"18条"等政策，建立重点企业用工服务保障机制，扩大直补快办等经办模式，落实"降、返、补"组合政策，支持实体经济和劳动密集型小微企业发展，稳定岗位存量，扩大岗位增量。1—9月，城镇新增就业7.96万人、农村劳动力转移就业82.77万人；实施以工代赈支持55个农村基础项目建设，开发"四好农村路"公益性岗位，带动就业30余万人；为6.2万家企业减缴社保费52亿元，发放稳岗返还等各类补贴资金2.9亿元，稳定130.8万名职工岗位。另一方面，坚持政府与企业联动，聚焦高校毕业生、农民工、退役军人、零就业家庭等重点就业群体持续发力，积极缓解"就业难""用工难"结构性矛盾。1—9月，失业人员实现再就业5.95万人，就业困难人员实现就业1.03万人，开发城乡公益性岗位1.35万个，490户零就业家庭动态清零；开展补贴性职业技能培训4.91万人，培训后稳定就业1.17万人；向福建、江苏等地输出农村劳动力12.96万人。此外，坚持就业与创业互补，大力发展"互联网+创业"，实施"创业宁夏"行动，加大"创业培训+创业担保贷款+创业服务"一体化扶持，推进高校毕业生、返乡入乡农民工等重点群体创业。1—9月，全区人社系统发放创业担保贷款16.7亿元，培育创业实体1.6万个、创业带动就业5.4万人。

**（四）居民增收渠道更加多样**

居民收入既是社会经济活动的"晴雨表"，也是经济发展的"内在稳定器"。2023年，宁夏各地认真落实自治区党委办公厅、政府办公厅印发的《全区居民收入提升行动实施方案（2022—2027年)》，聚焦大力发展富民产业、持续扩大有效投资等7个方面18项举措，积极拓宽居民增收渠道，进一步优化分配结构，基本实现了居民收入增长和经济增长基本同步，劳动报酬提高与劳动生产率提高基本同步，农村居民收入增长高于城镇居民，全体居民收入增速高于全国平均增速，与全国收入差距持续缩小。特别是在优化收入分配结构方面作了积极探索，自治区政府批准调整机关事业单位基本工资标准，印发公立医院薪酬制度改革实施意见，兑现义务教育学校教师课后服务绩效工资，实施县以下事业单位管理岗位职员等级晋升制度，扩大企业年金、职业年金制度覆盖面，完善城乡居民养老保险待遇确定和基础养老金正常调整机制，调增机关企事业单位退休人员和城乡居民基本养老金。同时，综合考虑经济社会发展实际和企业生产经营现状，发布了2023年企业工资指导线和人力资源市场指导价位，引导企业合理确定工资水平，一线劳动者工资收入显著提高。据宁夏调查总队统计，前三季度，全区居民人均可支配收入22181元，同比增长7.3%，增速位居全国第5位。其中，城镇常住居民人均可支配收入30739元，增长6.2%；农村常住居民人均可支配收入11368元，增长8.0%。

**（五）社会保障体系更加健全**

自治区党委和政府坚持把保障群众健康和生命安全作为健康宁夏建设的重中之重，以深化医药卫生体制改革为抓手，组织实施健康水平提升行动，实现了急诊急救"五大中心"县域全覆盖，顺利完成新冠病毒感染"乙类乙管"，推动医疗服务以治病为中心向以健康为中心加快转变。此外，进一步健全了重特大疾病医疗保险和救助制度，住院费用跨省直接结算率提高到60%，贫困患者大病保险起付线由平均9000元降低到3000元、年度最高救助金额统一提高到 16 万元,将低保边缘人口和因病致贫重病患者救助起付标准分别由 2 万元、3 万元降低到 3000 元、7000 元,积极破解群众看病难问题。

宁夏各地坚持"房子是用来住的,不是用来炒的"定位,实施因城施策、一城一策调控措施,组织开展"金九银十,好房为您,购房有礼"等一批促销活动,打通同一银行间"商转公"直贷等住房公积金贷款业务,有效释放住房消费潜力,同时积极探索房地产业发展新模式,全力做好"保交楼"和问题楼盘化解工作,确保了房地产市场健康平稳发展。持续扩大保障性住房覆盖面,全区筹建保障性租赁住房 8052 套,"十四五"以来共筹集近 21000 套,提前完成"十四五"规划目标,有效解决了新市民、青年人等重点群体住房困难问题。自治区住房城乡建设厅制定《宁夏农村住房安全保障动态监测巡查管理办法》,加强农房安全动态监测,并编制《宁夏特色抗震宜居农房设计方案》《乡村建设工匠教材(试行)》,开展"乡村建设工匠带头人"培训和乡村建设工匠大赛,引导农民建设"功能现代、成本经济、结构安全、绿色环保、风貌协调"的现代宜居农房。各地开工建设改造农村危房和抗震房改造 850 户,实现低收入群体新增危窑危房即增即改。同时,积极推进居民供热室温达到 20℃,在银川、吴忠、固原、中卫四市开展冬季清洁取暖试点,让老百姓住得更安心、更舒心、更暖心。

宁夏各地坚持以社保数字化转型为支撑,以数据治理、促进应保尽保为抓手,聚焦扩面参保、制度改革、待遇发放、风险防范、服务提升,打造了宁夏养老退休"一件事一次办"、工伤保险"全链条"服务、养老金集中统一发放、社保服务"八办并举"、社保待遇领取"多元认证"、社保卡制换卡"立等可取"等一批走在前列的工作品牌,养老金集中统一发放等工作在全国推广。截至 10 月底,全区基本养老、失业、工伤保险参保人数分别达到 522.67 万人、121.58 万人、153.65 万人,基本实现法定人群全覆盖。新开工建设项目工伤保险参保率达到 99.68%,高于国家目标任务 9.68 个百分点。基金累计结余 328.25(不含失业保险)亿元,同比增长 17.27%。累计为参保单位和个人减轻养老保险、失业保险、工伤保险缴费负担 58.34 亿元，有力地促进了社会稳定。建立养老金调标新增支出、基金当期缺口、地方自行出台政策的地方政府责任分担机制，合理划分自治区、市、县（区）政府养老保险责任。出台鼓励机关事业单位编外人员参加企业年金办法，全区552家企业建立企业年金，职业年金个人账户数达到25.26万个。推动个人养老金发展，在银川市开展个人养老金试点，已参加个人养老金28.4万人。推进工伤保险省级统筹工作，从2023年9月1日起实现基金自治区统收统支，整省推进补充工伤保险工作，形成以工伤保险为主，补充工伤保险为辅的多层次工伤保障体系。

**（六）安全生产管理更加系统**

党的十八大以来，以习近平同志为核心的党中央着眼党和国家事业发展全局，坚持以人民为中心的发展思想，把发展和安全问题摆到了前所未有的高度。特别是党的二十大报告，用专章部署国家安全体系和能力建设，这在党的历次全国代表大会上是第一次。在3万多字的报告中，"安全"一词出现91次，强调要统筹好发展和安全两件大事，安全工作被摆在更加突出的位置。历史和实践充分证明，安全与发展已深度融入总体国家安全观与高质量发展战略，成为指导我国经济社会发展的基本原则之一。牢牢守住安全发展这条底线，是构建新发展格局的重要前提和保障。在当前开启全面建设社会主义现代化国家新征程、向第二个百年奋斗目标进军的新发展阶段，既要办好保证国家安全这个头等大事，又要抓好发展这个第一要务，才能筑牢治国安邦的根基，增强攻坚克难的底气，推动经济社会事业更好发展。

自治区党委十三届四次全会深入贯彻落实习近平总书记关于安全生产重要论述和重要指示精神，统筹发展和安全，围绕"深、准、狠"总要求和"防、查、改、教、强、技、制、督、调、究"重点任务，审议通过了《深入学习贯彻习近平总书记重要指示精神、统筹发展和安全、提高安全生产工作水平、切实保障人民群众生命财产安全的意见》和37个专项文件、8个配套文件，对全区安全生产工作进行了全面部署。这次全会是自治区成立以来第一次以安全生产为主题的党委全会，充分体现了自治区党委提高安全生产工作水平的坚定态度，切实保障人民群众生命财产安全的政治自觉和责任担当，也向全区上下释放以案为鉴坚决彻底当下改、全面系统长久治的坚定意志和强烈信号，是一次集中传导责任、传导压力的会议，意义十分重大。在自治区党委的领导下，全区上下坚决扛起抓安全、保安全、护安全的责任，坚持问题导向，强化系统观念，用大概率思维应对小概率事件，按照自治区党委十三届四次全会的安排部署，区市县三级政府和各类行业主管部门及行业企业全面整治每一个领域、深入排查每一个隐患、及时消除每一个风险，用问题隐患"出清"确保行业安全、生产安全、居民安全，用各行各业高水平安全保障各项事业高质量发展，努力让人民群众的获得感成色更足、幸福感更可持续、安全感更有保障。

### （七）生态环境保护更加有力

生态文明建设是可持续发展最为重要的基础，生态安全是国家安全的重要组成部分。建设黄河流域生态保护和高质量发展先行区是习近平总书记赋予宁夏的时代重任，做好生态环境保护工作对宁夏而言具有十分重要、非常特殊的意义。

自治区党委十三届五次全会聚焦生态文明建设主题，对全区当前及未来一个时期生态环保工作进行全面安排部署，充分体现了自治区党委坚决贯彻落实习近平生态文明思想，牢记习近平总书记殷殷嘱托，高标准打造黄河流域生态保护和高质量发展先行区，坚定不移推动社会主义现代化美丽新宁夏建设的政治自觉和政治担当。时隔2个月，宁夏再次以全区最高规格会议研究部署生态环保工作，进一步传达了自治区党委及全区上下践行安全发展理念、全力保安全护安全的坚定决心和态度。特别是全会审议通过的"1+4"系列文件，全面安排了各行业各领域生态环境保护工作，是一个全面集成的有机整体。11月30日，自治区十三届人民代表大会常务委员会第六次会议研究作出《关于深入学习贯彻习近平生态文明思想依法加快推进美丽宁夏建设的决定》，从"深入学习贯彻习近平生态文明思想、坚持党对生态文明建设的全面领导、健全完善生态环境保护法规制度、加强生态环境保护监督、充分发挥人大代表作用、充分发挥人大专门委员会和常委会工作委员会作用、推动落实生态文明建设重点任务、加强生态环境保护法治宣传教育、加大生态环境保护司法保障"等九个方面，作出了安排部署。自治区人民政府及相关部门深入学习贯彻党的二十大精神和习近平生态文明思想，坚决扛起生态文明建设政治责任，牢记习近平总书记嘱托，坚定不移贯彻总体国家安全观，将自治区党委十三届四次、五次全会精神系统谋划、一体落实，带头全面落实自治区党委全会提出的各项目标任务，围绕先行区建设既定目标，坚持生态优先，加大先行先试力度，全方位贯彻"四水四定"重要要求，深入打好污染防治攻坚战，加快绿色低碳发展，推动生态保护和高质量发展取得了新成效。

## 二、2023 年宁夏社会发展存在问题与困难挑战

2023 年，宁夏坚持以人民为中心的发展思想，积极应对需求收缩、供给冲击、预期转弱三重压力，在全力抓经济高质量发展的同时，大力推进公共服务兜底线、保基本、补短板，稳步提升社会保障能力和水平，持续加强社会治理，全区社会发展取得良好成效。但宁夏属于脱贫地区、革命老区、民族地区，社会发展水平相对东部发达地区还有差距，仍然存在一些亟待研究解决的问题，也面临不少困难和挑战。

**（一）公共服务发展不平衡不充分问题依然存在，服务供给规模和质量还不能很好满足居民需求**

教育发展方面，截至 2022 年底，宁夏常住城镇化率为 66.34%，教育城镇化率达到 87.7%，教育城镇化率明显高于人口城镇化率，城镇地区面临着学龄人口增加与教育资源配置供给不足矛盾，而农村地区面临教育资源利用低等现象，客观上造成了"城市挤"、"农村弱"、大班额、择校热等现象越发普遍。加之职业教育和普通高等教育融通的"立交桥"较窄，学生接受职业教育的积极性不高，家长对职业教育的认可度不高，受教学内容、高考制度、高考内容等因素的影响，职业院校毕业生升入普通高校的人数很少。因此，更好调配教育资源，成为当前教育改革重要的问题。此外，尽管"双减"取得明显成效，但教育负担、学校负担、教师负担、学生负担依然很重，教育部门大量时间用于应付其他社会事务，特别是各类进校园活动太多，教育部门、学校、教师、学生疲于应对。医疗卫生方面，目前全区医疗卫生资源供给总量仍然不足，优质医疗资源集中在城市，乡

镇和社区等基层服务能力薄弱问题仍比较突出，特别是受制于专业水平、教育培训、经费保障等因素制约，基层医疗机构数字化、现代化服务能力不足，体系化、链条化建设有待加强。据统计，全区22个县区仅有6个县区配置了云巡诊车，虽然远程影像和会诊仅覆盖到县级医院，但各县及乡镇医疗机构建成的信息系统联通链接能力不一，在与域外平台、系统链接、信息共享开放等方面和制度设计初衷还有较大差距。养老托育方面，自治区政府于2022年5月印发了《宁夏回族自治区促进养老托育服务健康发展实施方案》，对积极应对人口老龄化国家战略，进一步扩大"一老一小"服务有效供给，促进养老托育服务健康发展等工作做出了全面安排部署。五个地级市也先后制定印发了市域养老服务质量建设总体规划、实施方案、专项行动方案等"一老一小"整体解决方案，绝大部分县区也制定了相关落实工作方案。但在具体推进实施中，由于政府财力不足、资源整合不够等因素影响，还存在市县区工作推进不平衡、重点任务进展不平衡的问题。比如，对不同层次不同类型民生需求回应不够精准，居家社区养老托育等刚需服务供给不足问题凸显，城乡低保、孤儿养育津贴、残疾人两项补贴三类保障标准均处于全国平均水平以下，每千人口托位数指标任务完成压力大和托育机构入托率低的问题同时存在。

**（二）公共服务政策体系仍需不断健全完善，服务保障能力和机制还不能有效适应形势变化需要**

就业保障方面，尽管受经济下行和周期性波动影响，全区劳动力市场需求在收缩，叠加老龄化社会加速、高校毕业生总量增加等因素，有效用工需求尚未完全释放，就业压力有明显走高的趋势。但从长期看，经济向好的基本面没有变，人口变化导致的劳动力供给下降在一定程度上缓解了就业总量压力，相对而言就业质量和结构性矛盾才是更为深远的问题。因此，当前宁夏就业保障存在的问题仍然是基于人力资源供给与岗位需求之间不匹配，造成的企业招工难、个人就业难、企业稳岗难等就业结构性问题。医疗保障方面，目前就医地医保部门对异地就医参保人员的违法违规行为尚无处理处罚权，在有限权责下无法开展全方位监管，存在一定监管漏洞；而参保地医保部门对就医地涉嫌违法违规的医药机构并不具备管辖权，不能直接进行检查与处罚。同时，各地医保政策制度不尽相同，国家医保信息平台相关技术规范和标准尚在落地完善阶段，各地监管工作效率偏低、成本较高、难度较大。因此，在大力推进医保跨地区、跨省份结算的同时，医保定点医疗机构监管亟待加强，必须守好医保基金这份居民"救命钱"。此外，我国为失能老人提供基本生活照料和医疗护理等服务资金保障主要渠道的长期护理保险制度已在试点中破题，制度框架初步建立，但宁夏失能老人长期护理保险试点尚未建立，仍需有关部门深入研究、加快推进。住房保障方面，经过近十年的不懈努力，宁夏实施了一批保障性安居工程，城镇户籍住房和收入"双困"家庭住房保障基本实现"应保尽保"，常住人口"住有所居"得到巩固和提升，城镇住房保障基本满足职住平衡。但随着新型城镇化发展和国家发展公租房政策的调整，部分城市需按照供需匹配要求统筹谋划新时期住房保障工作，切实解决新市民、青年人等群体"买不起房、租不好房"问题。短期来看，全区现有公租房能够满足新市民、青年人等住用需求；从长期来看，全区现有公租房规模保障能力将呈下降趋势，吴忠市、固原市、宁东基地等地还有缺口。因此，抢抓中央启动实施"三大工程"的重大政策机遇，加快推进住房制度改革，进一步健全完善公租房运行管理体制机制，积极规划建设保障性住房势在必行。

**（三）社会治理体系和治理能力现代化仍需加力推进，社会治理效能和水平还不能完全支撑高质量发展**

安全生产方面，自治区党委以非常之举、下非常之功，聚焦"一件事"全链条，以党委全会形式研究确定了"1+37+8"系列文件，逐个行业安排部署，逐条明确责任，逐项完善机制，逐环节强化措施，细化形成了全区安全生产工作的"施工图""任务书"，进一步完善了安全生产监管顶层设计，强化了全区上下大抓安全的思想意识和体制机制。但各地各部门受制于诸多客观条件，用以安全管理工作的人、财、物等保障还有明显不足，部分行业安全管理立法滞后，行业监管和属地管理职责划分还有交叉或不清的地方，特别是在信息化赋能安全管理方面还有短板弱项，加之广大群众安全防范意识依然不强和基本知识储备不足，造成一些行业安全生产管理依然存在工作漏洞和风险隐患。生态环保方面，宁夏是全国唯一全境属于黄河流域、"三北"工程建设地区，也是生态脆弱地区，担负着习近平总书记赋予的建设黄河流域生态保护和高质量发展先行区、维护西北乃至全国生态安全的特殊使命任务。目前，宁夏干旱缺水、大风多沙、盐碱荒漠等问题，不同程度影响着群众生产生活。与中央要求、自治区安排和群众期盼相比，宁夏各地生态环境保护工作仍然存在一定差距，一些领域和地区问题还比较突出，特别是在工业企业污染防治、农村面源污染治理、生活污水和垃圾处理、绿色低碳城市建设、植绿护绿等方面，还需加强设施建设，加大执法力度，加强日常监管，切实提高全社会共同参与、全力护佑碧水、蓝天、净土的意识和能力。基层治理方面，近年来宁夏基层治理工作取得了长足发展，积累和推广了一大批成功经验，但对标现代化建设新要求，还存在一些突出问题亟待解决、一些短板弱项亟待补齐。比如，目前农村地区人员居住相对分散，村庄环境整治难度较大，乡村应急管理体系不健全，群众防灾、救援、避险意识和能力有待提升。再如，为基层组织减负还需加强管控，社区证明事项治理还存在边清理边反弹现象，"街区吹哨、部门报到"的机制还不够完善，规范村级微小权力、推进村规民约奖惩机制落地还有提升空间，数字化治理与传统模式治理之间融合不够，社会公众主动参与城乡治理的积极性不高，等等。

## 三、2024年宁夏社会发展形势及政策建议

当前，宁夏发展面临的战略机遇和风险挑战并存，经济回升向好、长期向好的基本趋势没有改变，特别是发展利好因素正加速集聚，"一带一路"、区域协调发展、新时代西部大开发等国家战略叠加效应进一步显现，黄河流域生态保护和高质量发展先行区、乡村全面振兴样板区、铸牢中华民族共同体意识示范区建设加快推进，经济高质量发展的内在支撑日益增强，2023年以来经济增长速度一直处于全国第一方阵，激发了全区上下干事创业激情，使全区干部群众坚定不移"大抓发展、抓大发展、抓高质量发展"的思想更加统一、意志更加坚定、精气神更加饱满。加之，国家新能源综合示范区、"东数西算"等重大工程全面启动，对宁夏经济结构调整、产业转型升级、新旧动能转换带来了窗口期、机遇期、提升期，进一

步夯实了宁夏各项工作争先进位、争创一流的坚实基础。

2023 年是贯彻落实党的二十大精神的开局之年，2024 年是新中国成立 75 周年，2025 年是"十四五"规划收官之年。因此，2024 年是社会主义现代化新征程的承上启下关键年份，做好经济社会发展各项工作十分重要、意义重大。宁夏要坚持以习近平新时代中国特色社会主义思想为指导，全面贯彻落实党的二十大和习近平总书记视察宁夏重要讲话指示批示精神，按照自治区第十三次党代会和十三届四次、五次全会安排部署，统筹落实中央和国家各项政策，最大限度转化为宁夏行动和发展机遇，用好有限财力补短板强弱项，推动更多基本公共服务在全国排位提升，以政策的强度和工作的力度稳定社会预期、增强社会信心，为经济高质量发展营造良好社会环境。

**（一）坚定贯彻落实科教兴国战略，强化现代化建设教育、科技和人才支撑**

1. 坚持教育优先发展，力争教育投入持续增长，再集中解决一批影响教育事业高质量发展"硬缺口"问题

高度重视流动人口教育问题，教育、发展改革、财政、自然资源、住建、人社等部门应加强信息共享和工作协同，科学预测学龄人口数量和空间分布，精准测算教育资源承载能力，健全基于促进城镇化的"人、地、钱"三挂钩等公共资源配置机制，通过持续实施教育质量提升行动，配合"县管校聘"等教育管理改革措施，逐步破解人口流动对教育发展的不利影响，保持好宁夏基础教育发展的良好态势。深化职业教育供给侧结构性改革，认真落实中共中央办公厅、国务院办公厅印发的《关于深化现代职业教育体系建设改革的意见》，坚持以人为本、能力为重、质量为要、守正创新，更加注重校企协同育人、产教深度融合、双师型教师培养，积极探索高中阶段职普融通路径，让不同禀赋和需要的学生能够多次选择、多样化成才，真正发挥职业教育服务学生全面发展和经济社会发展的应有作用。着力打造更高水平数字教育，总结好"互联网+教育"发展成果，深化宁夏教育数字化战略行动，实施好国家智慧教育平台整省试点，推进信息技术与教育教学深度融合，进一步提升教育数字基础设施建设、数字资源供给、数字技术应用和数字治理水平，探索现代化教育"宁夏路径"。

2. 坚持科技创新引领，确保全社会科技投入稳定增长，加快建设具有竞争力的科技创新高地

大力实施科技创新"四大工程"，更加精准高效地集聚创新要素和人才资源，高水平建设全国东西部科技合作引领区。加快各类创新平台建设，重点围绕优势特色产业，培育建设一批重点实验室、工程（技术）研究中心、企业技术（创新）中心，鼓励企业联合高校、科研院所组建新型研发机构，培育一批科技成果转移转化示范企业，提升科技创新孵化能力，推动经济发展由要素驱动为主向创新驱动为主转变。要强化企业创新主体地位，继续实施"揭榜挂帅""赛马制"等制度和高新技术企业培育计划，落实企业研发费用加计扣除及后补助等政策，鼓励企业加大科技投入，建立健全国有企业研发投入刚性增长机制，推动产学研用深度融合，稳步提升规模以上工业企业研发机构和研发活动覆盖面，促进创新链同产业链、资金链、人才链、政策链深度融合，推动"科技—产业—金融"良性循环。

3. 坚持人才第一资源，动态调整优化人才政策，聚力打造人才集聚发展洼地

抢抓国家支持建设宁夏高等研究院的政策机遇，拓展与全国知名高校合作领域，深入实施"才聚宁夏1134行动"等重大人才计划，打造银川人才创新创业示范城，支持其他四市和宁东基地因地制宜建设区域特色人才集聚地，加快形成全区人才发展"雁阵格局"。要聚焦人才工作全链条，深入实施人才培养工程、引进工程、活力工程、暖心工程，进一步做好做实人才培育、引进、使用、留住等工作。同时，紧扣重点领域、重大工程加快培养急需紧缺高技能人才，培养造就更多卓越工程师、行业工匠，有力支撑全区产业转型升级和经济高质量发展。

**（二）扎实推进共同富裕，让现代化建设成果更多更公平惠及人民群众**

1. 优化就业优先政策体系，促进高质量充分就业，进一步提高广大居民收入

坚持把就业摆在保障和改善民生工作首要位置，以抓好就业优先政策落地为牵引，建立健全政府与企业联动、发展与就业统筹、就业与用工融通、培训与输出一体、援助与自强互励、就业与创业互补、数量与质量并

重等重要工作机制，大力拓展就业增长点，通过提高就业质量促进居民稳定增收。全力稳住市场主体，全面落实自治区"就业创业促进年"活动"33条"措施，以更大力度援企稳岗，及时帮助企业解决困难，着力夯实稳就业根基。大力开发就业岗位，稳步拓展公共岗位、基层岗位，积极支持自谋职业、灵活就业，加强线下线上和"直播带岗"招聘，持续强化项目拉动、产业带动，不断扩大就业"蓄水池"。着力防范化解风险，精准开展脱贫家庭、低保家庭、零就业家庭高校毕业生就业援助，依法规范就业市场秩序，努力营造良好就业氛围和舆论环境。持续做好农村转移劳动力、脱贫人口、退役军人及就业困难人员就业帮扶，建立常态化帮扶机制，畅通求助渠道，牢牢守住就业底线。

2. 优化社会保障政策体系，力争做到应保尽保，进一步发挥社会"稳定器"作用

健全多层次、多支柱社会保险体系，推进失业、工伤保险基金省级统收统支，积极推广个人养老金制度，不断扩大异地就医联网医疗机构覆盖面，巩固社保基金专项整治成效。健全分层分类社会救助体系，稳步提高优抚对象抚恤和生活补助、低保对象补助标准，统筹城乡"三无"特困人员供养制度和医疗救助制度，加快建立实施失能老人长期护理保险制度，加强对农村老年人、儿童、"三留守"人员等特殊和困难群体的关心关爱，健全慈善事业监管机制，不断提升社会救助工作质效。健全住房保障体系，坚持房住不炒，加快建立多主体供给、多渠道保障、租购并举的住房制度，大力支持刚性和改善性住房需求，探索长租房市场建设，着力解决新市民、青年人等住房问题。

3. 优化托育养老政策体系，充分调动社会力量，进一步提升兜底保障能力

全面落实设施布局规划，区市县三级都应建立常态化督查机制，确保新建住宅小区与配套养老托育服务设施同步规划、同步建设、同步验收、同步交付，促进服务能力提质扩容和区域均衡布局。强化政府保基本兜底线职能，进一步增加财政投入、设立专门项目，完善社区养老、老年助餐、托育服务等政策制度，统筹推进城乡养老托育事业持续健康发展。多方增

加服务供给，加强乡镇综合养老服务中心、社区日间照料中心养老服务设施建设，力争实现有关规划中社区养老服务设施建设覆盖率达到85%、养老机构护理型床位占比达到55%的目标，打造城市居家社区"15分钟养老服务圈"，用心用情守护最美"夕阳红"。同时，全面落实三孩生育政策及配套支持措施，积极支持社区公办托育服务机构建设，引导社会力量发展普惠养老托育服务，不断扩大养老托育服务有效供给。

**（三）建设绿色低碳社会，积极营造更多高品质生活场景**

**1.持续加强生态环境保护**

要深入贯彻落实习近平生态文明思想，坚持生态优先、绿色发展，切实增强生态文明建设的战略定力，坚持把生态环境保护作为谋划发展、推动高质量发展的基准线。紧紧围绕自治区第十三次党代会部署，坚定扛起加快建设黄河流域生态保护和高质量发展先行区使命任务，认真落实自治区党委十三届五次全会具体安排，坚持山水林田湖草沙一体化保护和系统治理，大力推进产业绿色转型，以更高标准打好打赢蓝天、碧水、净土"三大保卫战"，从当下改和长久立的有机结合上持续推进生态环境质量巩固向好，以高品质生态环境保障高水平安全、支撑高质量发展，建设青山常在、绿水长流、空气常新美丽宁夏。

**2.倡导推行绿色生活方式**

习近平总书记在首个全国生态日之际作出重要指示强调，持续推进生产方式和生活方式绿色低碳转型。党的二十大报告明确了2035年我国发展的总体目标，其中之一就是"广泛形成绿色生产生活方式"。一方面，广泛开展绿色低碳社会行动，倡导绿色生活，鼓励绿色出行，抓好生活垃圾分类、"无废城市"建设，加快推动县域生活垃圾"全焚烧、零填埋"，建设绿色机关、绿色家庭、绿色社区，推动形成简约适度、绿色低碳的生活方式。另一方面，聚焦数字化、突出新建造、融入新技术，大力发展绿色施工，积极推动完整社区和未来社区建设试点，有机贯通城市"大脑"、社区"中脑"、家庭"小脑"，探索建设新型智慧住宅，支持各地选择部分社区打造现实与数字"孪生"社区，为居民提供更多的政务、社会等智能化服务，打造具有归属感、舒适感和未来感的新型城市功能单元。

3. 加快建设宜居宜业城镇

深入贯彻落实习近平总书记关于城市工作的重要论述，牢牢坚持"一个尊重、五个统筹"，深入践行"人民城市人民建、人民城市为人民"重要理念，顺应城市建设从外延扩张向内涵提质转型、人民群众对高品质生活从"有没有"向"好不好"跃升的新变化，着眼于推进城与乡的新循环，以深入实施城市更新、乡村建设两大行动为抓手，统筹产业发展、生态涵养、文化传承、基础设施和公共服务，积极促进城市可持续发展、乡村全面振兴。加快推进以人为核心、以县城为重要载体的新型城镇化，加快形成工农互促、城乡互补、协调发展、共同繁荣的新型工农城乡关系，积极打造宜居宜业新型城镇，努力实现城市让生活更美好、乡村让城市更向往。

**（四）持续加强社会建设，为加快经济高质量发展营造和谐稳定社会环境**

1. 加快推进依法治区

深入贯彻落实习近平法治思想，推动科学立法、民主立法，做好地方性法规制定和民族自治地方、设区的市立法工作。加强法治政府建设，健全重大行政决策程序制度，深化行政执法体制改革，推进政务公开，完善行政执法监督体制。坚持和完善民族区域自治制度，深入开展民族团结进步创建活动，提升民族事务依法治理能力，加快建设铸牢中华民族共同体意识示范区。坚持宗教中国化方向，依法加强宗教事务管理，切实维护宁夏现有宗教格局。弘扬社会主义法治精神，深入推进"八五"普法，创新开展"法律七进"，增强全社会特别是公职人员尊法学法守法用法观念，在全社会形成良好的法治氛围和法治习惯。

2. 加强和创新社会治理

坚持联动融合、开放共治，健全党委领导、政府主导、社会协同、公众参与、法治保障的社会治理体制，进一步提升社会治理的社会化、法治化、智能化、专业化水平。坚持和发展新时代"枫桥经验"，健全诉求表达、心理干预、矛盾调处、权益保障机制，不断提高预测预警预防各类风险能力。加强社会治理信息资源整合和共建共享，加快社会服务管理信息化，推动平安建设信息系统与"网格化管理"两网融合，积极探索多元主体参与治理模式。推进社会组织、社会工作和社区单位"三社联动"，创新流动人口和特殊人群服务管理。完善网络安全和信息化管理体制机制，加强网络社会治理，加大依法治网力度，推动网络空间健康发展。加强基层群众自治组织和各类社会组织建设，激发社会组织活力，实现政府治理和社会调节、居民自治良性互动。规范发展社会组织，加强对各类社会组织的管理，激发社会组织活力。

3. 深化平安宁夏建设

强化安全生产监督管理，严格落实"党政同责、一岗双责、齐抓共管、失职追责"和"三管三必须"要求，切实把责任落实到最小工作单元，推动自治区党委十三届四次全会决策部署和"1+37=8"系列文件具体安排落地落细，进一步提升本质安全水平，坚决遏制重特大生产安全事故。加强地下管网地理信息系统和安全运行监测系统、智慧市政、智慧执法等信息系统建设与应用，稳步推进城市楼宇、公共空间、地下管网等"一张图"数字化管理和城市运行"一网统管"。加快构建严密高效、社会共治的食品药品安全治理体系，全面加强综合防灾减灾救灾能力和应急体系建设。完善社会信用体系，强化契约精神，维护市场主体合法权益，构建亲清政商关系。健全完善社会治安防控体系，常态化开展扫黑除恶专项斗争，严厉打击治理电信网络诈骗等突出违法犯罪行为。依法严密防范和严厉打击境内外各种敌对势力的渗透颠覆破坏活动、暴力恐怖活动、宗教极端活动，坚决维护国家安全和我区社会政治稳定。

# 领域篇

LINGYU PIAN

# 2023年宁夏教育事业发展报告

张艳弟  马  静

在自治区党委和政府的正确领导和大力支持下，宁夏教育系统全面贯彻党的教育方针，以建设高质量教育体系为目标，以改革创新为动力，落实立德树人根本任务，圆满签署部区战略合作协议，拉开了新一轮部区合作推动宁夏教育高质量发展的序幕，教育系统特色亮点工作突出，宁夏推进教育数字化和义务教育优质均衡发展等经验做法在全国推广，全区教育事业迈上发展新台阶。

## 一、宁夏教育事业发展现状

2023年，全区共有各级各类学校3307所，其中，幼儿园1473所，小学1446所，中等职业学校32所，普通中学320所（普通高中70所，初中250所），普通高等学校20所（本科院校7所，高职/专科学院12所，部委院校1所），成人高校1所，特殊教育学校15所。全区各级各类学校在校学生164.43万人，其中，幼儿园25.6万人，义务教育阶段89.4万人，高中阶段17.24万人，高校23.72万人，特殊教育学校7127人。全区各级各类学校有专任教师101980人，其中，幼儿园17615人，小学35926人，中

**作者简介**  张艳弟,宁夏教育科学研究所一级教师;马静,宁夏教育科学研究所一级教师。

等职业学校 3533 人，普通中学 34504 人，普通高校 9897 人，特殊教育学校 505 人。坚持教育优先发展，统筹各类教育项目资金 15.9 亿元，全区新改扩建幼儿园 14 所、中小学校 116 所，新增幼儿学位 5640 个、义务教育学位 1.5 万个，超额完成年初目标任务。自治区财政加大对教育项目支持力度，2023—2025 年，将在原有基础上新增投入 3 亿元、统筹 3 亿元。加快解决全区基础教育学位短缺问题。扩大普通高中招生计划，全区普通高中招生计划由去年的 60.7%提高到了 65.2%，新增普通高中学位 4086 个，六盘山高中、育才中学在银川试点招生增加普通高中学位 220 个，持续满足群众对"上好学"的需求。不断补齐高校办学条件短板，全面摸排全区 16 所公办高校学生就餐条件，争取资金 5.33 亿元，谋划实施 8 个项目，新建扩建校舍近 10 万平方米，切实缓解公办高校学生宿舍、食堂短缺等问题，教育事业各项重点工作取得了显著成效。

**（一）立德树人根本任务有效落实**

1."大思政课"建设持续推进

深入推进习近平新时代中国特色社会主义思想进教材进课堂进师生头脑，督促指导各地各校开足讲好习近平新时代中国特色社会主义思想学生读本和概论课，打造党史学习教育、党性锤炼、思政实践、红色视听、云端网络等 5 个思政课堂，遴选中小学思政课骨干教师 61 名，录制示例课 80 节。实施全区学校思想政治工作质量提升工程，立项建设思政课程精品项目、课程思政示范项目等 500 余项，全力打造一批精品课程。组建大中小学思政课一体化共同体，支持有关高校建设自治区重点马克思主义学院、马克思主义学院培育单位和示范马克思主义教学科研部，学校思想政治工作体系不断完善。

2."五育并举"不断加强

一是学校铸牢中华民族共同体意识教育不断加强。实施青少年学生夯基育苗工程，印发《关于加强学校铸牢中华民族共同体意识教育实施方案》，开展全区教育系统民族团结进步月系列活动。规范学校命名和食堂管理，具备条件的学校都增设了普通餐厅。对全区大中小学教材、教辅、图书进行拉网式、起底式排查整治。创建铸牢中华民族共同体意识示范校 30

所，宁夏学校铸牢中华民族共同体意识教育工作典型经验做法在 2022 年全国教育工作会议上做了交流发言，得到中央"一检一督"工作组充分肯定。二是体教融合持续深化。开齐开足开好体育课，创建体育特色学校 20 所。成功举办宁夏历史上参赛规模最大、参赛人数最多的自治区第十四届学生运动会。三是注重美育熏陶。命名建设 22 个美育名师工作室，遴选建设 15 所美育特色学校和 20 个学生美育社团。四是强化劳动教育实践。遴选培育第二批劳动教育示范校 129 所，命名自治区级劳动教育实践基地 20 个。

**（二）基础教育优质均衡发展水平不断提升**

1. 学前教育普及普惠发展

普惠性学前教育资源供给不断扩大，新改扩建幼儿园 14 所，新增幼儿园学位 5640 个。推进县域学前教育普及普惠创建，贺兰县、金凤区、灵武市 3 个县区通过自治区督导评估。全区 22 个县（市）区公办率、普惠率全部实现"50、80"目标。全区幼儿园公办率、普惠性幼儿园覆盖率和学前三年毛入园率分别为 60%、90.42%、91.30%，提前完成国家"十四五"学前教育发展提升行动计划提出的"50、85、90"目标。幼儿园公办率提前达到国家新时代基础教育扩优提质行动计划提出的 60% 目标。

2. 义务教育城乡一体化发展

有序推进城乡义务教育一体化布局规划纳入城市、县镇、乡村发展中，增加城镇人口集中地区学位供给，新改扩建 116 所中小学校校舍，新增学位 1.5 万个。进一步深化集团化办学、学校联盟、委托管理等形式，发挥优质校带动作用，扩大优质资源覆盖面，培育 15 个自治区级特色优质教育集团，集团化办学覆盖率达到 50%。

3. 普通高中多样化发展

新建普通高中校舍 4.69 万平方米，加快县级中学振兴发展，加强部属高校托管帮扶、福建省"组团式"帮扶、普通高中结对帮扶，全区县中托管帮扶实现全覆盖。推动普通高中多样化发展，培育特色高中 10 所。扩大普通高中招生计划，六盘山高中、育才中学在银川试点招生平稳落地。

### 4.特殊教育普惠融合发展

建设特殊教育资源中心 24 个，成立特殊教育专家委员会 28 个，实现特殊教育专家委员会全覆盖。指导红寺堡区独立设置特殊教育中心，银川市、同心县、隆德县、中宁县在特殊教育学校设置职教部（班）或学前部，惠农区、泾源县、彭阳县附设特教班，特殊教育供给能力持续提升。

### （三）现代职业教育体系加快建设

#### 1.产教融合不断深化

印发《自治区现代产业学院建设指南》，主动对接自治区"六新六特六优"产业发展，支持高等院校、职业学校联合企业建成装备制造、葡萄酒、现代金融等 18 个现代产业学院。银川市职业技术教育中心等 5 个国家级产教融合实训基地全部建成。举办现代化工·新材料专业人才培养与产业发展论坛、职业教育服务乡村振兴论坛、2023 年全区职业教育活动周、"中银杯"全区职业院校技能大赛等赛事活动，营造职业教育浓厚氛围。

#### 2.专业设置不断优化

撤并淘汰供给过剩、就业率低、职业岗位消失的专业 36 个，新增市场需求旺盛的专业 73 个，推动 36 个自治区高水平和优质特色专业（群）建设，形成紧密对接"六新六特六优"产业链、创新链的专业体系，为宁夏塑造发展新优势培养专项人才，让特色产业发展跑出"加速度"。

#### 3.学习型社会建设不断加强

印发《宁夏终身教育学分银行建设办法（试行）》，推动构建服务全民的终身学习体系。成功举办第五届全区"全民终身学习活动周"，遴选认定自治区"百姓学习之星"240 名，"终身学习品牌项目"49 个，"优秀成人继续教育学院"14 个，扩大终身教育资源供给，满足人民群众多元化学习需求。

### （四）高等教育振兴发展

#### 1.院校设置事项加快落地

"双一流"建设加快推进，自治区财政投资 2 亿元，重点支持民族学、数学、化学工程与技术等 20 个一流学科建设，宁夏大学、宁夏医科大学、北方民族大学 3 所高校的数学、化学、工程科学、临床医学、药学等 7 个学科跻身 ESI 全球排名前 1%。教育部同意将宁夏 10 项高校设置事项纳入"十四五"规划，比"十三五"增加了 8 项，实现了本科层次职教大学零的突破。宁夏师范学院"升大更名"完成省级评审公示，等待教育部评审验收。建成宁夏卫生健康职业技术学院并顺利招生，填补了宁夏卫生健康类高职院校的空白。宁夏闽江应用技术学院开工建设，宁夏交通职业技术学院更名完成自评整改工作，宁夏职业技术学院、宁夏工商职业技术学院 2 所学校"升大"工作加速推进。宁夏高等研究院启动建设。积极争取教育部支持宁夏建设全国首个高等研究院，聚焦现代化工、葡萄与葡萄酒、枸杞等特色优势产业发展需求，打造高端人才培养与科技创新试点示范基地。

2. 人才培养质量持续提升

不断创新技能人才培养体系，完善技能人才评价、激励机制，坚持以赛促学、以赛促训、以赛促建，支持院校提高教育教学质量，激发技能人才的创新才智和创造潜能，培养更多"知识型、技能型、创新型"人才。支持高校布局建设智能材料与结构、葡萄与葡萄酒工程、医学信息工程学科专业 223 个，获批国家级一流本科课程 9 门。加大高校科研创新支持力度，2022 年全区高校 R&D 经费内部支出共计 7.04 亿元，同比增长 1.56%。

**（五）教育领域综合改革不断深化**

一是教育评价改革深入推进。持续开展"十个不得、一个严禁"等事项清理规范工作，督促指导有关部门和高校整改违反教育评价改革政策事项 2 起。二是考试招生制度改革稳妥推进。建成普通高中教学管理服务信息化平台，调整规范初中学业水平考试。开展全区学籍管理和招生入学工作专项核查，规范招生入学秩序。三是学校管理和教育评价不断完善。印发基础教育各学段办学质量评价实施方案，全面启动办学（园）质量评价工作。

**（六）高素质专业化创新型教师队伍不断加强**

1. 师德师风建设不断加强

持续深化师德师风专项整治，教育厅印发《自治区师德违规情况报告通报制度》，将师德考核作为教师考核的重要内容，依法依规处理 23 起教师师德失范问题。多渠道、多层次开展师德师风教育活动，对新入校的教师举行入职仪式，并举行岗位和师德师风培训；将师德师风教育作为优秀教师团队培养，骨干教师、学科带头人和学科领军人才培育的重要内容；在教师中培养和发掘师德典型、教书育人楷模、一线优秀教师等，把他们请进课堂，用他们的感人事迹诠释师德内涵；广泛开展学风建设的专题讨论，组织全区教师认真学习贯彻习近平总书记教师节重要指示精神，开展系列宣传教育活动，大力弘扬教育家精神，切实提高广大师生的学术自律意识。

2. 教师培养培训力度不断加大

不断把严教师准入关口，完成 4.5 万名教师的资格笔试和面试工作，启动 10 个师范专业认证工作。全员培训、学科培训、专项培训全力推进、有序进行，2023 年投入教师培训经费 6030 万元，扎实推进"国培""区培"计划，自治区本级培训教师 1.6 万人次。大力实施公费师范生、优师计划，2023 年争取国家公费师范生培养计划 237 名，较上一年提高 6.7%，地方公费师范生培养规模由 300 人扩大到 450 人，支持各地培养认定市县级骨干教师 2750 名，形成教师梯队"长链式"的发展模式，以教师培训高质量助推教育发展高质量，为全区教育教学改革提供师资保障和人才支撑。

3. 教师专业能力不断提升

自治区教师搭建业务切磋、学习、提升平台，先后选送 200 多名校长和骨干教师到广州、上海、福建等地跟岗研修，大力实施新入职教师"起航计划"、青年教师"青蓝计划"、优秀教师"卓越计划"，6 人入选教育部名师名校长培养计划，组建 64 个自治区名师名校长工作室，带动培养 484 名骨干教师、校长。通过培训和交流学习使他们不断更新观念，及时充实并储备专业知识，不断提高自身的专业素质，努力成为集教学、研究为一体的合格教师。

4. 弘扬尊师重教风尚

宁夏先后开展"塞上名师"、特级教师评选表彰工作，召开全区教育系统表彰会议，深入开展教师走访慰问、"为教师亮灯"等庆祝教师节系列活动，积极关心教师、服务教师，在全社会营造了尊师重教的浓厚氛围，让广大教师在岗位上有幸福感、事业上有成就感、社会上有荣誉感。宁夏职业技术学院研究员许斌被评为"全国教书育人楷模"。这些成绩的取得，得益于全区上下的共同努力，更饱含着宁夏全体教师和教育工作者的心血智慧和辛勤付出。

### （七）教育数字化战略大力实施

"互联网+教育"示范区建设顺利通过验收。教育数字化助力中西部教育高质量发展现场推进会在银川召开，教育部党组书记、部长怀进鹏出席会议并讲话，教育数字化发展得到与会领导的充分肯定。成立国家智慧教育平台整省试点工作领导小组，印发《宁夏教育数字化战略行动计划（2023—2027年）》。升级建设宁夏智慧教育平台，建成中小学智慧教育、职业教育智慧教育、高等教育智慧教育、24365大学生就业服务4个子平台，全面对接国家智慧教育平台。推进数字教育资源建设，上线中小学知识点动画微课资源2049件，覆盖中小学语文、数学、英语等学科。加快智慧校园建设，评星定级智慧校园195所。

### （八）人民群众教育获得感幸福感持续增强

#### 1. 专项治理扎实开展

自治区纪委监委和教育厅共同牵头在全区教育领域开展侵害群众利益不正之风专项治理，聚焦维护教育公平、教育项目资金管理、校外培训监管、师德师风等4个方面自查问题4667个，已整改4120个；查处问题线索351件，立案96件119人。通过专项治理，促进教育系统行风清朗、政风清明、校风清净、师风清正。

#### 2. "双减"工作深入推进，加强困难学生资助

公开曝光违规培训案例120余起，监管预收费资金2200余万元，全区1600多家合规校外培训机构实现"5个管起来""3个100%"，"爆雷""冒烟"机构实现动态清零，受到教育部通报表扬。下达2023年学生资助补助经费预算指标10.1亿元，资助家庭经济困难学生44.3万人次。抓好营养改善计划，下达学生膳食补助、教师配餐补助资金1.6亿元，惠及11个县区916所学校近22万学生。

#### 3. 高校毕业生就业率再创新高

协调自治区有关部门扩大"西部计划""三支一扶"招募规模，加快

公务员、事业单位招录进度，继续实施"四大基层服务专项计划"，自治区财政安排资金1.2亿元，将人均经费预算标准由4.5万元提高到5.5万元。举办各类招聘会186场，累计提供岗位15.4万个，高校毕业生毕业去向落实率达90.03%，为历史同期最高水平，走在了全国前列，创造了宁夏经验。

### 4. 校园安全稳定

加强隐患排查，制订印发《关于加强校园安全工作的方案》，全面细致梳理了燃气、校舍（校园设施）、实验室及危险化学品、校车、特种设备、消防安全等21个方面的校园安全风险和重点任务，督促各地各学校全面排查整治，发现问题隐患1200多条，建立"一台账三清单"，开展专项督查检查7次，推动整改落实，确保全区校园安全稳定。紧盯关键领域，开展全区幼儿园安全水平提升专项行动，出台《关于进一步加强和改进新时代高校学生心理健康教育工作实施意见》，成立全区中小学、高校心理健康教育指导委员会和五市中小学学生心理危机干预工作组，及时干预、及时转介治疗。防范化解风险，压实意识形态工作责任，加强阵地管理，开展全区高校论坛活动专项清理整治，清理340个，保留146个，稳妥处置涉校涉生舆情11起。开展"平安宁夏"、扫黑除恶、"扫黄打非"、防范电信网络诈骗等专项行动，实现校园稳定"零事件"，牢牢守住政治安全的底线红线。

## 二、宁夏教育事业发展存在的主要矛盾与难题

### （一）人口流动带来的教育资源布局难题

宁夏现有常住人口720.26万人，其中，银川市285.91万人，占39.69%；石嘴山市75.14万人，占10.43%；吴忠市138.27万人，占19.20%；固原市114.21万人，占15.86%；中卫市106.73万人，占14.82%。全区常住人口中，居住在城镇的人口为467.86万人，占64.96%；居住在乡村的人口为252.4万人，占35.04%。同第六次全国人口普查相比，城镇人口增加166万人，乡村人口减少75.9万人，城镇人口比重上升17.06个百分点，宁夏城镇化率达到66.04%，教育城镇化率达到87.7%，教育城镇化率明显高于人

口城镇化率。对于流入地城镇地区而言,随着人口快速向城镇的聚集,城镇地区面临着学龄人口增加与教育经费、学校建设和师资配置供给不足的矛盾。对于流出地的农村地区而言,面临适龄学生减少、优秀教师资源短缺、小规模学校占比高,教育资源利用低等现象。造成城镇学生越来越多、学校越来越挤,农村教育越来越弱、学生越来越少,"城市挤"、"农村弱"、大班额、择校热等现象越发普遍。如何合理分配资源,解决好城乡教育资源的矛盾,成为当前教育改革重要的问题。

**(二) 净化教育环境难题**

从幼儿园到小学、从小学到初中、从初中到高中都有过渡期、适应期,从校外培训到各种衔接班,眼花缭乱,家长趋之若鹜,教育怪象不断滋生,影响了教育环境,违背了教育规律。抖音、快手、微博、小红书等 APP 管控不严,低俗、拜金、暴力等不健康内容严重干扰着学生对主流价值观的认同。

**(三) 教育负担过重难题**

虽然"双减"工作取得了明显的成效,但教育、学校、教师、学生等各方面的负担依然很重。教育部门大量时间用于应付其他社会事务,学校要应付各种各样的检查评比和进校园活动,教师的工作量仍然很大,学生的课业负担和学习压力仍然很重,社会对教育的关注度和要求越来越高,各种社会问题捆绑着教育,教育需要应对的问题更加复杂和多元。

**(四) 职教融合发展难题**

职业教育和普通高等教育融通的"立交桥"较窄,学生接受职业教育的积极性不高,家长对职业教育的认可度不高。受教学内容、高考制度、高考内容等因素的影响,职业院校毕业生升入普通高校的人数很少。产业和教育始终难以实现实质性融合,教育模式与经济模式的匹配度不高。科技和教育的融汇不够,学校课程体系、教学方式、实习实训与科技创新、科技研发的实际需求相脱节,科研平台对高层次人才培养的贡献度低。

**(五) 人才自主培养难题**

区域间各级各类教育在办学理念、投入、条件、标准等方面都差异巨大。一是宁夏受经济、资源、历史等客观因素制约,教育发展先天不足,高层次人才自主培养能力本身就很弱，育不出、引不来、留不下的问题突出。二是数字教育人才相对短缺。高水平数字教育人才、专家匮乏，各地教育部门、职业院校和中小学校的信息化人员配置普遍不足、能力普遍不高，特别是急需利用数字技术纾困破局的南部山区，更是人才短缺。三是现有人才队伍也不稳定，一些高层次人才受发达地区高工资、高平台、高经费、高待遇吸引，"孔雀东南飞"的现象比较突出。

### （六）教育数字化转型发展难题

一是思想观念需要深层次转变。思想观念是实施教育数字化战略行动的"方向盘"，通过示范区建设，全区教育系统的思想认识水平比过去有了显著提高，但对比教育数字化发展的新目标、新任务、新要求，还存在很大的差距。二是发展水平亟须系统性提升。整体看，当前宁夏教育数字化发展水平已经有了很大提升，某些指标已经达到甚至超过了发达省区，但与宁夏教育数字化助力教育高质量发展、能持续在全国领跑仍然有较大差距，面临着不平衡、不充分的问题。三是融合创新还需进一步加强。当前，宁夏教育数字化应用已基本形成全面普及的格局，但与深度融合、创新应用、出经验成模式的要求相比还有差距。

## 三、宁夏教育事业发展对策与建议

### （一）深化教育领域综合改革，净化教育生态

深化教育评价改革，统筹推进学前教育、义务教育、普通高中和特殊教育办学质量评价，稳妥推进高校考试招生制度改革，统筹推动高校教师职称评价、中学生综合素质评价、小学生德育评价等关键领域改革取得实质性突破。巩固拓展"双减"成果，强化校外培训智慧监管，推动校内教育教学提质。扩大教育开放，推进"一带一路"教育行动，加强与京津冀、长三角、粤港澳大湾区等区域合作交流，深化新阶段闽宁教育协作。

### （二）持续实施教育质量提升行动，破解人口流动带来的教育不利影响

夯实基础教育"基点"，以常住人口增量为基础，通过科学预测未来城乡学龄人口的数量和空间分布，精准测算教育资源的承载能力，制定与人口流动分布一致的公共资源配置机制。扩大城市新增人口、流动人口集

中地区的教育资源，重点解决"巨班大校"问题，实现学龄人口分布和学校空间布局的协调化，深化集团化办学，推动基础教育走在西部前列。深化"县管校聘"改革，推动县域学校师资均衡配置，切实解决教师结构性、阶段性、区域性短缺问题。提升高等教育"龙头"，实施高等学校办学能力提升工程，优化学科专业结构，支持临床医学、材料科学与工程等20个学科进入国内同类学科前列。

**（三）改革职业教育建设体系，优化职教融合模式**

优化职业教育类型定位，支持升格一批职业技术大学，新建一批职业技术学院，搭建高素质技术技能人才成长立交桥。深化校企协同育人，以现代产业学院为重点，校企共同制订人才培养方案，开发课程标准，打造师资团队，不断提升人才培养质量。深化产教融合，指导五市打造3~5个市域产教联合体，培育一批现代产业学院和产教融合实训基地，依托18个现代产业学院协同产业包抓部门打造8~10个行业产教融合共同体，推动形成与发展相适应、与市场相衔接、与产业相匹配的产教融合体系。打通中等职业教育、职业专科教育、职业本科教育的技能人才成长渠道，探索高中阶段职普融通路径。多措并举打造双师型教师队伍，培养一批急需紧缺的"自治区技术能手"和"塞上技能大师"。

**（四）调整优化宁夏人才政策，提升人才自主培养能力**

在实施区域协调发展战略和"两个先行先试"中，参照援疆、援藏等机制，建立援宁机制，形成政策留人、投入留人、机制留人、待遇留人的"组合型"政策，通过设立博士流动站、委托高水平大学本硕博一体化定向培养等措施，促进东中西部地区共建共享教育、科研、人才资源，帮助宁夏培养一批育得好、留得住、用得上的高层次人才和领军人才。加强人才培育机制的改良，进一步优化教育行业人才培养机制，做到善于育人、懂得用人。实施名校（园）长梯队攀升计划，培养一批名校（园）长和在全国有一定影响力的教育家型校（园）长。实施师范教育协同提质计划、基础教育教师精品高端培训计划和强师计划，遴选培养一批骨干教师、教学名师和教育家型教师。完善高校优秀青年人才全链条培养机制，遴选培养一批自治区杰出科技人才、科技领军人才、青年科技人才和科技创新团队。

### （五）持续深化教育数字化战略行动

紧抓数字教育发展的战略机遇，持续推进宁夏教育数字化战略行动，进一步提升教育数字基础设施建设、数字资源供给、数字技术应用和数字治理水平，着力推动教育数字化转型、智能化升级，不断完善以数字化为支撑的教育高质量发展体系。以国家智慧教育平台整省试点为抓手，以教育新基建为支撑，以数据驱动为关键，推进信息技术与教育教学深度融合，优化教育资源配置，创新教育服务供给，推动平台建设从功能升级向生态构建转变、教育教学从融合应用向创新发展转变、人才培养从能力提升向素养建构转变，为形成网络化、数字化、智能化、个性化、终身化的教育体系而努力。充分发挥教育数字化的作用，通过集团化办学方式，将农村小规模学校全部纳入城镇学校托管范围。建成22个县级教师智能研训中心，构建覆盖全区、横联纵贯的智慧教研体系。启动教育大数据中心建设，加强教学数据有序归集和挖掘应用，推进数据驱动教学模式变革。

# 2023年宁夏卫生健康事业发展报告

王维成

2023年，宁夏回族自治区党委、政府坚决贯彻习近平总书记重要指示批示精神，认真落实党的二十大精神，始终坚持"人民至上、生命至上"理念，以高质量发展为统领，聚焦人民群众健康需求，高度重视卫生健康事业的发展。在具体实践中，宁夏以实施健康水平提升行动为抓手，全面推进"健康宁夏"建设，居民健康水平持续提升，公共卫生体系逐步健全完善，综合医改深化拓展，"互联网+医疗健康"示范区建设圆满收官，医疗服务能力全面增强，人民群众健康获得感和幸福感进一步提升。

## 一、全面深化改革，完善体制机制，推动卫生健康事业高质量发展

### （一）大力实施全民健康水平提升行动

宁夏回族自治区人民政府制定下发《关于健康宁夏行动的实施意见》和《关于实施全民健康水平提升行动的意见》，推进健康水平提升行动"十大工程"、30项具体措施，开展"健康宁夏行动"16项专项行动，建立专家咨询制度等8项工作制度。自治区49个责任部门聚焦重点任务分工，集中政策、资金、项目等关键要素，做到职责任务、分管领导、承办单位、

---

作者简介　王维成，宁夏健康教育研究所主任医师。

联络员"四明确"，形成"纵向到底，横向到边"的工作格局，将"健康宁夏"建设和健康水平提升行动纳入各级政府效能考核和自治区督查检查考核计划。建立年初建账、月度查账、年终交账"三账"工作机制，以"督"促改，以"考"问效。建设6个健康县、19个健康乡镇、134个健康村、34个标准化卫生院和315个标准化卫生室。开展健康细胞建设，全区创建健康社区、健康机关（事业单位）、健康学校、健康企业、健康家庭等健康细胞1175个。推进银川市国家健康城市试点建设暨社区戒烟综合干预、石嘴山市健康城市建设暨健康影响评估制度建设、8个健康县（区）建设和620个健康细胞建设工作。

**（二）解决群众"看病难、看病贵"问题成效显著**

2023年，宁夏在6家公立医院开展为期1年的调整优化医疗收入结构试点工作，激发了公立医院改革内生动力，开辟了公立医院高质量发展新路径。为深化医药卫生体制改革，宁夏争取中央财政5亿元在中卫市实施公立医院改革与高质量发展示范项目。《优化医疗收入结构推进公立医院高质量发展》被评为全国"推进医改服务百姓健康"十大新举措。紧密型县域医共体和城市医疗集团覆盖所有县（区），试点推行城市医疗集团"五大中心"实体化运行建设，县域内就诊率达到90.1%，县域内急诊占比达到57.48%。医疗卫生服务体系建设进一步完善，国家妇儿区域医疗中心北京大学第一医院宁夏妇女儿童医院投入运行，区域辐射效应和带动作用初步显现。国家和自治区临床重点专科及县级薄弱专科建设稳步实施，优质医疗资源扩容下沉取得明显成效。自治区内区域医疗中心加速建设，石嘴山市、固原市"一南一北"2个省级区域医疗中心正式落地执行。自治区第五人民医院创建自治区综合类区域医疗中心已启动建设。自治区及以上临床重点专科达到34个、县级临床重点专科达到20个、薄弱专科达到50个，所有县级综合医院达到了二级甲等以上水平；59.6%的乡镇卫生院和54.76%社区卫生服务中心达到国家推荐标准。

**（三）做好疫情防控，保障公共卫生安全**

宁夏在2023年持续健全疫情监测预警和应急处置体系，启动重大传染病监测预警平台建设项目，传染病网络直报系统覆盖各级各类医疗卫生机构。自治区内乡镇卫生院和社区卫生服务中心预检分诊点、发热哨点诊室实现100%全覆盖。健全传染病疫情和突发公共卫生事件救治体系，建设自治区重大疫情救治基地，推进地市级综合医院传染病病区建设，完成县级医疗机构救治能力提升项目。启动实施2023年推进疾控机构能力达标项目，全面提升自治区疾控中心检验检测能力。总投资2.5亿元建筑面积2.3万平方米的自治区疾控中心迁建项目进展顺利，即将投入使用。自治区疾病预防控制局挂牌后，全区各市、县（区）疾病预防控制局全部完成挂牌。统筹10类重大慢性病综合防治，在全区二级及以上综合医院实施重大慢性病机会性筛查干预管理项目。开展学生近视、肥胖等健康因素监测5万余人，推动建立儿童青少年近视预防和诊疗一体化模式。重大慢性病过早死亡率下降到14.81%，低于全国水平0.49个百分点。重点传染病发病率保持较低水平，结核病、艾滋病保持低流行态势，常见病和健康影响因素监测与干预实现县级全覆盖，村（居）公共卫生委员会实现全覆盖。推动控烟工作，常态化开展线上线下控烟科普活动。开展农村"千吨万水"水源地规范化建设，实施生活垃圾清运、渣土扬尘等城乡环卫一体化提升专项行动，"厕所革命"和垃圾污水处理持续推进，农村自来水全面普及，全区农村卫生厕所普及率达到64.90%。

**（四）提高卫生服务能力，提升健康服务质量**

2023年持续推进医疗资源优化配置，基本医疗卫生服务公平性可及性不断提升。全区共有医疗卫生机构4607个，其中，医院211家（公立医院66家，民营医院145家），基层医疗卫生机构4277个，专业公共卫生机构99个，其他卫生机构20个。医院按类别划分，综合医院125家，中医医院32家，中西医结合医院4家，民族医院2家，专科医院48家。其中，有三级甲等医院6家，三级乙等医院14家，二级医院84家。在基层医疗卫生机构中，社区卫生服务机构241个，乡镇卫生院205个，村卫生室2150个，各类门诊部73个，诊所（卫生所、医务室、护理站）1608个。在专业公共卫生机构中，疾病预防控制中心25个，卫生监督所24个，妇幼保健机构23个，急救中心（站）3个，采供血机构7个，健康教育机构16个，计划生育技术服务机构1个。全区医疗机构实有床位41782张，其中，公立医院 27100 张，占 74.75%，每千人口医疗卫生机构实有床位数 5.74 张，高于全国平均水平。全区现有卫生人员总数 74347 人，其中，卫生技术人员 61815 人，其他技术人员 2451 人，管理人员 2723 人，工勤技能人员 4717 人。在卫生技术人员中，执业（助理）医师 22728 人，注册护士 28111 人。每千人口拥有卫生技术人员 8.37 人，执业（助理）医师 3.12 人、注册护士 3.77 人，均高于全国平均水平。年总诊疗人次 4131.03 万人次，门诊病人人次均医药费用 180.60 元；年总出院人数 107.49 万人次，出院者平均住院日 8.10 日，出院者人次均医药费用 7974.80 元，较上年度降低 4.58 个百分点，药费占比较上年降低 1.07 个百分点。人均期望寿命 76.90 岁；居民健康素养水平 26.13%；孕产妇死亡率、婴儿死亡率、五岁以下儿童死亡率分别降至 12.55/10 万、2.59‰、4.36‰。基本公共卫生服务人均补助经费提高到 89 元；全区个人卫生支出占卫生总费用的比重下降到 27.95%。为提升中医药服务能力，宁夏实施了自治区中医医院门急诊综合楼暨中医药传承创新工程项目，全面落实中医药传承创新发展意见。中医馆覆盖所有乡村、社区医疗卫生机构。全区基层医疗机构人工智能辅助诊疗系统实现全覆盖应用，规范电子病历数达 1117.58 万个；基层人工智能辅助诊疗服务新模式被中国云计算和大数据技术与应用大会列为优秀案例。实施县域医疗卫生机构能力建设项目，支持 9 个乡村振兴帮扶县和自治区医疗服务能力薄弱县的县级公立医院及基层医疗卫生机构配置医疗设备、加大人才培养和学科建设。

## 二、坚持问题导向，以切实改善人民群众看病就医感受为目标，持续改善医疗服务质量

### （一）威胁人民健康的问题依然频发

传染病地方病等方面的问题不断出现。虽然宁夏范围内没有甲类传染病发病和死亡病例报告，但乙类传染病如新型冠状病毒感染、布鲁氏菌病、肺结核、病毒性肝炎和梅毒，占乙类传染病报告病例总数的 97.37%。丙类传染病如手足口病、其他感染性腹泻病和流行性感冒，占丙类传染病报告病例总数的 98.13%。此外，宁夏区内局部散发或暴发的传染病如

鼠疫、狂犬病、流行性出血热、流行性乙型脑炎等防控压力也不容小觑，甲肝、乙肝长期流行，结核病、艾滋病、性传播疾病等也要引起高度重视。慢性非传染性疾病特别是心脑血管病、高血压、糖尿病患者接近总人口的1/3。居民健康知识知晓率偏低，吸烟、过量饮酒、缺乏锻炼、不合理膳食等问题比较普遍，精神卫生、职业健康问题凸显。行为生活方式问题如车祸、自杀、青少年问题、烟草流行、吸毒等社会问题仍未禁绝。

### （二）卫生服务和医疗安全方面仍存在问题

目前，宁夏居民的医疗服务需求仍然旺盛，医疗成本还在增大，优质医疗资源相对不足。人口老龄化问题日益突出。公共卫生体系不健全、应急反应能力不足，医疗服务能力相对于发达地区仍不够强，基层服务水平不高，区域资源配置仍然不均衡，优质资源短缺仍是制约健康水平提升的短板，居民住院费用个人负担比例仍然偏高，自费药品较多，群众看病就医负担比较重，群众首选在基层住院看病的认同感不强。户籍常住人口和流动人口基本公共卫生、基本医疗、医保医药保障服务等变化使城乡医疗卫生资源供需矛盾、结构布局调整面临挑战，特别是老年人照护、康复护理、医养结合、健康管理等医疗服务需求大幅增加，需要更多的家庭医生签约服务，全科医生不足问题凸显，妇产儿童等相关医疗保健服务供需矛盾突出，居民就医感受难以有效提升。如何引导医疗卫生机构端正办医理念、规范执业行为、强化内部管理，推动形成流程更科学、模式更连续、服务更高效、环境更舒适、态度更体贴的现代化医疗服务模式，为患者看病就医提供便利，如何"合理检查，合理用药，合理治疗"，为规范诊疗行为提供坚实的制度保障，如何加强质量监督管理，提升质量安全同质化水平，减少不合理的诊疗行为发生，切实做到有力保障人民群众生命安全，是我们下一阶段工作的重要任务。从影响健康因素的广泛性出发，关注生命全周期、健康全过程，将健康作为制定实施各项公共政策的重要考量，突出健康优先发展制度体系建设，统筹调配全社会卫生健康资源，将维护人民健康的范畴从疾病防治拓展到影响健康的各个领域，实现健康与经济社会协调发展，努力全方位全周期保障人民健康。

### （三）预防作为最经济和最有效的健康策略仍需重视

预防的重点是注射疫苗、全民健身、定期体检、健康教育与健康促进、推动将健康融入所有政策。就宁夏而言，应以心脑血管、癌症、高血压、糖尿病等慢性病为突破口，对死因顺位靠前、发病率高的重大慢性病组织筛查，最大程度减少人群患病；做好重点人群"两癌"筛查、新生儿先天性疾病筛查和老年疾病的筛查，早发现早救治，推动疾病治疗向健康管理转变。要广泛开展健康细胞建设，启动健康企业、健康机关、健康家庭、健康学校、健康社区创建工作，培育出一批具有典型示范作用的健康细胞，以点及面，推动全社会健康环境改善、健康服务优化和健康行为养成。宁夏回族自治区党委、政府确定了健康素养提升、健康细胞创建、人均预期寿命提升、医疗卫生机构达标、医疗服务能力提升、中医药服务能力提升、医疗卫生人才培养、智慧医疗健康升级、重点领域改革创新、健康产业培育"十大工程"和30项具体任务。卫生健康部门要切实负起牵头抓总职责，定期梳理工作推进中的重要经验、重要情况、需要解决的重点难点问题和对策建议，积极主动协调相关部门共同推进工作落实。各相关部门要以积极主动的态度、求真务实的工作作风，将提升行动与黄河流域生态保护和高质量发展先行区建设结合起来，用提升行动推动先行区建设，确保"十四五"卫生健康规划落地见效。

### （四）卫生健康事业发展仍需改革创新

要推进优质医疗资源扩容和均衡布局。围绕"大病诊治不出自治区"目标推进国家区域医疗中心建设，围绕"一般病在市县解决"目标推进自治区区域医疗中心建设，围绕"日常病在基层解决"目标推进县域紧密型医共体、医联体和重点专科建设。加快宁夏重大疫情救治基地、地市级综合医院传染病病区和18个县级综合医院标准化感染性疾病科建设，形成自治区、市、县三级传染病救治体系。加大城市社区卫生服务中心和乡镇卫生院建设，每个县打造1~3个县域医疗分中心，强化乡村卫生一体化管理，提升村卫生室标准化建设和健康管理水平。理顺疾病预防控制体制机制，明确功能定位，提升专业服务能力，健全自治区、市、县（市、区）三级疾病预防控制机构和专科疾病防治机构为骨干，医疗机构为依托，基层医疗卫生机构为网底的疾病预防控制体系，健全预警响应机制，全面提升防控和救治能力，加快推进县域综合改革，促进医保、医疗、医药协同发展和治理，加快推进县（区）域医共体（医联体）人员、业务、财务、信息、药械"五统一管理"、一体化运营，形成责任、管理、服务和利益共同体，着力构建整合型、医防融合的新型医疗卫生服务体系。继续大力推进"互联网+医疗健康"示范区建设，加快县域（区域）互联网、医共体数字化建设，尽快实现医共体和医联体内的信息互联互通，推进电子健康码"一码通用"，实现全生命周期服务，解决群众看病就医的"痛点"和"堵点"问题。

## 三、预防为主，以人民健康为中心，推动卫生健康事业高质量发展的对策建议

### （一）进一步推动卫生健康治理科学化

一是深入贯彻党的二十大和习近平总书记视察宁夏重要讲话重要指示批示精神，全面落实宁夏回族自治区第十三次党代会要求，坚持服务模式更加注重系统连续、管理手段更加注重科学化治理。二是健全现代医院管理制度，建立维护公益性、调动积极性、保障可持续的公立医院运行新机制。三是完善专业公共卫生机构管理，优化完善疾病预防控制机构职能设置，严格执行技术规范，强化质量控制、风险防范和绩效考核。四是加强基层卫生机构管理，健全符合基层功能定位和服务特点的评价体系，将服务质量、运行效率、患者满意度等作为主要考核内容，强化考核结果共享和运用。五是完善政府投入机制。建立稳定的公共卫生事业投入机制，严格按区域卫生规划配置医疗卫生资源，健全服务购买机制，建立分类管理、医院参与、科学确定、动态调整的医疗服务价格机制，深化医保支付方式改革，逐步提高基层医疗机构医保报销比例。六是科学核定公立医院事业编制，备案制人员在职称评审、岗位聘用、薪酬待遇等方面与事业编制人员同等对待。落实乡村医生岗位补助，实行在岗乡村医生参加养老保险和医疗保险等社会保险制度。七是强化综合监管，深化人工智能等新技术应用，增强重大传染病早期预警分析能力，健全多元化综合监管体系，重点

加强服务要素准入、质量和安全、公共卫生、机构运行、从业人员、服务行为、医疗费用、行业秩序、互联网医院和健康产业监管，健全卫生健康行业行风建设体系和依法联合惩戒体系。

**（二）进一步加强内涵建设**

一是提升卫生人才的服务能力，健全卫生人才培养、引进等工作机制，开展全科医生转岗、农村订单定向免费医学生培养等，深化省（区）间合作交流，加大高层次人才引进力度。二是提高公共卫生服务能力，健全公共卫生服务体系，制定医疗机构公共卫生责任清单，构建资源联动、统一质控、信息共享的公共卫生实验室检测网络，建成自治区生物安全三级实验室，提升市级实验室检测能力。三是持续推进妇幼保健机构标准化建设和规范化管理，每县至少有30%的乡镇卫生院、社区卫生服务中心设置标准化孕产期保健和儿童保健门诊。四是推进乡镇卫生院和社区卫生服务中心规范化建设，加大县域医疗分中心和社区医院建设力度，优化设置社区卫生服务站和村卫生室，提升乡镇中心卫生院急诊急救、二级及以下常规手术等医疗服务能力。五是突出县级医院龙头地位，提升肿瘤、心脑血管疾病等重大疾病诊疗能力，提升常见病、多发病诊疗能力和急危重症应急处置能力，至2024年底全区50%以上的县级医院达到国家推荐标准。六是深入推进北京大学第一医院宁夏妇女儿童医院建设，加快推进自治区级区域医疗中心和自治区级专科医疗中心的建设，力争95%以上大病重病在自治区内解决。

**（三）进一步完善分级诊疗体系**

一是发挥三级医院龙头作用，组建由市级医院、县（区）级医院、社区卫生服务机构等组成的城市医疗集团，加强内部分工协作，完善连续通畅的双向转诊路径，形成网格化布局，统筹网格内居民预防、治疗、康复、健康促进等一体化、连续性医疗服务。二是推进县域医共体建设。按照县（市、区）域内医疗卫生人员、业务、财务、信息、药械"五统一"管理要求，推进县（市、区）域内紧密型医共体实体化运行，完善紧密型医共体绩效考核评价体系，实现县域内就诊率达到90%，县域内基层医疗卫生机构门急诊占比达到65%，县域内住院量占比达到85%。三是强化医防协同、医防融合机制，公立医疗机构设立公共卫生科等直接从事疾病预防控制工作的科室，建立公共卫生机构与医疗机构人才流动、交叉培训协作机制，建立社区疾病预防控制片区责任制，完善网格化的基层疾病预防控制网络。四是优化公共卫生服务，对重点人群开展针对性的健康促进、健康教育和预防保健服务，提高精神卫生服务能力。五是建立健全医疗卫生机构与养老机构业务协作和签约合作机制，合理布局养老机构与综合医院老年医学科、护理院、康复疗养机构，推进形成资源共享、机制衔接、功能优化的老年人健康服务网络。六是探索建立基层医疗卫生机构"医护康养"一体化服务模式，至 2024 年底自治区内 65 岁及以上老年人规范化健康管理率达到 80%。

**（四）进一步优化卫生健康服务**

一是要开展重大疾病、重大传染病等严重危害人民健康的问题发生发展的科学研究，坚持临床研究和临床救治协同，提升疾病精准治疗水平。要聚焦肿瘤、心脑血管疾病、代谢性疾病、呼吸系统疾病等重大慢性病、高发病、地方病等开展技术攻关，消除健康危险因素。二是要促进卫生健康服务的连续性，制定双向转诊工作机制，医疗机构要开展多学科联合、多专业一体化、中西医临床协作诊疗服务等新模式。三是大力发展"互联网+"医疗、护理、康复服务，延伸提供居家健康服务，探索基层医疗卫生机构与上级医疗机构设立慢性病联合门诊，开展常见慢性病治疗、预防和康复。四是保障医疗质量安全，建立高水平医疗质量管理与控制体系，全面实施临床路径管理，持续做好电子病历系统应用水平分级评价，规范医疗服务行为，建立医疗服务点评制度。五是要提升服务便捷性。宁夏区内二级及以上医疗机构全部落实预约诊疗制度，推行分时段预约诊疗、医技检查集中预约、移动支付、线上查询和药物配送等服务，推进居民电子健康档案应用，加强区内 120 智能化调度体系建设，推进新生儿相关证件多证联办和数字化预防接种门诊建设。六是增强服务舒适性，优化医疗机构设施设置与布局，加强医患沟通，促进人文关怀，加快老年友善医疗机构建设，开展母婴友好医院建设，建立化解医疗纠纷长效机制，构建和谐医患关系。七是实施宁夏人民医院国家中西医协同"旗舰"医院建设项目，推进宁夏中医医院暨中医研究院国家中医疫病（宁夏）防治基地建设项目，加快实施国家中医特色重点医院建设项目，持续实施中医药康复服务能力提升工程，加强区内 10 家县级中医医院"两专科一中心"建设，完善中西医会诊制度，深入开展重大疑难疾病中西医临床协作，县（区）级综合医院设立标准化中医科和中药房，在具备条件的社区卫生服务站和村卫生室建设中医阁，充分发挥中医药重要作用。

# 2023 年宁夏社会保险事业发展报告

夏　勇　李晓霞

2023 年，全区各级社保经办机构坚持以习近平新时代中国特色社会主义思想为指导，牢固树立以人民为中心的发展思想，增进民生福祉，健全社保体系，奋力推进社会保险事业高质量发展，为全面建设美丽新宁夏做出了应有贡献。

## 一、2023 年宁夏社会保险事业发展现状

2023 年宁夏全面贯彻党的二十大精神，社会保险事业稳步高质量发展，不断实现群众对美好生活的向往。

### （一）坚持以党的二十大精神为指引，社保系统政治建设全面加强

1. 深入学习宣传贯彻党的二十大精神

坚持把学习贯彻党的二十大精神作为当前和今后一个时期的首要政治任务，推动党的二十大精神和习近平总书记视察宁夏重要讲话指示批示精神在社保领域走深走实、见行见效。严明政治纪律和政治规矩，自觉维护党章党规党纪权威，着力提升基层党组织政治功能和组织功能。坚持重心下移服务基层，带动各级党组织自觉围绕中心、服务大局。

---

作者简介　夏勇,宁夏社会保险事业管理局综合处处长;李晓霞,宁夏社会保险事业管理局综合处一级主任科员。

2. 全面加强社保系统党的建设

深入开展主题教育，推进主题教育走深走实，在以学铸魂、以学增智、以学正风、以学促干等方面取得了实实在在的成效。严肃党内政治生活，不断增强党内政治生活政治性、时代性、原则性和战斗性。坚决落实政治责任，深入开展铸牢中华民族共同体意识教育，积极做好舆论引导，加强社保政策宣传，积极传递社保好声音，讲好社保故事。

3. 扎实推进社保行风作风建设

坚持作风建设永远在路上，深化"放管服"改革和人社服务快办行动，推动更多服务事项赋权乡镇，拓展免审即办、免申即享、直补快办等经办服务，扩大"一件事"打包办。完善网络安全监测机制，提升社保信息网络安全防护能力。

**（二）深化社保制度改革，加快完善多层次社保体系**

1. 强化应保尽保

一是开展"数据找人"试点。认真落实人社部和社保中心部署六省区数据治理先行先试任务，整省推进试点工作，安排固原市在全区先行试点，深入基层开展摸排调查和数据分析研判，练就"铁脚板"赋能"大数据"，让社会保险数据治理见行见效做法在中国新闻网等刊发，为全国、全区试点蹚出新路子。二是加强联动参保。与公安、民政、卫健等多部门联合，建立覆盖所有人群的全民参保数据库。三是完善参保制度。健全被征地农民、农民工、灵活就业人员参保制度，将城乡居民养老保险"1制12档"调整为"1制6档"，提高最低缴费标准。四是优化缴费方式。社保费全部交由税务一票征收，开通"我的宁夏"APP、"掌上12333"APP缴费渠道，由传统缴费调整为线上线下同步进行，逐步推进参保扩面从制度全覆盖向人群全覆盖迈进。截至2023年10月底，基本养老、失业、工伤保险参保人数分别达到522.67万人、121.58万人、153.65万人，完成年度目标任务的102.48%、103.03%、105.24%，同比分别增长3.2%、5.21%、5.41%，基本实现法定人群全覆盖。新开工建设项目工伤保险参保率达到99.68%，高于国家目标任务9.68个百分点。基金累计结余328.25（不含失业保险）亿元，同比增长17.27%。累计为参保单位和个人减轻养老保险、失业保险、工伤保险缴费负担58.34亿元，有力促进了社会稳定。

2. 加快制度完善

一是提升养老保险统筹层次。制订《规范企业职工基本养老保险待遇项目实施方案》，印发《完善不符合条件一次性缴纳养老保险人员排查机制的通知》，建立养老金调标新增支出、基金当期缺口、地方自行出台政策的地方政府责任分担机制，合理划分自治区、市、县（区）政府养老保险责任。相关做法在2023年全国人社工作会上做了交流。二是健全养老保险制度体系。出台鼓励机关事业单位编外人员参加企业年金办法。全区552家企业建立企业年金。职业年金个人账户数达到25.26万个。推动个人养老金发展，承担个人养老金试点任务的银川市已参加个人养老金28.4万人，缴费5.2万人，缴费总额7169万元。三是推进工伤保险制度建设。推进工伤保险省级统筹工作，从2023年9月1日起实现基金自治区统收统支。按照政府指导、单位自愿、商保承办、部门监管的合作运行模式，建立补充工伤保险制度，整省推进补充工伤保险工作，形成以工伤保险为主，补充工伤保险为辅的多层次工伤保障体系。会同八部门出台《宁夏工伤预防五年行动计划（2021—2025年）实施方案》，制订危险化学品企业工伤预防能力提升培训工程实施方案，开展尘肺病重点行业工伤保险预防专项行动，进一步完善工伤预防、补偿、康复"三位一体"制度体系。

3. 实施待遇提标工程

一是确保养老金按时足额发放。坚持将养老金发放作为一项政治责任，国家调待方案下发后，宁夏及时研究部署，制订落实方案，对接财政划拨调待资金，核准发放数据，全力做好今年调待工作的各项准备。为全区2022年12月31日前按规定办理退休手续、符合条件的73.16万名退休人员调增了基本养老金。截至2023年7月7日，调增的养老金全部足额发放到位。二是持续实施基础养老金提标计划。将基础养老金提标列入自治区为民办实事之一，为城乡居民领取待遇人员每人每月调增基础养老金10元，各市、县在中央、自治区调增基础上进行相应调增，逐步缩小城乡养老待遇差距。三是提高工伤保险待遇水平。第7次调整工伤职工伤残待遇，2022年伤残津贴月人均标准达到4514元。四是实施工伤医疗费同城化结算。公布 2023 年度全区工伤保险协议机构名单，加快推进跨省异地就医直接结算。

4. 严厉打击欺诈骗保

一是多渠道增加基金收入。加强基金预决算管理，实现精算平衡。加大对市县（区）社保扩面参保的责任考核力度，分 3 年 3 个批次从企业职工和城乡居民养老保险结余基金中拿出 30 亿元委托投资运营，全区 9 家国有企业划转 30 多亿元充实社保基金。二是加强基金监管。建立健全基金风险预警分析机制，加强对基金收支余的预算精算。首创八部门联合印发《关于加强行政事业单位退休人员服刑和死亡信息报送工作的通知》，落实退休人员管理主体责任，构建信息共享机制。联合高院等四部门发布《关于敦促有关人员退回违法违规领取社会保险待遇的通告》，建立最高 10 万元的举报奖励机制。发布《关于公开征集社会保险基金管理领域违纪违法线索的通告》，发挥社会力量维护基金安全。加强要情分析研判和案例分析评查，编印《社会保险工作人员职务犯罪案件警示录及典型案例剖析》，各地制作打击欺诈骗保动漫宣传片，加强警示教育。建立健全基金管理风险排查稽核监控机制，完善政策、信息、经办、监督"四位一体"风险防控体系，推进稽核监控常态化。建立健全部门联防联控机制，与高院、民政、卫健、司法、疾控等部门及时共享服刑和死亡人员信息，筛查比对疑点数据，对发现的问题及时做出处理。建立健全基金管理内控机制，坚持待遇发放"进规程、进系统"，待遇领取全程网络稽核检查，业务经办全过程留痕。相对稳定基层民生中心、村（社区）社保专管员队伍，加强内部审计稽核，确保经办队伍廉洁奉公。三是多手段打击欺诈骗保。两轮开展基金管理问题专项整治和基金管理提升年行动，落实人社部基金管理交叉互查工作，梳理问题及时整改，主动接受基金专项审计。会同财政探索建设社财一体化基金管理系统，成果被财政部在全国推广。以零容忍态度严厉打击欺诈骗保、套保、挪用社保基金等违法行为。截至 2023 年 10 月，全区共实地稽核参保单位 1397 户，涉及 17.34 万人，查出未参保 2638 人，少缴社会保险费 345.08 万元，追回 345.08 万元；核查享受待遇 58.47 万人次，查出欺诈冒领 399 人，违规金额 750.04 万元；追回 641.51 万元。四是多举措强化基金内控管理。率先探索建立养老保险待遇统发新模式，制定《基本养老保险待遇及代发资金集中统一支付规程》，建立完善"全区集中统一，数据全程在线，传输实时加密，跨行实名发放，网银秒级到账"的养老待遇"秒发"新模式，通过系统数据加密、全程批量处理，代发系统自动识别精准对账、稽核预警，基本实现了发放资金零差错，发放时间由原来的3天缩短至8小时以内。协调代发银行对全区社保经办机构和领取待遇人员实施同行与跨行发放养老金零收费，每年减免服务费约500多万元。安排专项经费同步为待遇领取人提供短信提醒服务，2018年以来累计发送短信4459.86万条，人社部、财政部领导批示全国推广。

5. 深化综合服务改革

一是加快构建一体化服务网络。积极纳入全国社会保险公共服务统一平台，健全完善部省市县乡五级社会保障管理体系和服务网络，主动适应人口大规模流动、就业快速变动的趋势，做好社保关系登记和转移接续。全面推行综合柜员制，推广退休档案提前预审制、正常退休人员审核制和"八办并举"服务创新，80余项业务"掌上快办"，281项不见面办理，17项"跨省通办"，13项社保高频业务下沉乡镇就近办。探索企业开办与社保登记同步"秒批"，实现企业当天开办、社保当天登记、网报当天开通、缴费当天核定"一日办结"。二是强化业务跨省联办。制订《宁夏社会保险经办服务事项"跨省通办"实施方案》，签订广东、宁夏"粤宁社保通"合作框架协议，首创两省区联合发文推动协议事项落地，设立两省区社保业务"跨省专窗"，建立社保基金违规违法案件联查联办机制，推动养老异地协助认证。三是积极开展适老化精准化服务。制订《社会保险经办领域"适老化"服务工作方案》，保留老年人熟悉的传统服务，在办事大厅设立老年人服务专用通道，优先办理。2018年首次启用手机刷脸认证新模式，并不断进行拓展，先后建立老年人刷脸认证、社区就近认证、数据比对认证、对高龄和行动不便主动上门认证多种认证新方式，解决了老年群体的服务难题。积极推进社保"一卡通"，打造电子社保卡主扫被扫"秒闪"宁夏模式，实现了社保卡与残疾人证"卡证合一"。联合18个部门印发《关于全面推进社会保障卡在政府公共服务领域应用的通知》，推动社保卡在文化旅游、图书借阅、政府公共服务领域一卡通用，推进各行各业惠农直补、培训补贴、高龄补贴、养老金发放等进社保卡。发放社保卡 714 万张，覆盖 98.8% 的户籍人口，签发电子社保卡 364.23 万人，占常住人口的 49.89%。

## 二、当前宁夏社会保险事业发展中存在的问题和困难

宁夏社保体系建设虽然进入发展的快车道，但社会保险要更好地发挥民生保障安全网、收入分配调节器、经济运行减震器的作用，亟待关注以下一些问题：

### （一）参保扩面难度大

扩面空间逐渐收窄，我国老龄化程度加深，导致劳动力供给总量减少，参保扩面空间收紧。由于宁夏城乡居民占有较大比例，外出务工人员较多，流动性大，青壮年群体参保难度大。

### （二）追缴多领养老金难度较大

虽然采取多种途径和措施加大追缴多领养老金工作，但仍存在追缴不到位的情况，尤其是退休人员服刑后超领的养老金，追缴难度很大。

### （三）精准化精细化服务还需进一步提升

宁夏社保信息化工作正在全面提速，社保业务跨省办理、工伤保险跨省结算以及社保档案数字化服务等方面还需进一步加强，数字赋能还需要进一步完善。社保卡综合应用不够，"社银合作，助力消费"活动积极性不高。

## 三、促进宁夏社会保险事业高质量发展的思路和建议

当前要坚持在发展中保障和改善民生，紧紧抓住人民群众最关心最直接最现实的利益问题，推进宁夏社会保险事业高质量发展。

### （一）深刻领悟"两个确立"的决定性意义，认真学习宣传贯彻党的二十大精神

切实提高政治站位，强化主体责任，认真学习贯彻习近平总书记在党的二十大报告中关于健全社会保障体系的重要制度安排，紧紧抓住人民群众最关心最直接最现实的利益问题，坚持尽力而为、量力而行，在发展中

保障和改善民生，实现好、维护好、发展好最广大人民的根本利益。巩固深化学习贯彻习近平新时代中国特色社会主义思想主题教育，积极开展"五学五比"活动，统筹谋划、认真抓好社保局"三学三讲四提升"学习载体落实，引导党员干部在学习贯彻党的二十大精神中走在前、做表率。充分利用横幅、宣传栏、电子屏等载体，大力宣传党的二十大精神，弘扬主旋律，传播正能量。坚决走好以社会保险为主体的社会保障"第一方阵"，履行主力军职责，加快构建覆盖全民的多层次社会保障体系，固根基、扬优势，补短板，强弱项，推动宁夏社会保障事业高质量、可持续发展。

**（二）持续推进参保扩面工作，巩固当前参保扩面成果**

指导各地完善现有工作领导小组，制订实施方案，细化目标任务和工作措施，明确责任分工，为全民参保计划实施提供必要的人力、物力、财力保障。按照年度目标和任务分工，制订具体实施方案，细化工作举措，确保目标任务落实落地。继续推进落实中小微企业优先参加工伤保险政策，积极推进新就业形态人员职业伤害保障工作，巩固工程建设项目参加工伤保险的长效机制，落实联席会议制度，协调相关部门开展联合督查检查，促进工程建设领域工伤保险全覆盖。

**（三）构建多层次社保体系，推进工伤医疗即时结算**

一是健全覆盖全民、统筹城乡、公平统一、安全规范、可持续的多层次社保体系。全面落实企业职工基本养老保险全国统筹制度，进一步完善工伤、失业保险省级统筹制度，健全基本养老保险待遇调整机制和基础养老金待遇确定机制，构建多层次、多支柱养老保险体系，发展个人养老金。二是加快推进工伤医疗跨省异地就医直接结算工作。引入专业机构开展工伤预防培训，狠抓工伤预防宣传扩面工作，在全社会积极营造"知预防，愿预防，会预防"的浓厚氛围。

**（四）加强社保经办风险防控工作，完善系统风险防控体系**

结合自治区级统收统支，依据人社部《关于印发工伤保险经办规程的通知》，修订完善宁夏经办规程，规范工伤保险业务经办流程，防范化解风险隐患。强化工伤保险即时结算数据分析与核查，切实维护基金安全。进一步加大政策对接力度。加强与住建、交通、水利、能源等部门的协调联动，强化联合督查、信息共享、经办对接，推进异地死亡、服刑人员数据核查。

### （五）持续完善一体化系统功能，不断提高社保信息数字化赋能水平

结合社保经办工作实际，逐个梳理业务经办环节和急需完善的功能，促使一体化系统各项功能与业务经办要求相适应。在人社一体化信息系统社保经办模块中探索建设联网核验和联动经办功能，实现各险种、各相关部门与部级基础库联动核验。加快推进人社一体化信息系统风险控制模块建设，实现对各险种业务信息系统的风控预警、稽核内控。

### （六）深入贯彻落实人社部"人社服务快办行动"，不断提高社保公共服务水平

按照自治区政府政务服务"一件事一次办"有关决策部署，督导各市县持续深入政务"一件事"办理工作。进一步落实好《宁夏回族自治区进一步加强惠民惠农补贴资金"一卡通"管理方案》，进一步完善社保卡在就医结算、各项社保待遇领取、就业服务、行政服务、公共交通、铁路民航、文化旅游、惠民惠农补贴资金发放等领域的广泛应用。下发并落实《关于以社保卡为载体支付农业保险赔款试点的通知》，积极与自治区银保监局和人保财险公司宁夏公司合作，做好信息技术的互联对接，协调唯一使用社保卡来发放农险产品理赔款事宜。积极推动"社银合作助力消费"活动，助力社会主义现代化美丽新宁夏建设。

# 2023 年宁夏就业形势发展报告

余 璐 杨 增

就业是民生之本。2023 年，宁夏各地认真落实自治区党委、政府稳就业促就业部署要求，不断完善就业优先政策，健全促进就业"七项机制"，扎实开展"就业创业促进年"活动，就业形势总体稳定向好，但仍存在青年群体就业压力大、劳动者职业技能水平偏低、劳动权益保障不足、创业积极性不高等问题有待关注。

## 一、2023 年宁夏就业基本情况及主要特点

### （一）就业政策持续发力

1. 援企稳岗政策持续推进，岗位供给不断扩大

2023 年以来，宁夏坚持发展与就业统筹，聚焦"六新六特六优"产业发展，实施重大投资项目提升、消费需求促进等专项活动，挖掘内需潜力，扩大岗位供给。坚持就业与用工融通，出台促进就业创业"33 条"、优化调整稳就业"18 条"等政策，建立重点企业用工服务保障机制，扩大直补快办等经办模式，落实"降、返、补"组合政策，支持实体经济和劳动密集型小微企业发展，稳定岗位存量，扩大岗位增量。1—9 月，城镇新增

作者简介　余璐,国家统计局宁夏调查总队副处长、高级统计师;杨增,国家统计局宁夏调查总队干部。

就业 7.96 万人，农村劳动力转移就业 82.77 万人，分别完成全年任务的 99.6%、103.5%，同比分别增长 5.6%、0.8%。开工建设 1313 个项目，实施以工代赈支持 55 个农村基础项目建设，开发"四好农村路"公益性岗位，带动就业 30 余万人；为 6.2 万家企业减缴社保费 52 亿元，发放稳岗返还等各类补贴资金 2.9 亿元，稳定 130.8 万名职工岗位。

2. 加大重点群体就业保障力度，零就业家庭动态清零

聚焦高校毕业生、农民工、退役军人、零就业家庭等重点就业群体持续发力，缓解重点群体就业难问题。坚持政府与企业联动，稳定政策性岗位，将机关事业单位统一考录较往年提前 4 个月、2 个月，"三支一扶"、西部计划、"四项目"扩面提标，15 类政策性岗位和基层服务项目招募高校毕业生 1.4 万余人。加强政校企联动，开发适合高校毕业生等青年特点就业岗位 3.2 万个，举办线下线上和"直播带岗"招聘活动 1100 余场次，提供岗位信息 42.8 万个。持续深化闽宁等东西部劳务协作，强化区内输入输出地劳动用工余缺调剂，开展"春风行动"等专项服务活动，落实政府补贴引导务工人员参加"铁杆庄稼保"等政策，促进充分就业。开展"技能宁夏"行动，实施"金蓝领"培育计划，组织岗位技能提升、新型学徒制培训和以工代训、技能竞赛，促进企业以训稳岗，劳动者长技能、好就业，缓解"就业难""用工难"结构性矛盾。1—9 月，失业人员实现再就业 5.95 万人，就业困难人员实现就业 1.03 万人，分别完成全年任务的 119%、147.4%，同比分别增长 17.6%、4.8%，开发城乡公益性岗位 1.35 万个，490 户零就业家庭动态清零。开展补贴性职业技能培训 4.91 万人，培训后稳定就业 1.17 万人；向福建、江苏等地输出农村劳动力 12.96 万人。

3. 加大创业帮扶力度，创业带动就业倍增效应不断显现

宁夏坚持就业与创业互补，大力发展"互联网+创业"，实施"创业宁夏"行动，加大"创业培训+创业担保贷款+创业服务"一体化扶持，推进高校毕业生、返乡入乡农民工等重点群体创业。1—9 月，人社系统发放创业担保贷款 16.7 亿元，完成全年任务的 166.8%，其中向小微企业发放贷款 7.2 亿元，同比增长 25.6%；培育创业实体 1.6 万个，创业带动就业 5.4 万人，分别完成全年任务的 172.1%、107.4%，同比分别增长 27.5%、5.33%。

**4. 经济持续回暖，劳动力市场活跃程度持续回升**

各级党委、政府认真落实中央和自治区扩内需、促消费、壮大民营经济、稳定房地产发展等一系列措施，落实落细稳就业举措，启动实施"就业创业促进年"，深入开展"春风行动""就业援助月"等公共就业服务活动，通过搭建招聘平台、开展技能培训、出台企业奖补政策、增加农村公益性岗位、整治欠薪等措施，统筹做好重点群体就业帮扶，在各项政策的带动下，宁夏经济增长内生动力不断增强。劳动力调查样本数据显示，1—9月，宁夏就业市场劳动力参与率分别为 53.9%、55.0%、58.5%、61.6%、63.6%、64.8%、64.8%、63.3%、64.4%；就业人口比分别为 51.5%、52.2%、56.1%、59.6%、61.3%、62.1%、62.1%、60.8%、62.2%，呈现波动回升态势，劳动力市场活跃程度逐步增强。

**（二）就业结构不断优化**

**1. 就业人口以男性、中年、初中文化程度为主**

根据前三季度劳动力调查样本数据，在就业人口中，近六成为男性，占比 57.9%，女性占比 42.1%。从年龄看，25—59 岁是就业主力人群，占 86.8%，其中 35—54 岁的中年就业人口占比最高，为 55.8%。从就业人员学历看，以小学及初中学历为主，占比分别为 19.6%、32.0%，其次分别为：大学本科学历占 13.9%，大学专科学历占 13.5%，普通高中学历占 9.7%，中、高等职业教育占 5.2%，研究生占 0.9%，5.3%的就业人员未上过学。

**2. 第三产业就业"蓄水池"作用不断凸显**

2023 年，随着经济形势企稳向好，疫情因素逐渐消退，城乡居民消费、出游需求高涨，旅游业、批发零售业、住宿餐饮业、商务服务业经营逐步恢复，各类主题突出、特色鲜明、形式多样的促消费活动，也进一步带动第三产业就业形势向好。第三季度，宁夏就业人口中一、二、三产业占比分别为 22.6%、26.0%、51.4%，其中第三产业占比较上年同期增长 0.5 个百分点，就业"蓄水池"的作用不断凸显。从吸纳就业的行业看，农林牧渔业、批发零售业、制造业占比位列前三，分别为 22.6%、12.7%、10.8%。

**3. 私营企业及非农个体户为吸纳就业的主阵地**

从就业人员所在单位类型看，前三季度在私营企业中就业的人数最多，占比为 28.3%，同比下降 1.4 个百分点；其次是非农个体经营户和经营农村家庭承包地，占比分别为 19.0% 和 18.7%，同比分别提高 0.8 和 0.3 个百分点；机关团体事业单位从业人员占 11.3%；同比下降 0.4 个百分点；国有及国有控股企业从业人员占 9.7%，同比提高 0.1 个百分点；自由职业者或灵活就业人员占比 8.8%，同比提高 0.1 个百分点。

### （三）就业质量不断提升

#### 1. 劳动者收入水平稳步提高

随着经济企稳回升，各项就业政策落地见效，就业形势整体好转，带动劳动者收入水平提高。2023 年前三季度，宁夏居民人均可支配收入 22181 元，同比增长 7.3%，其中城镇居民人均可支配收入 30739 元，同比增长 6.2%；农村居民人均可支配收入 11368 元，同比增长 8.0%。前三季度宁夏居民人均工资性收入 13601 元，同比增长 7.6%，占可支配收入 61.3%，拉动可支配收入增长 4.6 个百分点，是增收的绝对主力。分城乡看，城镇居民人均工资性收入同比增长 6.3%，对可支配收入的贡献率达 68.4%；农村居民人均工资性收入同比增长 8.5%，对可支配收入的贡献率为 42.3%。

#### 2. 劳动者工作时间不断增加

根据劳动力调查结果，前三季度城镇正在工作人口的周平均工作时间为 52.1 小时，同比增加 0.8 小时，其中，男性工作时间为 53.8 小时，同比增加 0.9 小时；女性工作时间为 49.6 小时，同比增加 0.5 小时。分季度看，一、二、三季度城镇正在工作人口的周平均工作时间分别为 51.2、52.1、52.9 小时，就业人员周平均工作时间不断增加。分行业看，周平均工作时长前三位的行业分别是住宿餐饮业、居民服务修理和其他服务业、建通运输仓储和邮政业，周平均工作时长分别为 60.5、57.5、57.0 小时。

#### 3. 城镇就业不充分人员①占比下降

随着经济持续恢复向好，城镇劳动力就业不充分现象有所缓解。调查结果显示，前三季度城镇就业人员中就业不充分占比为 33.6%，较上年同期

---

①劳动力调查中就业不充分人员是指目前处于就业状态，如果有从事更多的工作而赚取报酬的机会,他们能够且愿意工作更长时间。

下降 3.3 个百分点。分行业看，文化体育和娱乐业就业不充分占比下降最多，同比下降 12.7 个百分点；教育业其次，同比下降 5.6 个百分点；卫生和社会工作、住宿餐饮业、制造业同比分别下降 4.8、4.7、4.1 个百分点。

**（四）重点群体就业形势平稳向好**

1. 高校毕业生就业形势总体稳定

为助力高校毕业生"好就业""就好业"，2023 年以来，有关部门把稳就业摆在突出位置，强化政企校联动，创新思路举措，不断在政策服务上加码发力，出台《宁夏回族自治区"就业创业促进年"活动方案》《2023年宁夏共青团促进大学生就业"六项计划"实施方案》，先后举办"春风行动暨就业援助月专项服务活动"，"全区高校毕业生就业政策直播宣讲活动"，"公共服务进校园活动暨高校毕业生就业洽谈会"，"万企进校园，联动促就业"高校毕业生就业系列招聘等活动，为 2023 届毕业生提供多层次、全方位、精准化服务。截至 8 月底，区内 20 所高校毕业生去向落实率90.0%，高于上年同期 0.7 个百分点。

2. 农村劳动力总量提升，收入平稳增长

2023 年以来，宁夏以"就业创业促进年"活动为主线，强化就业优先政策，多措并举稳定和扩大农民工就业。根据农民工监测调查结果，第三季度末，宁夏农村外出从业劳动力 100.5 万人，比上年同期增加 5.3 万人，增长 5.6%。季末本地非农劳动力 32.5 万人，同比减少 2.1 万人，下降 6.1%。其中，本地非农自营 7.4 万人，本地非农务工 25.1 万人。三季度农村外出劳动力人均从业时间为 68 天，比上年同期增加 0.3 天；农村外出劳动力人均月收入 5267.8 元，比上年同期增加 147.8 元，增长 2.9%。

3. 近七成退役军人实现再就业，就业满意度较高

调研结果显示，69.4% 的被访退役军人实现退役后再就业，8.3% 的被访退役军人复学。从退役安置方式看，被访退役军人退役安置方式有 62.1%为自主就业，36.2% 为转业安置。从已就业人员当前工作的获得方式看，42.6% 为政府安排，42% 为自己寻找。工作单位类型集中于机关团体事业单位，占比 36.6%，国有及国有控股企业占比 20.6%，私营单位占比 14.0%。从退役军人工作整体满意度看，71.7% 的受访者感到"满意"；已就业的退

役军人中 70%的对目前的工作状况表示"基本满意"或"满意"。从劳动合同的签订看，80%的人签订了劳动合同。从薪酬保障看，68%的人月薪在2000~5000 元；16%的人月薪在 5000~8000 元；6.6%的人月薪在 8000 以上。85.7%的退役军人（除自主创业人员）所在单位为其缴纳了社会保险，且65%的退役军人（除自主创业人员）能够享受带薪休假。

### 4. 新就业形态吸纳就业作用明显

宁夏新就业形态从业准入门槛低、灵活性高，就业者不断涌现，自治区不断加大对新就业形态劳动者的政策支持，2021 年 12 月印发《宁夏回族自治区维护新就业形态劳动者劳动保障权益实施办法（试行）》，2022 年 3月下发《关于做好快递员群体合法权益保障工作的实施意见》，2022 年 4月印发《关于做好基层快递网点优先参加工伤保险工作的通知》等。自治区人社厅通过官网、微信公众号、"口袋书""明白纸"等渠道，刊发政策问答、典型案例、经验做法等。通过专题宣讲、政策解读、培训等形式开展以新业态企业劳动用工为主要内容的集中宣传活动，维护新就业形态劳动者劳动保障权益，增强企业合规用工意识。自治区人社厅数据显示，截至 2023 年 6 月底，全区共注册新就业形态企业（含互联网商务、网络运输、快递业、外卖配送、互联网医疗、网络教育、线上家政、带货主播等）15.3 万家，从业人员 33.6 万人。其中，互联网商务（含网商、电商）14.4 万家，从业人员 22.2 万人；网络运输 48 家，从业人员 8.5 万人；快递业 186 家，从业人员 1 万人；外卖配送 2 家，从业人员 0.4 万人；线上家政服务 231 家，从业人员 0.6 万人；带货主播从业人员 0.8 万人；互联网医疗 92 家，从业人员 276 人；网络教育 71 家，从业人员 335 人。新就业形态带动就业作用不断凸显。

## 二、2023 年宁夏劳动力市场中存在的主要问题

### （一）青年群体就业压力大，就业结构性矛盾突出

2023 年宁夏高校应届毕业生和宁夏籍高校毕业生返宁就业人数创历史新高，叠加前期暂缓就业的往届毕业生，短期内劳动力供给过剩，同时受国内外大环境影响，经济下行压力较大，中小企业扩大吸纳就业的能力不足，

岗位供给量偏紧。加之近年来青年择业普遍存在"缓就业""稳就业""慢就业"心态，考公、考编、考教师热度持续升温，导致高校毕业生总量上升与有效需求增长放缓并存，部分青年就业能力、就业意愿与社会需求错位的结构性矛盾凸显。劳动力调查数据显示，前三季度宁夏 16—24 岁城镇青年失业人口占全部城镇失业人口的比重为 23.3%，其中从未工作过的青年占比为 52.4%。根据自治区就业与创业服务局调研数据，部分应届毕业生学科专业与市场需求不相适应，2023 年 9 月份法学、汉语言文学、数学与应用数学、英语、会计学、财务管理专业毕业生正在求职人数占本专业毕业生总数均超 50%，在尚未就业的 5143 名毕业生中，自愿不就业的有 1864 人，占 36.2%。

**（二）劳动力技能水平不高，就业能力有待提高**

近年来，宁夏采取"订单式、定向式、定岗式"和"直补个人"等培训方式，重点面向农村转移劳动力、返乡农民工、脱贫劳动力开展职业技能培训，有效储备和提高其就业技能和创业本领，但仍存在农村劳动力职业能力和技能水平普遍不高的问题，职业技能培训尚存短板。数据显示，2021 年宁夏平均每万人在技工院校接受学习人数为 19.4 人，仅为全国平均水平的 64.2%；平均每万人在技工院校接受社会培训人数 18.1 人，仅为全国平均水平的 42.6%。根据农民工监测调查结果，2022 年农民工中接受过农业职业技能培训的占比仅为 17.9%，接受过非农业职业技能培训的占比为 42.6%。2023 年三季度农民工监测调查样本中，93.6% 的农村劳动力没有技能等级证书或职业技能证书；97.2% 的农村劳动力没有技术职称。根据专题调研结果，培训效果不理想主要有以下四点原因：一是参训意识不强。仍有部分劳动力没有摆脱传统观念束缚，接受新事物、新技术的意识不强，认识不到技能培训的重要性，缺乏参加培训的主动性和积极性。二是培训时间不灵活。调查结果显示，83.3% 的农民工表示不参加技能培训的主要原因是工作忙，没有时间参加培训；在参加过技能培训的农民工中，有 21.1% 的表示培训时长不合理。三是培训方式单一。目前职业技能培训方式主要是理论+实操，但目前一些培训机构受师资和设备限制，培训内容多停留在理论知识，实践教学涉及少，影响培训效果。调查结果显示，在参加过职业技能培训的农民工中，37.3% 的人认为培训方式单一，理论讲解多，缺乏必要的实践操作是培训过程中存在的主要问题。

### （三）劳动合同签订率低，合法权益保障不足

近年来，宁夏加大劳动执法检查力度，全力维护劳动者合法权益，但对于农民工、灵活就业者、新就业形态劳动者等人群，仍存在劳动合同签订率低、社会保障享受不足的问题，拖欠工资现象时有发生。根据劳动力调查结果显示，前三季度调查样本中雇员的劳动合同签订率为60.4%，其中8.3%的雇员单位未为其缴纳社保，27.3%的人不享受带薪休假制度。根据新业态就业专题调研结果，在328名新就业形态从业中，30.7%的受访者未签订任何合同或协议；64.6%的受访者所在企业未为其购买工伤保险；81.7%的受访者在法定节假日未获合理劳动报酬；60.4%的受访者劳动报酬未能按时足额支付；85.1%的受访者所在企业没有建立劳动者申诉机制。根据2022年农民工监测结果，68.4%的农村从业劳动力没有与雇主签订劳动合同，雇主为其缴纳养老保险、工伤保险、医疗保险、失业保险、生育保险、住房公积金的比例分别为18.3%、21.2%、18.1%、17.6%、14.5%、6.4%。劳动者权益保障不足，一旦发生纠纷取证困难，容易造成劳动者维权难、维权时间长、维权成本高的状况，合法权益难以保障。

### （四）创业难度大，创业积极性有待进一步提振

近年来，受经济下行压力影响，不少企业经营出现困难，创业难度增大，劳动者更倾向于选择稳定的工作，创业积极性下降，创业带动就业作用不能很好地发挥。劳动力调查结果显示，前三季度创业者占全部就业人员的比重仅为9.3%，创业者占比整体偏低，创业积极性有待进一步提振。从创业时间来看，创业3年以上的占比较大，为79.5%；创业2—3年的占比为6.1%；创业1—2年和1年以下的占比分别为6.7%和7.7%。从创业行业看，批发零售业因创业门槛低而更受青睐，占比为44.7%；住宿餐饮业占12.2%；交通运输仓储和邮政业、居民服务修理和其他服务业占比均为10.2%。

## 三、进一步促进宁夏就业的政策建议

### （一）加强就业指导，拓宽青年就业渠道

一是拓宽就业渠道，拓展青年就业岗位。要进一步深化西部计划、特

岗计划、"三支一扶"、选调生到村任职等现有基层就业项目，强化物质保障，畅通基层青年职业发展路径，增加这些项目的吸引力和影响力，使参与相关项目的青年更具获得感、成就感，进而真正扎根基层。与此同时，举办具有特色主题的招聘会，为毕业生、地方、高校和广大用人单位提供精准岗位推送、精准区域协作、精准校企对接、精准行业引领、精准指导帮扶等服务。二是推动经济高质量发展，提高青年就业创业信心。加大对青年创业的支持力度，鼓励更多的青年人通过创业实现就业。重点着力扩大核心产业规模，提升产品的市场竞争力，充分发掘中小企业吸纳就业的潜力，以本地产业发展带动就业。此外，还需要积极优化营商环境，通过税费减免、降低制度性交易成本等政策手段，大力支持中小微企业发展，通过市场主体的增加创造更多就业岗位。三是推进高等教育改革，提高青年就业能力。高校要根据市场需求及时调整专业方向和培养计划，更有针对性地开展职业技能培训和就业经验分享，提高毕业生的专业能力。此外，高校还应注重培养毕业生信息收集与分析、观点表达与人际交往、时间管理与任务处理、抗压与自我调适等步入社会必需的综合能力，通过课堂学习和社会实践双重育人机制让学生实现全面成长。

**（二）加强技能培训，提升劳动者就业质量**

一是加强宣传引导，提升参训积极性。充分利用广播、电视、抖音、快手等媒体，有步骤、多形式、全方位地宣传职能技术培训政策，挖掘和宣传典型案例、经验做法，提高参加培训的积极性、主动性和投入性。二是优化课程设置，多元教学因材施教。建立完善职业技能培训平台，组织国内权威专家录制培训视频课件，采用"线上理论+线下实操"相结合的培训方式化解工学的矛盾。针对不同类型的培训课程，用通俗易懂的方式讲解理论知识，加大实际操作环节占比，培训重点更侧重于实际工作应用和解决问题。要充分考虑培训学院的文化层次、技能水平、培训需求，统筹兼顾开设培训班型，合理设置课程，提升培训效果。三是坚持就业导向，强化跟踪服务。持续推进校企合作，根据企业需求有针对性地开展技能培训，推进订单式、定岗式、定向式为主的就业技能培训，实现培训项目需求相对接、培训内容与岗位需求相对接、实操实训与生产实际相对接的培训目标。充分利用微信公众号、"春风行动"、企业专项招聘会等公共就业服务活动提供就业政策和就业信息，针对农民工进行专业技术培训和就业岗位引导，促进更加充分的就业。

### （三）加强宣传引导，保障劳动者合法权益

一是规范劳务关系，保障劳动者合法权益。要不断加强对劳动市场的监管，严格贯彻执行《劳动法》及相关法律法规。重点关注劳动力权益保障问题，劳动保障部门要加强劳动者与用人单位签订劳动合同或确定劳动关系相关资料的督查，督促用工单位和雇主为劳动者购买工伤保险，通过完善劳动关系、强化保障体系建设，提升劳动者就业稳定性，为广大劳动者排除后顾之忧。二是加强普法宣传，畅通维权渠道。要在用人单位和劳动者中加强宣传《劳动法》《劳动合同法》《农民工工资支付条例》等劳动保障法律法规的宣传力度，通过发放宣传手册，网络媒体宣传等形式，提高劳动者的法律意识、维权意识和用人单位自觉遵守劳动保障法律法规意识。同时拓宽维权途径，畅通维权渠道，实施多渠道、多角度日常监控，确保劳动者维权有渠道。三是规范市场监管，加大违法惩处力度。加大对侵害劳动者权益行为监督管理，依法打击拖欠劳动报酬等违法违规行为，明确互联网平台企业等用工单位在劳动者权益保护方面的责任，同时积极宣传劳动者权益相关政策法规，逐步增强劳动权益保护意识。

### （四）加强政策帮扶，提振创业积极性

一是加大创业扶持力度。针对高校毕业生、返乡农民工等重点就业人群加大创业扶持力度，通过提供一次性创业补贴、创业担保贷款贴息、免费提供创业场地等举措提高创业积极性。二是加强创业培训指导。结合本地实际提供内容实用、形式丰富的培训课程，推动"创业培训+技能培训"融合发展，组织企业家、创业成功典型等开展专题讲座，起好示范带动作用。三是降低创业融资门槛。扩大创业者融资贷款抵押范围，采取"政府+银行+保险"多方参与的合作经营模式，为创业企业融资提供信贷支持。

# 高质量发展篇

GAOZHILIANG FAZHAN PIAN

# 宁夏居民消费升级的挑战与路径选择

苏春燕　黎　雪　哈　婷

党的二十大报告中提出："要着力扩大内需，增强消费对经济发展的基础性作用。"2020 年以来，习近平总书记多次强调要加快构建以国内大循环为主体、国内国际双循环相互促进的新发展格局。构建新发展格局的关键在于经济循环的畅通无阻，国内供给和需求对经济循环起主要支撑作用，消费作为经济循环的终点和新的起点，是畅通国内大循环的重要引擎。近年来，宁夏出台一系列刺激消费扩大内需的政策，为激发消费潜力、优化消费结构、提升消费品质、培育新的消费增长点营造了良好环境。但面对疫情冲击和外部影响，居民不确定性预期增强，消费能力和消费意愿下降，在一定程度上制约了消费升级。面对严峻复杂的形势，如何稳定居民消费成为研究的焦点。

## 一、居民消费现状及特点

### （一）消费总额快速增加，居民消费水平不断提升

党的十八大以来，宁夏经济转型升级步伐加快，随着扩大内需和改善民生政策的深入实施，消费规模持续扩大，消费率稳中有升。2012—2019 年[①]，

---

作者简介　苏春燕,国家统计局宁夏调查总队处长;黎雪,国家统计局宁夏调查总队二级主任科员;哈婷,国家统计局宁夏调查总队二级主任科员。

[①]2020 年以后年份宁夏不再公布支出法地区生产总值数据。

65

宁夏最终消费总额由 1123.9 亿元增加到 2219.4 亿元，年均增长 10.2%，最终消费率由 52.7%上升至 59.2%，居民消费支出占最终消费支出比重也由 65.9%增至 66.3%，占比远大于政府消费支出。2012—2022 年，社会消费品零售总额由 751.0 亿元增加至 1338.4 亿元，年均增长 5.9%；居民人均生活消费支出由 10009 元增加至 19136 元，年均增长 6.7%。

**（二）消费结构优化升级，生存型消费向发展型消费转变**

宁夏居民消费正逐步从生存型转向发展型，从同质、单一转向个性、多元，尤其是疫情期间，在线教育、互联网医疗、远程办公等新业态新模式的加速落地，引领新型服务消费提质扩容。2012—2022 年，居民人均发展型消费支出年均增长 7.9%，比人均生活消费支出高 1.2 个百分点。其中，以交通通信、教育文化娱乐和医疗保健等服务消费为主的发展型消费支出占比由 32.4%提高至 36.1%；以食品、衣着等实物消费为主的生存型消费支出占比由 67.6%下降至 63.9%。

**（三）消费能力不断提升，城乡居民消费差距逐年缩小**

2012—2022 年，宁夏城镇居民收入由 19507 元增加至 40194 元，年均增长 7.5%；农村居民收入由 6776 元增加至 16430 元，年均增长 9.3%。城乡居民收入差距比（以农村为 1）由 2.9 缩小至 2.5。同期，城镇居民人均生活消费支出由 14514 元增加至 24213 元，年均增长 5.3%；农村居民人均生活消费支出由 5871 元增加至 12825 元，年均增长 8.1%。城乡居民消费差距比（以农村为 1）由 2.6 缩小至 1.9。在城乡居民收支差距同步缩小的同时，消费支出差距缩小程度大于收入差距缩小程度。

**（四）消费复苏不及预期，增速处于全国较低水平**

一是居民消费未达疫情前水平。2020—2022 年，宁夏居民人均生活消费支出年均增长 4.6%，相对于疫情前 2017—2019 年 9.2%的年均增速降低了 4.6 个百分点；且衣着、其他商品和服务人均消费支出水平均未达 2019 年同期水平。二是消费支出水平和增速排位均居全国中后。虽然宁夏积极推动落实夜间经济、商圈改造等系列促消费的措施，优化消费产品和服务供给，但 2022 年居民人均生活消费支出水平比全国平均水平低 5402 元，居全国 31 个省（区、市）第 21 位，消费增速同比下降 4.4%，居全国第 25

位。三是社会消费品零售总额低于全国平均水平。2022年，宁夏实现社会消费品零售总额1338.44亿元，比上年增长0.2%，虽然增速比全国平均水平高0.4个百分点，但总额仅占全国的0.3%。

数据来源：2013—2022年《宁夏调查年鉴》及2022年宁夏调查总队住户收支与生活状况调查数据。

**图1　2012—2022年宁夏全体居民消费支出和增速走势**

**（五）消费内部结构趋稳，但与全国相比差异明显**

2012—2022年，在八大类生活消费支出中，吃、穿类消费支出占人均生活消费支出的比重下降明显，住、行类消费支出占人均生活消费支出的比重上涨明显。虽然全国和宁夏居民吃穿住行等消费支出占居民人均生活消费支出的比重均保持在七成左右，但两者在结构上存在差异。全国食品烟酒和衣着类消费支出占人均生活消费支出的比重由2012年的41.2%降至2022年的36.1%，降幅为5.1个百分点，而宁夏食品烟酒和衣着类消费支出占人均生活消费支出的比重由2012年的42.4%下降至2022年的36.1%，降幅达6.3个百分点，高于全国1.2个百分点，表明宁夏居民吃穿的基本型生活消费支出下降幅度快于全国。全国居住和交通通信类消费支出占消费支出的比重由2012年的32.6%涨至2022年的37.0%，涨幅为4.4个百分点，而宁夏居住和交通通信类消费支出占消费支出的比重由2012年的28.6%上升至2022年的33.5%，上升幅度达4.9个百分点，高于全国0.5个百分点，表明宁夏居民住行的改善型生活消费支出变化幅度快于全国。

表 1　2012—2022 年宁夏和全国居民部分类别消费支出表

| 年份 | 食品烟酒 | | 衣着 | | 居住 | | 交通通信 | |
|---|---|---|---|---|---|---|---|---|
| | 宁夏 | 全国 | 宁夏 | 全国 | 宁夏 | 全国 | 宁夏 | 全国 |
| 2012 | 31.4 | 33.0 | 11.0 | 8.2 | 15.5 | 20.6 | 13.1 | 12.0 |
| 2013 | 28.6 | 31.2 | 9.1 | 7.8 | 18.0 | 22.7 | 14.0 | 12.3 |
| 2014 | 28.5 | 31.0 | 9.4 | 7.6 | 17.7 | 22.1 | 14.1 | 12.9 |
| 2015 | 26.7 | 30.6 | 9.0 | 7.4 | 18.9 | 21.8 | 13.1 | 13.3 |
| 2016 | 24.7 | 30.1 | 8.2 | 7.0 | 18.3 | 21.9 | 18.4 | 13.7 |
| 2017 | 24.7 | 29.3 | 8.3 | 6.8 | 18.6 | 22.4 | 17.0 | 13.6 |
| 2018 | 25.3 | 28.4 | 8.3 | 6.5 | 18.0 | 23.4 | 16.3 | 13.5 |
| 2019 | 25.2 | 28.2 | 8.1 | 6.2 | 17.7 | 23.4 | 16.5 | 13.3 |
| 2020 | 27.5 | 30.2 | 7.2 | 5.8 | 19.1 | 24.6 | 16.7 | 13.0 |
| 2021 | 27.2 | 29.8 | 6.8 | 5.9 | 18.4 | 23.4 | 16.9 | 13.1 |
| 2022 | 31.4 | 30.1 | 5.4 | 5.6 | 18.5 | 28.0 | 15.3 | 13.0 |

数据来源：2013—2022 年《宁夏调查年鉴》及 2022 年全国和宁夏调查总队住户收支与生活状况调查数据。

## 二、制约居民消费升级的因素

随着经济发展和居民收入水平的不断提高，居民的消费升级特征明显，由较低层次的数量升级向更高质量的结构升级演变。但居民消费升级仍然面临一些制约因素，在双循环经济新格局下，只有不断突破这些制约因素，才能充分挖掘居民消费潜力，发挥居民消费升级的"国内市场效应"，使得消费升级成为经济高质量发展的重要推力。

### （一）收入增长放缓制约居民消费能力提升

根据消费函数理论，居民消费支出增长的根本动力在于收入水平的提高。目前居民收入呈现"金字塔型"分配格局，对于金字塔底部的大多数人而言，虽有很强的消费愿望，却不具备相应的消费能力，不仅影响现阶段的消费需求，也影响未来的消费需求，制约了居民总体消费水平。党的十八大以来，宁夏居民人均可支配收入年均增长 8.5%。但宏观经济下行压力加大，在经济逐步由高速发展向高质量发展转变的环境下，收入快速增长的势头也有所放缓，由 2012 年的两位数增长（14.2%）逐渐放缓至 2022 年的个位数（6.1%），成为影响居民消费扩大的主要因素。尤其疫情三年，一定程度上对居民消费能力提升产生较大的制约。2020—2022 年居民人均可支配收入年均增长 7.2%，相对于疫情前 2017—2019 年的年均增速（9.0%）降低了 1.8 个百分点。

**（二）居民消费意愿影响平均消费倾向下降**

消费倾向反映不同消费群体或同一消费者群在不同时期 消费意向的变动。消费受各种不利因素的影响反应比收入更敏感，体现在居民可支配收入中用于消费的部分随之减少。2012—2022 年，宁夏居民平均消费倾向（人均生活消费支出与人均可支配收入的比）由 76.4%降至 64.7%。其中，2022 年的平均消费倾向比上年低 7.1 个百分点，比 2019 年低 10.3 个百分点。

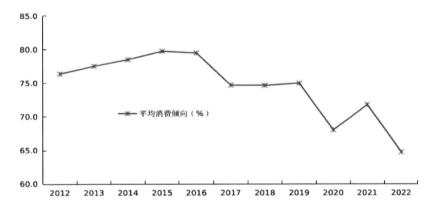

数据来源：2013—2022 年《宁夏调查年鉴》及 2022 年宁夏调查总队住户收支与生活状况调查数据。

**图 2  2012—2022 年宁夏全体居民平均消费倾向**

**（三）城镇居民消费恢复压力大于农村**

城乡居民消费支出虽然均呈上升趋势，但城镇居民比农村居民用于生活消费的支出项目更多，最基本的衣食住行等消费的压力更大，尤其是房贷支出较多，对收入变化的敏感度更强，消费心理和消费意愿的改变更难，消费恢复相对更慢。2012—2022 年，城乡居民消费意愿均呈下降趋势。其中，城镇居民平均消费倾向由 74.4%回落至 60.2%，农村居民平均消费倾向由 82.0%回落至 78.1%。同时，三年疫情对于城乡居民消费的影响较大，2020—2022 年，城镇居民人均消费支出年均增长 4.0%，相对于疫情前 2017—2019 年的年均增速（9.3%）降低了 5.3 个百分点；农村居民人均消费支出年均增长 4.6%，相对于疫情前 2017—2019 年的年均增速（7.2%）降低了 2.6 个百分点。

### （四）家庭抗风险能力弱挤压居民消费空间

在收入增长放缓的情况下，对未来不确定性风险的认知直接影响着居民消费的预期。其中，社会保障制度的完善程度与居民消费水平呈高度正相关。但目前，社会保障制度尚处于改革完善阶段，居民普遍存在预防如失业、疾病治疗、子女教育、子女婚嫁费用、养老等后顾之忧。居民为了提高抗风险能力，增加预防性储蓄；加之住房贷款增加，居民消费空间受到明显挤压。从近十年居民储蓄率的增长情况就可看出，自 2018 年开始，宁夏城乡居民人均储蓄存款余额的增长率超过人均可支配收入和消费支出的增速。2022 年，宁夏金融机构新增人民币存款创历史同期最高水平。其中，住户存款余额 4899.6 亿元，同比增长 14.8%，分别高于人均可支配收入和人均消费支出 8.7 个和 19.2 个百分点；住户贷款余额 3008.4 亿元，同比增长 9.9%，分别高于人均可支配收入和人均消费支出 3.8 个和 14.3 个百分点。

### （五）消费环境和较高物价水平的制约

消费环境安全问题制约了消费升级和消费潜力释放。随着以新产业、新技术、新模式为代表的新消费方式兴起，消费诈骗、虚假广告、假冒伪劣、消费者个人信息泄露等问题时有发生。一是消费环境还不够好，居民对消费环境满意度不高，主要表现在消费领域信用体系不健全，产品与服务消费投诉率较高，消费环境存在物质消费不安全、服务消费质量低、市场监管秩序有待规范等问题，重点区域、重点企业和重点产业仍需加大监管力度。二是较高的物价水平使居民实际消费能力受限。2022 年，宁夏居民消费价格累计上涨 2.3%，比全国平均水平高 0.3 个百分点，居全国第三位，在西北五省（区）中居第二位，比青海低 0.1 个百分点，比陕西、甘肃、新疆分别高 0.2 个、0.4 个和 0.5 个百分点。

### （六）恩格尔系数明显反弹

恩格尔系数一般随着家庭收入和生活水平的提高而下降。党的十八大以来，宁夏居民收入年均增长 8.5%，但恩格尔系数由 2012 年的 31.4% 下降到 2019 年的 25.2%由涨至 2022 年的 29.5%，呈 V 型变化态势。分城乡看，2022 年城镇居民恩格尔系数由 2012 年的 30.4%下降到 2019 年的24.2%又涨至 2022 年的 28.7%；农村居民恩格尔系数由 2012 年的 34.1%下降到 2019 年的 27.4%又涨至 2022 年的 31.4%。农村居民家庭恩格尔系数持续高于城镇居民，反映了农村居民消费结构有待改善，城乡居民家庭生活水平还存在差异。

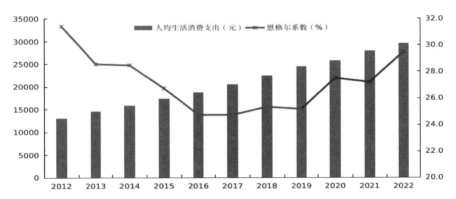

数据来源：2013—2021 年《宁夏调查年鉴》及 2021 年宁夏调查总队住户收支与生活状况调查数据。

**图 3　2012—2022 年宁夏全体居民人均可支配收入和恩格尔系数**

## 三、新发展格局给居民消费带来的新机遇

### （一）场景化消费需求提升

随着扩大内需和供给侧结构性改革的深入，不同收入群体的需求各异，场景消费正在受到越来越多消费者的青睐，消费已经不再是单纯的购买商品，更多时候，消费者想要在购买商品中拥有一定的关系互动和情感获得。比如，疫情后流行的短途旅行，带动野炊、露营等相关产品消费；"围炉煮茶"成为休闲社交新宠，带动养生茶饮、养生壶等品类消费。当人们越来越愿意为自己的情绪价值和兴趣爱好而"买单"时，场景化消费必将成为未来居民消费的大趋势，要促进消费复苏，就需要深刻把握当前的消费场景化趋势。

### （二）数字经济增强消费新体验

党的十九大以来，数字经济政策从国家战略引导向地方落地的纵深发

展，新冠疫情倒逼数字经济蓬勃发展。疫情期间，在线下活动受到各种限制的情况下，大量的消费和生产活动开始转移到线上，如线上教育、线上医疗、线上娱乐、线上办公等，丰富的线上数字经济服务满足了居民的各类生活需求，网络直播、跨境电商等新业态接连涌现，数字化对消费的带动作用愈加明显。随着数字技术的深入应用和普及，线上协同办公、远程诊疗、网络教育、生鲜电商等"宅"经济，有望成为传统线下消费的重要补充力量，数字消费将成为驱动居民消费长期增长的重要着力点。

### （三）消费方式发生新变革

疫情的持续导致居民消费观念更趋于务实和理性，居民更关注可持续性消费，追求物尽其用，这也带来了消费方式的变革。闲置消费、共享消费、拼团、积分兑换等既省钱又能提升体验感的新消费方式，在疫情期间和后疫情时代得到快速发展，日渐成为潮流。随着人工智能、物联网、5G等技术得到广泛应用，闲置、共享、线上交易已经成为居民满足生活需求的重要选择，新的消费方式将成为提振居民消费最具发展潜力的方向。

## 四、激发居民消费潜力的路径

### （一）提高居民收入，增强消费动能

一是提高收入水平。居民收入水平直接决定了消费能力，千方百计稳就业则是增加收入的有效途径。要积极拓宽就业渠道、鼓励自主创业；落实金融、税收优惠政策，加大市场主体纾困解难力度，做好稳岗留工；提高劳动者技能、增加就业机会、提升社会保障水平等途径，抓好重点行业、重点人群就业，稳定就业预期，增加低收入群体收入、扩大中等收入群体比重，提高最低工资标准，不断提高收入水平和社会保障能力。二是不断完善收入分配制度。通过加大税收调节力度、财政转移支付力度、社会保障力度等政策措施，不断缩小城乡、行业、地区、群体之间收入差距。三是持续改善居民收入结构，提高财产性收入在家庭收入中的比重，构建橄榄型收入结构。

### （二）完善体制机制，增强消费信心

一是全面落实房地产长效机制，稳定房价预期，优先支持首套刚需自

住购房需求，因城施策实施差别化住房信贷政策，合理控制房地产贷款增速和占比。二是进一步规范消费贷款监管，降低中长期消费贷款利率，宣传引导适度消费，有效控制居民尤其是年轻群体的短期超前消费信贷增长。三是要完善有利于提高居民消费能力的收入分配制度，进一步完善现有失业保险、养老保险、医疗保险等社会保障体系建设，扩大养老、教育、住房、医疗等民生领域公共服务投入规模，逐步提高社会保障制度的兜底保障力度，增加居民对不确定风险的抵御能力，让老百姓有安全感，能放心消费，解决后顾之忧，降低预防性储蓄，增强消费信心。

### （三）规范市场秩序，改善消费环境

一是健全价格监测预警，重点抓好粮食、生猪、鲜菜、水产品等重要农产品的生产和供应，畅通商品流通渠道。二是加强临时社会救助和保障标准与物价上涨挂钩联动机制落实，及时做好生活必需品及控价肉、菜的储备和投放工作，保障困难群众基本生活。三是规范市场秩序，稳定市场预期，坚决防范哄抬物价、囤货居奇、售卖假货等扰乱市场价格、破坏市场秩序的行为，改善消费环境。四是拓宽消费领域，促进消费升级。激发居民消费潜力，必须拓宽消费领域。随着经济发展，消费结构也处于重要的转型期，扩大消费需求要引导居民树立与现代经济社会发展相适应的消费观念，引导居民由单纯的吃、穿、住、行、用的消费向精神文化方面的消费扩展，要大力引导和促进旅游、教育培训、体育健身、文化创意等精神消费需求的增长和相关产业的发展，鼓励消费、培育消费、引导消费、保护消费、提高最终消费率，满足人民日益增长的美好生活需要。

### （四）推动提质升级，深挖消费潜能

一是积极应对消费方式变化带来的挑战。疫情改变了人们的消费习惯和消费方式，带来了诸如有需求缺供给、有消费难配送的问题，要以不断升级的消费需求引领推动供给侧结构性改革，推动产业升级产品提质，从供给侧和流通侧发力，应对新挑战，解决新问题。二是扩大消费政策优惠范围，加快服务性消费恢复。加快发展现代服务业，不断提升服务质量和水平，为促进服务消费提供产业支撑。三是充分挖掘农村消费市场。数字经济在农村经济高质量发展过程中发挥着至关重要的作用，数字经济背景

下农村消费市场潜力巨大。要加快在农村地区布局和建设 5G、物联网、人工智能等新型基础设施，提高农村供应链的数字化转型速度。结合本地实际开发独具特色的新业态和新产品，激发乡村内生发展动力、挖掘绿色发展潜力，优化农村消费环境和方式。加快建设覆盖县、乡、村三级电商服务体系，向农村延伸营销网络；完善农村物流配送体系，降低生鲜产品配送损耗及成本；建设特色农产品配送中心，要鼓励线下产业和线上平台相结合，打造特色消费场景，挖掘农村居民消费潜力，助力消费提振。

**（五）促消费稳经济，提高消费倾向**

继续出台家电下乡、汽车补贴、购房补贴等一系列刺激消费政策，降低利率，延缓房贷，提高居民对大宗商品的消费倾向。加快培育新型消费，加强对新业态新模式的支持和数字经济下多方实践探索，支持线上线下商品消费融合发展，不断释放消费潜能。加强消费场景搭建和扩容，支持各大商圈、商超、企业树立品牌化、特色化的消费场景，依托主要商圈、特色商业街区和大型商业综合体，拓展沉浸式、体验式、互动式多元融合的消费场景，持续激发居民的消费热情。加大消费券发放力度和范围，通过消费券引导，增强居民消费意愿，提升消费倾向。

# 宁夏提升脱贫地区和脱贫群众内生发展动力研究

狄国忠

增强宁夏脱贫地区和脱贫群众内生发展动力，是破解巩固拓展脱贫攻坚成果面临矛盾问题的必然要求，是全面推进乡村振兴的客观要求。党的二十大报告指出，要"巩固拓展脱贫攻坚成果，增强脱贫地区和脱贫群众内生发展动力"。宁夏要把增强脱贫地区和脱贫群众内生发展动力作为巩固拓展脱贫攻坚成果、全面推进乡村振兴的重中之重来抓，以激发脱贫地区和脱贫群众依靠自身力量发展的志气、心气和底气，加快宁夏农业农村现代化建设。

## 一、宁夏脱贫地区和脱贫群众内生发展动力的基本现状

### （一）监测并持续精准帮扶，增强了脱贫群众内生发展的底气

2023 年，宁夏适度拓宽监测范围，对所有农村人口常态化开展"四查四补"，对重点人群和特殊群体实行"八必访"，对风险户实行"一键预警"并开展精准帮扶，对有劳动能力、有就业意愿的监测对象落实产业、就业帮扶，对因病、因学、因意外事故等落实健康、教育、社会保障等精准帮扶措施。截至 2022 年底，宁夏共识别监测对象 1.63 万户，98.9%得到了产业、就业帮扶，15%受到了教育、金融等其他帮扶措施。

---

作者简介　狄国忠，中共宁夏区委党校(宁夏行政学院)教授。

### （二）乡村产业发展，增强了脱贫地区和脱贫群众内生发展基础

近年来，脱贫地区和脱贫群众依托农业农村特色资源，全力做好"土特产"文章。从调查情况看，截至2023年9月底，脱贫农村有产业的户数占66.19%。有产业户数中发展较好、收益较高的占36.45%，产业收益一般的户占55.95%。有些地方尽力弥补产业链短板弱项，建立健全联农带农机制，带动脱贫群众稳定增加收入。

### （三）就业积极稳定，增强了脱贫地区和脱贫群众内生发展的信心

近年来，脱贫地区坚持就业优先战略，充分用好国家对于脱贫地区的利好政策，积极扩大脱贫群众务工就业。从调查情况看，截至2023年9月底，脱贫地区农村家中有务工就业人员的占总户数的69.63%。其中，监测对象有务工就业人员占务工就业总人数的24.18%，脱贫户占39.41%。脱贫地区多措并举稳就业促增收，实现脱贫户人均可支配收入的明显提升。据测算，2023年宁夏脱贫人口人均纯收入可达16926.58元。

### （四）村集体经济发展，增强了脱贫地区和脱贫群众内生发展的动力

脱贫地区村集体经济发展势头良好，从调查情况看，截至2023年9月底，宁夏村集体经济发展良好的行政村占比达到47.27%，较好的行政村占比达到43.97%；其中，有合作社或龙头企业带动的占5.69%；资产收益分红占10.98%。许多农村发起成立股份合作社，开发利用集体土地，加强资产经营管理，形成具有区域优势的"一村一品"特色产业。

### （五）脱贫群众技能素质提升，增强了脱贫地区和脱贫群众内生发展前提

近年来，脱贫地区针对脱贫群众的具体实际，在抓好脱贫地区农村义务教育的基础上，加强精神文明建设。截至2023年9月底，脱贫地区农村义务教育阶段上学孩子占99.38%。未上学的占0.62%，因身体残疾未上学的孩子，当地政府均有送教上门行动；脱贫农村重视农村精神文明建设，开展农村文明实践活动，被评为"农村文明家庭"、"星级文明户"或"五好家庭"的占比为11.65%。评为"农村道德模范"、"最美邻里"、"身边好人"、"新时代好少年"的占比为6.93%。同时，支持建设一批培训基地和技工院校，扩大技工院校招生和职业教育培训规模，

有计划地培训提高脱贫群众的素质和技能。

## 二、宁夏脱贫地区和脱贫群众内生发展动力存在的主要问题

### （一）乡村产业发展的带动作用还未得到充分发挥，难以激发脱贫地区与脱贫群众内生发展的动力

脱贫地区一些产业发展同质化，且规模小、布局散、链条短，从事初级产品加工的企业占 80%，大多数产业处于产业链的前端、价值链的低端、创新链的末端。整体上看，农村产业仍处在以原料生产、种养为主的较低层次，应对市场和自然风险能力弱，农业生产成本持续上升，农业规模化集约化发展程度不高，持续带动脱贫人口稳定增收难度较大。从调查的情况看，扶持发展壮大村集体经济的项目资金效益发挥不明显，除了按比例为村民分红外，运用资金促进产业发展的成效还不够明显。有的村集体经济收益资金结余较多，有的乡村干部对集体经济收益资金还存在不敢用、不会用的情况，有的农村村集体经济薄弱。有的县（区）村集体经济总收入 5 万元以下的占比达 46.5%。

### （二）脱贫群众就业不足或就业不充分，制约着脱贫地区和脱贫群众内生发展的动力

有的乡村脱贫劳动力专业技能与企业岗位需求匹配度不高，脱贫劳动力就业不够稳定，服务业吸纳就业不断收窄，脱贫地区就地就近就业机会有限。从调查的情况看，部分村对家庭有困难的农户，只是简单地以帮助申请低保、低保提档或安置公益性岗位直接纳入社会保障兜底；脱贫地区大量存在稳定务工一次性交通补贴政策落实不到位的现象。按照政策要求，脱贫劳动力当年稳定务工 6 个月以上可领取 200~800 元不等的就业交通补助。但由于一次性交通补助申请条件较高，手续烦琐，需本人或委托家属携带用工单位劳动合同及社会保险缴费凭证、工资发放银行流水证明、社保卡号或银行账号等证明文件，在村里或乡镇申请，报县级人社部门审核通过后，才能发放，导致符合申报一次性交通补贴的人数较多，但实际享受政策人数少，政策激励作用未充分发挥。

**（三）脱贫群众技能素质较低，从根本上影响脱贫地区和脱贫群众内生发展的动力**

脱贫群众接受教育的年限较短。据统计，脱贫群众文化程度过半数都不高，其中初中及以下占比达 59.6%（文盲占比 10.7%，小学文化程度占比 30.6%，初中文化程度占比 18.3%），教育帮扶阻断贫困代际传递的显现期还在 5—10 年后；部分县（区）乡村振兴重点群体培训任务尚未完成当年的培训任务；在脱贫农村地区移风易俗任务仍然较重，有的地方婚丧喜事大操大办，高额彩礼、薄养厚葬现象还依然存在。从调查的情况看，脱贫农村移风易俗整治不到位，部分乡村"一约四会"作用发挥不充分，高价彩礼、迷信活动等陈规陋习依然存在。

**（四）脱贫地区农业农村高质量发展的基本要素存在"短板"，制约脱贫地区和脱贫群众内生发展的动力**

尽管脱贫农村基础设施条件有力较大的改善，但脱贫地区农村水、电、路、通信等基础设施建设仍有待加强，公共服务体系还需完善，脱贫农村基本公共服务水平还有待提高。同时，还要看到边缘易致贫人口与脱贫不稳定人口等所占比重较大。截至 2021 年底，全区有 2.65 万边缘易致贫人口，1.49 万脱贫不稳定人口和 49.7 万农村低保人口，0.88 万农村特困人口等群体。1 万多移民纳入了防返贫动态监测范围。2022 年新增监测对象 0.39 万户 1.47 万人，累计识别监测对象 1.68 万户 6.38 万人。

## 三、增强宁夏脱贫地区和脱贫群众内生发展动力的对策

**（一）乡村产业发展是增强脱贫地区和脱贫群众内生发展动力的造血系统**

在新征程中，促进乡村产业升级换代，推动乡村产业高质量发展，带动增强脱贫地区和脱贫群众内生发展动力。

*1. 培育农业特色产业*

一是发挥政府职能作用。各级政府履职尽责，构建乡村振兴重点帮扶县（村）支持体系，加大对 9 个重点帮扶县和 261 个重点移民村支持力度，督促各重点帮扶县用好用活政策"工具箱"，形成农业特色产业"落地清单"，打造补短板、延链条、促发展、利长远的项目。二是运用市场原则优

化调整资源。鼓励脱贫地区乡村与区内外科研院（所）、企业合作，进一步发掘当地特色资源、生态环境、土地、劳动力、资本等要素禀赋，因地制宜，因村施策，培育和发展特色农业产业，比如中卫市的何滩村引进企业，盘活利用闲置土地、农房，将闲置农房变成自然观光、农耕文化教育、乡村课题研究基地。三是乡村产业主体积极作为。脱贫地区和脱贫群众要依托"六特"产业及当地其他农业特色资源，选准发展方向，主动作为，做好"土特产"文章，比如隆德县李士村传承创新传统胡麻油、醋、小杂粮加工技艺等做法，走出一条产业发展新路子。

2. 大力发展村集体经济

一是以村集体经济为依托引导产业规模化经营。对于一些产业基础较为扎实的乡村，以政策为牵引，以市场为导向，整合各种农业要素，形成一定的产业规模的村集体经济；对于一些产业基础薄弱的乡村，可以通过联村发展，村与村之间优势互补，形成联合村集体经济组织。二是以村集体经济为基础联动龙头企业带动发展。健全利益联结机制，以龙头企业的高质量发展，牵引种养大户、农民专业合作社等全面推进村集体经济快速发展，带动农村群众增强内生发展动力，比如原州区姚磨村的龙头企业带动规模化经营蔬菜种植，群众自我发展的信心增强。三是以村集体经济为牵引形成联农带农产业项目。抢抓乡村振兴重点地区帮扶产业项目机遇，壮大村集体经济，完善产业项目联农带农机制，推动经营主体通过订单生产、托养托管、产品供销、保护价收购等方式，带动脱贫群众持续走上自我发展之路。

3. 推动乡村产业链延伸和智慧升级

一是促进延伸产业链条。落实好中央政策，把中央财政衔接（巩固拓展脱贫攻坚成果同乡村振兴有效衔接）补助资金用于产业发展，重点补上技术、设施、营销、人才等支撑发展的短板，增加乡村特色产业附加值。二是促进乡村产业数字化智能化升级。各乡村立足当地实际，依托特色产业与经营模式，借助扶持项目资金推动农业产业数字化、智能化。发挥驻村干部、科技特派员、专家学者的产业帮扶作用，协助推进乡村产业数字化、智能化转型，打造科技产业、智慧产业等，提高农业信息化和现代化水平。

## （二）脱贫地区积极引导脱贫群众就业，是增强脱贫地区和脱贫群众内生发展动力的现实途径

宁夏脱贫地区要用好用足国家扩大有效投资和拉动内需的各项政策，大力实施就业优先战略，多措并举促进更多脱贫群众务工就业。

1. 完善促就业机制

一是各地就业服务部门主动引导脱贫群众就业。通过创建"就业服务部门+企业+脱贫群众"的就业帮扶机制，就业服务部门主动与各大企业对接，各大企业与脱贫群众双向选择，引导脱贫群众就业。在大量调研的基础上，完善稳定务工一次性交通补贴政策，以奖励的形式促进脱贫群众稳定就业。二是以劳动密集型乡村产业支撑脱贫群众就业。一方面，持续运营好就业帮扶车间和其他产业帮扶项目，比如红寺堡区弘德村的扶贫车间带动移民就业，增强移民内生发展动力。另一方面，发展乡村生态、文化旅游，利用特色种植业、良好生态环境、民俗文化资源禀赋优势，因地制宜，因时制宜，大力挖掘乡村生态文化旅游，培育乡村体育赛事等，衍生乡村民俗体验等特色服务业，带动乡村村民就近就业。

2. 练好促就业内功

一是打造劳务品牌，赢得市场竞争。加强脱贫地区区域性劳务品牌建设，激励脱贫地区务工者的劳动热情，提高他们的基本素养，打造一支爱国、爱家、勤奋、敬业的务工队伍，赢得劳务市场和用人单位的肯定和信任。二是创新促就业方式。持续采取以工代赈、"雨露计划+"就业促进等方式，吸纳更多脱贫群众就业。在劳动能力较弱的脱贫群众家中张贴"贴心服务卡"，尽可能为他们提供就业公益岗位的机会，帮助他们稳定就业。三是提升就业群体的技术和能力。各地相关部门要用好国家政策，结合当地实际对脱贫群众开展电工、电焊工、面点师等就业门槛低、市场需求量大的职业技能培训等，千方百计促进脱贫群众实现就业。

3. 以创业带动就业

一是激励脱贫乡村"强劳动力"创业。强化政策供给、优化服务方式，激发脱贫地区创新创业的活力，帮助脱贫群众中"能人"创业，以创业带动就业。二是提供创业孵化基地。在街道（乡镇）、工业（农业）园区、社

区、易地扶贫搬迁集中安置点，为创业者就近提供项目孵化、项目推介、开业指导、融资对接、政策扶持、法律咨询、事务代理等服务，以创业促就业。

**（三）加注重扶志扶智，提升脱贫地区和脱贫群众自我发展能力**

脱贫任务完成后，脱贫地区乡村发展的"硬件"不断完善，但"软件"发展相对滞后。全面推进乡村振兴，要更加注重扶志扶智，提升脱贫地区和脱贫群众自我发展能力。

1. 坚持教育优先发展

一是重视基础教育的发展。脱贫地区要更加重视基础教育，提高学生德智体美劳各方面教育质量，提升脱贫地区社会文明程度，提高脱贫地区未来劳动者的智力和能力。二是加大基础教育的投入。脱贫地区要加大财政投入力度，继续完善乡村现代教育教学设施条件，持续提升乡村教师的工资待遇，提高乡村教师的教育教学能力和水平，让脱贫地区乡村孩子接受更优质的基础教育。

2. 加大对成人的教育引导

一是持续实施"扶智""扶志"工程。据统计，宁夏脱贫群众接受教育程度普遍较低，接受新知识新技术的能力较弱。在巩固拓展脱贫攻坚成果同乡村振兴有效衔接、推进农业农村现代化进程中，脱贫地区要十分重视"扶智""扶志"工作，以提升脱贫群众的文化程度为导向，分别举办线上+线下的扫盲班、提升班等。二是培养适应中国式现代化的新型农民。加大对脱贫地区脱贫群众的教育引导，不仅要"授人以鱼"更要"授人以渔"，比如，让越来越多新农人掌握新知识、用上新装备、学会新技术；从职业教育入手，聚焦产业发展需求，为脱贫群众量身定制有关思想道德、知识与技能方面的培训，使他们成为有追求、有本领、懂技术、肯实干的劳动者。

3. 推进乡村文化振兴

一是以文塑魂。脱贫地区要深入开展社会主义核心价值观宣传教育，发挥好主流价值和文化的引领作用，继续在乡村开展听党话、感党恩、跟党走的宣传教育活动。在传承中华优秀传统美德上下功夫，对仁、义、礼、智、信等传统价值观进行创造性转化创新性发展，推动文明培育、文明实践、文明创建，以文惠民、以文乐民、以文富民，促进脱贫群众形成现代文明理念和生活方式，营造和谐良好的文明新风。二是以文育民。脱贫地区要深入实施农耕文化传承保护工程，加强重要农业文化遗产保护利用，充分发掘黄河文化、长城文化、民宿文化资源。支持乡村自办篮球"村运会"、乒乓球"联赛"等群众性文化活动。注重家庭家教家风建设。三是以文正行。以社会主义核心价值观涵养乡风民风，以新时代村规民约规范村民的行为，破除封建迷信和陈规陋习。完善正向激励机制，强化榜样的力量在乡村振兴中的激励作用。宣传先进典型、发布典型示范案例，在脱贫地区形成"先富带后富"的社会氛围。

**（四）弥补脱贫地区农业农村高质量发展的"短板"，是增强脱贫地区和脱贫群众内生发展动力的重要支撑**

脱贫地区部分脱贫群众自我发展能力弱，与脱贫地区农业农村高质量发展要素存在"短板"呈正相关关系，要着力补上脱贫地区农业农村高质量发展的弱项。

1. 强化农村基层党组织建设

一是提高脱贫地区乡村班子的领导能力。通过全面培训乡镇、村班子领导及强化村镇领导的挂职锻炼，提高乡镇、村班子领导的工作能力。通过对农村党员分期分批开展集中培训、设岗定责等方式，提高农村党员素质、增强他们的责任意识，发挥农村党员先锋模范作用。二是发挥驻村第一书记和工作队的作用。派强用好驻村第一书记和工作队，完善驻村干部考察提拔使用和晋升机制，强化派出单位联村帮扶。三是加大乡村干部作风问题的整治。通过完善农村基层干部的监督机制，以问题为导向，以主题教育为契机，整治乡村振兴领域腐败和作风问题。

2. 加强乡村基础设施建设

一是加强农村公路网建设。把乡村公路网的完善与乡村公路沿线配套设施、产业园区、旅游景区、乡村旅游重点村建设一体化推进。二是加强供水工程建设。推进农村规模化供水工程建设和小型供水工程标准化改造，开展水质提升专项行动，开展水循环利用工程。三是加强农村电网工程建设。推进农村电网巩固提升，发展光伏、风力发电等农村可再生能源。四是深入实施数字乡村发展行动。推动数字化应用场景研发推广，加快农业农村大数据应用，推进智慧农业发展。

3. 推进乡村人才队伍建设

一是实施乡村订单定向医学、教育等免费培养项目。通过实施乡村人才订制培养项目，引导教育、卫生、科技、文化、社会工作、精神文明建设等领域人才到农村基层一线服务。二是创新乡村人才工作体制机制。抓住乡村产业发展机遇、开展"人才回引计划"，吸引年纪轻、学历高、能力强、爱村庄的青壮年回家乡创业。三是支持城市人才到乡村创业。通过贴息贷款、创设创业环境、解决创业者后顾之忧等，吸引城市青年和大学生到乡村创业；完善城市专业技术人才定期服务乡村激励机制，对长期服务乡村的在职务晋升、职称评定方面予以适当倾斜。

4. 激发乡村发展动能

一是深化农村体制改革。深化农村集体产权制度改革，盘活农村集体资产，让农村资源变资产、资金变股金、农民变股东。深化农村土地制度改革，尊重农民意愿，依法自愿有偿流转土地经营权。深化农村集体经营性建设用地入市试点，探索建立兼顾国家、农村集体经济组织和农民利益的土地增值收益有效调节机制。二是健全城乡融合发展体制机制。要建立健全城乡融合发展的体制机制和政策体系，畅通城乡要素流动，引导城市资金、技术等先进生产要素进入"三农"领域，解决脱贫地区农村经济社会发展面临的管理、资金、技术短缺等难题。深入推进县域农民工市民化，建立健全基本公共服务同常住人口挂钩、由常住地供给机制。梯度配置县乡村公共资源，发展城乡学校共同体、紧密型医疗卫生共同体、养老服务联合体，推动县域供电、供气、电信、邮政等普遍服务类设施城乡统筹建设和管护。

# 宁夏基础研究人才队伍建设调查报告

孔炜莉

习近平总书记在二十届中共中央政治局第三次集体学习时强调："加强基础研究，是实现高水平科技自立自强的迫切要求，是建设世界科技强国的必由之路。"同时指出："加强基础研究，归根结底要靠高水平人才。"从历史经验看，世界上几乎所有重大核心技术均来源于"从 0 到 1"的基础研究的原始创新，都出自高水平的基础研究人才。长期以来，党和国家高度重视基础研究人才培养，围绕国家建设发展培养了一大批基础研究领军人才，基础研究和原始创新不断加强，一些关键核心技术取得突破，为我国高质量发展奠定了基础。宁夏是欠发达地区，与全国水平相比，基础研究力量薄弱，标志性成果不够突出。新形势下，面对中国式现代化建设的重大使命任务，加强培养基础研究人才，切实提升基础研究的支撑能力和保障水平，是宁夏实现科技自立自强的迫切需要。

## 一、宁夏基础研究人才队伍发展状况和培养成效

### （一）优化基础研究人才发展环境

自治区聚焦"六新六特六优"产业、生态环境保护和人民生命健康等重点领域的人才需求，强化人才发展顶层设计，支持科研人员开展创新性

作者简介　　孔炜莉，宁夏社会科学院社会学法学研究所研究馆员。

基础研究与应用基础研究，旨在培养科技领军人才和高水平创新团队，稳定青年科技人才，形成具有区域代表性和学术影响力的基础研究成果，为自治区经济社会高质量发展提供基础科技支撑。一是深化人才发展体制机制改革。自治区先后出台《关于深入实施新时代人才强区战略的意见 (2022)》《宁夏回族自治区"十四五"期间人才发展规划（2022)》《宁夏回族自治区领军人才培养项目实施办法（2022)》《宁夏回族自治区杰出科技人才培养管理实施办法（2023)》《宁夏回族自治区科技创新团队建设管理办法（2023)》《关于开展减轻青年科研人员负担专项行动工作方案 (2022 )》等政策，推动"才聚宁夏1134行动"，全方位多角度地明确宁夏引人用人留人的机制、途径和措施，为科技人才队伍建设提供政策支持，为探索"企业选人用人，高校留人育人"的高层次人才引进与培养机制创造了条件。全区各地坚持育才、引才并重，积极发挥领军人才带动作用，激发青年科研人员创新意识，坚持培养壮大基础研究人才队伍建设。通过专项培育、项目带动、平台建设、合作交流等多种措施，持续培养基础研究人才、培育基础研究团队。二是不断加强科技人才团队建设创新机制。自治区以高等学校、科研机构、创新平台、科技型企业为依托组建科技创新团队，加大支持资金，加强创新团队在人才培养、科技攻关、实验室建设的投入。通过加强科技创新人才团队培育建设、绩效评估和动态管理，不断提高科技创新人才团队建设质量。深化科研管理改革，实行科技项目"揭榜挂帅""赛马制"和定向委托等制度，让有真才实学的科研团队有用武之地。三是发挥东西部合作机制作用。宁夏建立东西部科技合作机制，创新柔性引才引智模式，将"政府引才"与"企业引智"相结合，以市场化机制鼓励更多企业柔性引进国内外人才资源。推进项目"包干制"，突出项目负责人在经费使用上的主导地位，最大限度地赋予科研人员自主权，为东部地区创新主体参与宁夏科技活动创造宽松环境。自2017年以来，宁夏医科大学与中国中医科学院、南京中医药大学、上海长征医院等东部高校院所联合实施东西部科技项目36项，与中国科学院相关院所合作，实施"西部之光"人才培养计划项目18项，为宁夏培养了一批青年骨干人才。宁夏已与上海、江苏等东部11个省市，中国科学院、中国工程院、清华大学等 13 所高校院所签订了科技合作协议，形成了"11+13"长期稳定的科技合作机制，有效弥补了自治区科技创新人才欠缺的短板。

### （二）加强高水平科技创新团队的组建和培养

围绕宁夏重点产业、重点领域对科技创新人才团队的需求，自治区加强高水平科技创新团队培育组建工作，鼓励以企业为主体，跨单位、跨学科、跨领域组建产学研深度融合的科技创新团队。宁夏全职引进具有国内领先水平的科技创新团队，给予 500 万~1000 万元经费支持，对柔性引进科技创新团队最高给予 200 万元支持，保障自治区高层次人才交通、医疗等相关待遇，吸引集聚区外人才来宁创新创业。2022 年，宁夏全职引进 1 个、柔性引进 14 个高水平科技创新团队。近三年来，宁夏大力实施创新驱动战略，共组建创新团队 37 个，其中从事或参与基础研究的创新团队共有 21 个，从事基础研究的有工业水处理与循环利用、农作物种质资源精准鉴定与基因发掘、神经可塑性研究、肠道稳态与慢病防治等创新团队。目前，宁夏打造了 70 个人才高地，带动全国 20 个省市、730 多家各类创新主体参与宁夏科技创新活动，突破了一批关键技术难题，引进转化了一批新技术、新成果，引才用才模式在国内起到典型示范作用。

宁夏大学李广宇团队"化学工程与技术"双一流学科建设的重要成果"煤及危险废物高温热转化气化系列专利"，成功转化给（北京）环球润博能源科技有限公司，签约总金额达 1100 万元，实现该校科技成果转化项目单笔交易签约金额千万级突破。[1]宁夏大学"省部共建煤炭高效利用与绿色化工"国家重点实验室 2021 年入选第六届全国专业技术人才先进集体。全区各地支持企业通过柔性引进方式缓解人才不足难题，持续引进各类创新人才和团队。2022 年，石嘴山市平罗县建立并完善"项目+人才""企业+高校""企业+科研院所"等科技合作新模式，组织吉元冶金、凯迪化工等 42 家企业与北京科技大学、中国科学院等 46 所高校、科研院所开展合作，先后组织北方民族大学、长春应化所等高校院所 17 名专家，形成 5 个团

---

[1]王迎霞.宁夏科技成果"跑"出实验室[N].科技日报,2022-12-19.

队，与 9 家企业合作对接 13 个项目，促进了科技合作落地见效。目前，签订合作协议 24 份，柔性引进创新团队 24 个，柔性引进高层次人才 154 名，提升了企业创新能力。

### （三）完善科技人才梯次培育体系

自治区集聚优质资源，统筹重大科技项目、重大工程项目、重大科技基础设施建设，用于开展科技攻关、团队建设、人才培养等科研活动，优先支持杰出科技人才队伍建设，并纳入自治区省级领导重点联系服务专家范围。针对高层次人才匮乏的现状，宁夏构建梯次衔接的杰出科技人才、科技领军人才、青年科技人才培养机制，对于科技领军人才和杰出科技人才，自治区财政分别给予 600 万元、100 万元经费支持，突出高端科技人才对学科和行业发展的带动作用。深入实施"全职引进高层次人才科研和项目启动计划"，重点对引进的博士给予科研和项目启动支持，单项资助强度在 10 万~15 万元。不断优化在区内工作外国人才结构，高层次专家占比达到 22%。[①]2022 年，宁夏研究与试验发展（R&D）人员 3.09 万人，比2020 年（2.12 万人）增长 45.75%。全区现有基础研究科技领军人才有 7 名，宁夏大学和宁夏医科大学各 2 名，北方民族大学、宁夏农科院、自治区人民医院各 1 名。截至 2022 底，宁夏大学有 25 人、宁夏医科大学有 19 人入选"自治区科技领军人才培养工程"，宁夏医科大学有"青年拔尖人才"16 人，入选"青年科技人才托举工程"80 人，在各个科研领域充分发挥引领带动作用，为推动自治区学科建设发展、加快产业技术进步和民生改善、支撑经济社会高质量发展做出了突出贡献。

### （四）强化高学历青年化人才支撑基础科学研究

自治区通过各种措施探索培育高层次科技人才，强化自然科学基金人才培养，加大对优秀博士生支持力度，鼓励青年学者勇挑大梁，以项目带动培养人才快速成长。近五年来，宁夏通过项目实施柔性引进国（境）外人才 416 人，其中博士 291 人，占总数的 69.95%；硕士 65 人，占 15.63%；本科学历 58 人，占 13.94%。据初步统计，2023 年重点研发项目 40 岁以下

---

①奋力谱写创新驱动发展新篇章[N].宁夏日报,2023-02-06.

青年人才担任项目负责人和骨干人员的占比达到 54.66%。随着自治区各项引进人才的实施，自治区加大投入自然科学基金项目，提高青年科技创新人才的资助比例，鼓励具有博士学历的高层次人才不断承担自然科学基金项目，不断加大基础研究力度。2023 年，自治区自然科学基金立项 1056 个，比上一年增加 15.54%，其中项目负责人年龄在 40 岁以下的有 700 名，占立项总数的 66.29%，高出上一年 9.62 个百分点；具有博士学历的 427 名，占 40.44%，博士学历人员保持在四成以上，有效扩大青年人才所占比例，强化了自然科学基金的人才培养功能。

宁夏农林科学院制定《学科带头人选拔管理办法》，鼓励青年科研人员挑大梁，国家现代农业产业技术体系苹果、葡萄、中药材、牧草等 4 个试验站站长，糜子谷子体系土壤管理岗位专家均由 45 岁以下优秀青年科研骨干担任，让青年科技人员参与科研和平台团队项目的全过程管理。2016—2022 年期间，宁夏农林科学院 45 岁以下中青年科技人员主持国家自然科学基金项目数占获批项目总数的 82.1%，具有博士学位的人员获得国家基金数量占项目总数的 57.1%，具有硕士以上学位的人员获得国家基金数量占 85.7%，有效促进高学历青年人才承担自然科学研究项目。宁夏医科大学总医院制订科研帮扶项目实施方案，向科研人员给予精准辅导、专项支持等帮扶政策，设置科研假期，保障科研人员有充足的科研时间。

## 二、宁夏基础研究人才队伍建设存在的问题

### （一）基础研究人员占全区研发人员比重逐步下降

总体上看，宁夏每万名劳动力中有研发人员 38.24 人，相当于全国平均水平的 38%；每万人高价值发明专利拥有量 1.57 件，仅为全国平均水平的 21%；规模以上工业企业就业人员中有研发活动的仅占 30%。近三年，宁夏研究与试验发展（R&D）人员中研究人员增长 23.66%，增幅却低于全区研发人员 22.09 个百分点，且研究人员占研发人员比例下降 6.65 个百分点。2021 年基础研究人员 R&D 人员折合全时当量比上年提升 9.53%，但是占 R&D 人员折合全时当量的却下降了 1.8 个百分点，其中高等院校和科研

院所占基础研究人员 R&D 人员折合全时当量的略有下降趋势。可以看出，相对于全区研发人员，近年来基础研究人员呈下降趋势。

**（二）基础研究力量薄弱，标志性成果不够突出**

高等院校和科研院所是基础研究的主力军，宁夏约有 85% 的基础研究和科研成果源于高校和科研院所，主要集中在宁夏大学、宁夏农林科学院、宁夏医科大学、北方民族大学、宁夏师范学院等。由于宁夏是人口较少省区，区内高等院校数量也比较少，在全国所占比重偏低，拥有普通高等院校的数量仅高于青海和西藏，因此基础研究实力偏弱。全区企业基础研究主要集中在国企领域，民营企业开展基础研究活动相对偏少。加上宁夏高层次人才引进力度不足，中青年领军人才和拔尖创新后备人才短缺，高水平创新人才和创新团队匮乏，支撑基础研究的平台体系和人才力量薄弱，原创科研成果支撑经济社会发展的源头供给能力有待进一步提升。在高水平创新团队的考核评价体系中，尤其在各级各类人才奖项评定工作中，宁夏高校与发达地区高校相比，竞争力不足。区内基础研究具有重大影响力的标志性成果产出偏少，特别是能够实现产业化的发明专利、新品种和新技术不多，高端研发人才供给产业集群、创新发展的需求不平衡。

**（三）基础研究人才分布不均，银川市人才聚集占绝对优势**

宁夏的省会城市——银川，是宁夏的经济、社会、金融、教育发展的核心。2022 年宁夏全区生产总值为 5069.57 亿元，银川市地区生产总值 2535.63 亿元，占全区生产总值的一半。同时，银川也是高校和科技企业聚集之地，是宁夏高科技的中心和发展引擎，为全区的发展提供一个强有力的支撑。重点实验室是凝聚培养基础研究创新人才的重要平台，从自治区重点实验室的布局配置可以看出科研人才的分布情况。2022 年，全区共有重点实验室 41 家，其中银川市有 37 家，占 90.24%；石嘴山市和固原市各有 2 家，分别占 4.88%。银川重点实验室数量拥有绝对优势，九成以上重点实验室聚集在银川，其余个别分布在石嘴山市和固原市，吴忠市和中卫市仍处于空白。重点实验室分布不均，反映出全区基础研究人才的不均衡性。银川市以优越的科技基础条件，在高层次人才储备占据绝对优势地位。

而吴忠和中卫科技基础条件建设欠缺，创新主体则严重不足，基础研究人才匮乏与经济发展不相适应，应引起政府的关注和重视。

### （四）基础研究人才激励机制有待进一步完善

基础研究周期长、结果不确定性、风险高等特征，对基础研究人才成长发展也提出更高要求。而以考核为目标，过于强调论文发表及科研奖项为基础研究人才评价标准，导致科研人员不能安心基础研究，无法深入挖掘青年人才科研潜力，阻碍基础研究和原始创新的发展。宁夏在科技人才引进的过程中，科技人才激励的手段比较单一。宁夏现有的科技人才引进政策侧重对引进科技人才物质的激励，包括薪酬、补贴、奖励以及在住房和子女教育方面的福利，忽视了青年科技人才在流动、落户中对高品质生活、工作质量、人生价值的需求。注重打造青年人才发展"硬环境"，忽视人才发展"软环境"的营造，包括科技人才的人文关怀等方面的规定和宣传比较少。青年科研人员刚参加工作，工作压力大、收入低，加上还房贷、子女教育、父母养老等较大的生活压力，是青年科研人员普遍面临的困难。只有为优秀青年科研人员解除生活后顾之忧，并提供必要的研究条件，才能保障基础研究人才队伍后继有人、人才辈出。[①]

## 三、加强宁夏基础研究人才队伍建设

### （一）加大改革创新力度，加快高水平人才队伍建设

习近平总书记指出，加强基础研究，归根结底要靠高水平人才。借助自治区实施的"院士后备人才""领军人才""青年拔尖人才""青年托举人才"等项目，设立基础研究人才支持专项，完善基础研究人才引进、培养和支持保障机制。加大领军人才和高水平学术团队建设力度，大力提升基础研究科研队伍整体水平。以基础学科带头人、创新团队建设为核心，以创新用人机制、优化用人环境为关键，以超常规的举措加快高水平人才队伍建设，努力培养和造就一批有影响的科研领军人才、中青年科研骨干和优秀创新团队。完善柔性引才机制，建立重大基础研究开放合作机制，

---

①石长慧.我国培养使用基础研究人才的成效、问题与建议[J].科技中国,2023(5).

支持培养跨学科、跨省际、跨区域开放性基础科学研究团队。持续深化东西部科技合作，以国家各大类人才引进计划、自治区内外智力引进计划为抓手，围绕自治区基础研究重点领域，联合东部行业龙头企业、高等院校、科研院所开展项目合作，吸引集聚一批国内外知名科学家、学者等高层次人才和科技创新团队，带培一批基础研究领域优秀人才，提升全区原始创新能力。自治区重点试验室的建设和发展应注重跨单位、跨区域的科研院所和相关企业的联合建设，从区域优势特色产业出发，加强宁夏各地科研人员的充分交流与合作，分享科技创新资源，发挥不同创新主体在基础研究、成果转化等创新过程中的优势。

**（二）营造良好发展环境，构建全方位人才培养体系**

国家开展基础学科人才计划，进行基础人才培养时，应该主要依托高校，尤其是拥有较强基础学科实力和相对宽松学术环境的"双一流"高校，要发挥高校基础研究人才培养主力军作用。有学者通过分析我国杰出青年科技人才的成长过程，发现接受一流的高等教育是青年科技人才成长的重要优势累积方式，一流的工作机构是青年科技人才成长的"助推器"。[①]一流高等院校在制度保障、基础条件建设、学习环境、学术氛围、师资队伍等方面具有绝对优势，对青年科技人才成长至关重要。一流的科研机构，能使青年人才与工作机构之间的优势相互加强，促进科研成果产出，获得学术认可，对青年科技人才快速成长和职业生涯发展起到重要作用。因此，我们在培养青年人才时，要在有明显教育优势的宁夏大学、宁夏医科大学等高校培养基础研究人才，鼓励宁夏农林科学院等科研机构加大引进科技人才力度，为基础研究人才提供优越宽松的环境。继续实施"国家杰出青年科学基金""优秀青年科学基金""青年拔尖人才支持计划"等项目，拓宽青年科技人才的开放式培养渠道，塑造一批具有活跃创新力的青年研究团队。[②]重点实验室、大学科技园和科研院所等科研机构要面向本科生、

---

①高瑞，王彬.中国杰出青年科技人才的成长过程及特征[J].科学管理研究,2022(4).

②王思霓.中国青年科技人才培养的历史演进、存在问题与对策建议[J].中国青年研究,2022(3).

研究生开放，鼓励学生积极参与科研活动，让学生参与科研项目设计与实施过程，将科学研究贯穿于人才培养全过程。

**（三）健全人才服务体系，不断完善基础研究人才的激励机制**

针对基础研究周期长、产出不确定的特点，要完善基础研究人才差异化评价和长周期支持机制。对于探索性强、研发风险高的前沿领域基础研究项目，建立容错免责机制。构建符合基础研究规律和有利于人才成长的评价体系，营造自由探索、潜心研究、甘于奉献的基础研究氛围。针对青年科技人才的现实需求，制定个性化组合、优化各类人才政策，不断扩大青年科技人才创新政策的先行先试范围。[①]不断激发科研人才创新活力，造就一批甘坐冷板凳、十年磨一剑的基础研究队伍。例如，中国科学技术大学为充分激发人才创新活力，探索实施长周期柔性考核机制，以"阶段考核"代替"年度考核"，以"同行交流"代替"述职考评"，出台系列支持举措积极鼓励青年人才"揭榜挂帅"，挑战前沿科学领域、冲击顶尖科学问题。加大引进基础研究人才在交通、医疗、教育、生活配套等方面的优化落实力度，营造尊重科技人才、崇尚科技创新的社会氛围。

**（四）优化基础学科教育体系，加强青少年的科学教育**

基础教育时期是儿童萌发科学兴趣、养成人生目标的重要时期，也是培养儿童科学素养、提升创新精神的关键时期，基础教育尤其要重视培养青少年的好奇心、批判思维能力、健全的人格和学科学、爱科学的信念。[②]可以说，基础教育阶段是基础研究人才的重要资源库和蓄水池。全区各中小学应遵循青少年成长规律，满足学生德智体美劳全面发展的同时，也注重学生多元化、个性化发展。为中小学生普及科学知识、培养科学思维，激发孩子们的科学兴趣，在他们心中埋下科学的种子，让更多热爱科学的学生脱颖而出。深入实施"中学生英才计划""强基计划""基础学科拔

①陶卓,张新岭,刘忠艳.人才强国战略背景下我国青年科技人才集聚的实践与机制构建[J].科技与经济,2023(1).

②吴金希,李坤.重视基础研究人才队伍建设[J].今日科苑,2023(7).

尖学生培养计划",优化基础学科教育体系。建议拉长基础学科人才培养链条,要创造有利于基础学科人才培养的良好教育生态,在基础教育阶段,在充分保护和激发学生的好奇心和创造性的同时,要更加重视科学精神、创新能力、逻辑思维、批判性思维的培养,让更多学子心怀科学梦想,树立创新志向,吸引优秀学生投身基础研究。

# 宁夏建设乡村振兴样板区面临的问题及实践路径研究①

师东晖

加快建设乡村振兴样板区是宁夏第十三次党代会做出的重要决策部署。2023 年是宁夏实施"十四五"规划的关键之年，也是打造乡村振兴样板区的发力之年。自治区党委、政府坚持以习近平新时代中国特色社会主义思想为指导，认真贯彻党的二十大精神，深入落实习近平总书记关于"三农"工作的重要论述和视察宁夏重要讲话精神，加快建设乡村全面振兴样板区，推动乡村振兴走在西部前列，为全面建设社会主义现代化美丽新宁夏提供坚实基础。

## 一、2023 年宁夏打造乡村振兴样板区的进展与成效

2023 年，宁夏进一步推动乡村振兴样板区建设，全力抓好粮食安全生产，针对考核评估反馈问题持续巩固拓展脱贫攻坚成果，牢牢守住不发生规模性返贫底线，扎实推动乡村产业振兴、人才振兴、文化振兴、生态振兴、组织振兴，乡村振兴工作取得新进展与新成效。

### (一) 粮食安全生产有序推进

粮食安全是"三农"工作的首要任务，更是建设乡村振兴样板区的首

---

**作者简介** 师东晖,宁夏社会科学院农村经济研究所助理研究员。
①本文为国家社会科学基金项目(项目编号:20CMZ029)阶段性成果。

要内容。宁夏全面落实粮食安全党政同责要求，全力抓好耕地、种子"两个要害"，持续夯实农机、科技"两个支撑"，推动良田、良种、良法、良机、良制的有机融合。2023 年，宁夏落实粮食播种面积 1035.2 万亩，超额完成国家下达的目标任务 1.2 万亩，有望实现粮食总产量"二十连丰"，粮食安全生产有序推进。一方面，宁夏制订出台《宁夏高标准农田建设规划（2021—2030 年)》，大力推进高标准农田建设，深入实施高效节水农业"三个百万亩"工程。截至 2023 年 10 月底，全区建成高标准农田 1036.5 万亩，发展高效节水农业 565.7 万亩，提前 2 年基本完成"十四五"规划确定的目标任务，为 2027 年率先在全国实现将永久基本农田全部建成高标准农田打下坚实基础。另一方面，宁夏深入实施种业振兴行动，聚焦打造西部种业强区，持续推进 13 个农业特色产业良种繁育基地和南繁科研育种基地建设，主要农作物良种覆盖率达到 96.5%，奶牛良种化率稳定在 100%，肉牛和滩羊良种化率分别达到 89% 和 91%。大力实施农机装备补短板行动，加大山区宜机化和大豆玉米带状复合种植，深入推进"三百三千"农业科技服务行动，建立科技示范基地 1122 个，为实现种子安全提供了科技保障与支撑。

**（二）脱贫攻坚成果持续巩固**

做好脱贫攻坚考核评估反馈问题整改，是持续巩固拓展脱贫攻坚成果同乡村振兴有效衔接的根本要求。2023 年，宁夏从考核评估存在的现实问题出发，压实责任制度，建立问题清单和整改台账，确保反馈问题全面整改，突出落实监测机制，脱贫攻坚成果得到持续巩固。在责任制度方面，2023 年 8 月，宁夏制定出台《宁夏回族自治区乡村振兴责任制实施细则》，全面落实区—市—县—乡—村五级书记抓乡村振兴责任，坚决守住不发生规模性返贫底线，充分发挥考核监督作用，促进精准帮扶与施策。在实践监测方面，宁夏建立农民收入监测预警机制与平台，开通"我的宁夏"APP 防止返贫监测专栏和"一码通"，确保农户及时自主申报。逐步健全部门信息共享与筛查预警机制，2023 年以来行业部门推送筛查预警信息 2.26 万条，切实做到"早发现、早干预、早帮扶"。2023 年新识别监测对象 3249 户 12641 人，累计识别监测对象 1.99 万户 7.51 万人，58.8% 已消除风险，

99.3%得到产业、就业等帮扶。同时，紧盯重点人群和特殊群体，对于收入低于1万元的脱贫人口进行跟踪监测，监测脱贫户人均纯收入不增反降的户数、人均纯收入1万元以下的户数实现大幅下降，下降率分别为18%、19%。2023年度，全区脱贫人口人均纯收入预计达到15600元，较上年度增长15%左右；其中，移民人均可支配收入10008元，达到全区农村居民收入的88%，收入差距加快缩小。

### （三）"六特"产业发展势头强劲

宁夏特色产业在增加农民收入、改善农村生态环境等方面发挥了重要作用，为加快建设乡村全面振兴样板区提供了新动能新优势。2022年，全区"六特"产业实现综合产值2420亿元，占农业总产值的80%以上，对经济的贡献率达到22%。2023年，宁夏继续深入聚焦"六特"产业，依托地区资源优势，助力乡村全面振兴。一是特色产业发展稳步增长。截至2023年9月底，全区奶牛存栏达到90.9万头，同比增长13.9%；肉牛饲养量215.2万头，同比增长6.5%；滩羊饲养量1366.9万只，同比增长10.4%；蔬菜种植面积312.9万亩，同比增长17.8%；贺兰山东麓葡萄酒产业价值达到320.22亿元，位列中国地理标志产品区域品牌榜第8位；枸杞种植面积达到43.5万亩，鲜果产量32万吨，综合产值290亿元。二是产业布局日益优化。目前，宁夏已形成以银川市和吴忠市为核心、石嘴山市和中卫市为两翼的奶产业带，奶牛存栏数和生鲜乳产量分别占全区总数的99%以上；形成以固原市五县（区）和海原、同心、红寺堡等县（区）为重点的中南部肉牛主产区，饲养量与牛肉产量分别占全区总量的63.4%和59.2%；形成以盐池县、同心县、红寺堡区全域为重点，辐射海原县中北部乡（镇）和灵武市东部山区乡（镇）的中部干旱带滩羊核心区，饲养量与羊肉产量分别占全区总量的57.5%、59.6%；形成以贺兰县、永宁县、青铜峡市、红寺堡区为核心的国家葡萄及葡萄酒优势特色产业集群。三是着力打造区域公共品牌。宁夏深入实施农产品品牌提升行动，着力打造"盐池滩羊""宁夏六盘山牛肉""贺兰山东麓葡萄酒""宁夏枸杞""中宁枸杞"等多个区域公用品牌，宁夏枸杞、盐池滩羊、中宁枸杞分别居2023年全国地理标志农产品百强榜第8名、第36名、第52名，区域公共品牌价值不断提升。

### （四）乡村建设行动深入推进

2023 年，宁夏深入推进乡村建设行动，加快建设宜居宜业"和美乡村"，大力实施"美丽乡村"规划引领、农房改造、收入倍增、基础配套、环境政治、生态文明建设、服务提升、文明创建"八大工程"，乡村建设取得显著成效。一是村庄规划编制按预期进度完成。2023 年，宁夏创新建立 2 项村庄规划编制管理制度、9 项技术标准的村庄规划制度标准体。截至 10 月底，全区 1648 个行政村已完成编制，剩余 333 个需要编制的村预计在 11 月底前全部完成后，将在全国率先实现"多规合一"实用性村庄规划省域全覆盖。二是农村人居环境整治提升行动积极开展。2023 年，宁夏新改造农村户厕 2.22 万户，农村卫生厕所普及率达 67.3%，农村生活垃圾治理村庄比例达 95%，生活污水治理率达 34%，加快"互联网+城乡供水"示范区建设，农村自来水普及率 97%，规模化供水工程覆盖农村人口比例 85%。隆德县凤岭乡李士村、青铜峡市叶盛镇蒋滩村、中宁县余丁乡黄羊村、利通区古城镇新华桥村、灵武市郝家桥镇胡家堡村上榜 2023 年中国美丽休闲乡村，贺兰、青铜峡、原州、利通等 4 个县（区）入选国家乡村振兴示范县。三是拓展延伸农村快递服务网络。2023 年，宁夏因地制宜推行"快快合作""邮快合作"等模式，支持引导农村客货邮商融合发展，推动快递服务网络向农村延伸。截至 2023 年 10 月底，全区建立县域共配中心 17 个，192 个乡镇全部设立寄递物流服务站点，农村快递服务覆盖率达 95%，为宁夏农村电子商务发展提供了设施保障。

### （五）乡村治理水平显著提高

乡村治理能力与水平是实现乡村全面振兴的关键。2023 年，宁夏坚持夯实乡村基层组织基础，不断提升基层组织治理能力与治理水平。一是深化基层党建引领作用。宁夏提升农村党建"一抓两整"示范创建行动，共创建示范乡镇党委 154 个、示范村党组织 1692 个，持续建强农村基层战斗堡垒，全面推进乡村振兴，推动农村治理现代化。同时，突出发挥好各类组织作用，建立网格党支部 1829 个，设立网格党小组 1.1 万个。通过深入实施"两个带头人"工程，引进一批优秀大学生、退伍军人进入村"两委"

班子，实现村党组织书记中致富能手占 55% 以上，为基层组织治理提供了人才基础。二是建立"五治"融合乡村治理体系。近几年，宁夏坚持以政治引领乡村基层组织建设，不断夯实党的执政根基；以法治规范乡村治理，为乡村治理提供高质量的法治保障；以德治教化村民思想观念，提升村民道德素养；以自治激发内生动力，筑牢乡村治理基础；以智治提供科技服务支撑，为乡村治理提供强大技术保障。2023 年，宁夏制定出台《宁夏回族自治区乡村振兴促进条例》，为宁夏乡村治理提供了法律法规条件。三是加强乡村治理示范村镇建设。宁夏高质量完成整省区乡村治理示范创建三年行动，创建"全国乡村治理示范镇"1 个，"乡村治理示范村"10 个，"自治区示范镇"25 个，"自治区乡村治理示范村"50 个。

## 二、2023 年宁夏建设乡村全面振兴样板区面临的问题

在建设乡村全面振兴样板区的进程中，宁夏抓创建、补短板、促提升，乡村振兴各项工作取得积极成效。2022 年，宁夏在国家乡村振兴工作考核评估中位列中西部 22 个省区第 12 位的佳绩，为宁夏打造乡村振兴样板区奠定了坚实基础。同时加快建设乡村全面振兴样板区，宁夏依然面临着一系列现实障碍。

### （一）巩固脱贫攻坚成果依然不容忽视

宁夏持续巩固拓展脱贫攻坚成果，建立了常态化、动态化的监测和帮扶机制，制定出台衔接资金助力脱贫人口增收"九条措施"，着力抓产业稳就业，脱贫人口得到有效帮扶，但在后续拓展脱贫成果的过程中还存在一些问题和薄弱环节。一是农民增收压力较大。由于农民文化程度与就业技能总体偏低，就业渠道窄、岗位稳定性差，农民增收能力弱，联农带农机制还不完善等原因，导致脱贫人口持续稳定增收压力大。2023 年前三季度，全区农村居民可支配收入 11368 元、增长 8%，但城乡不平衡，城乡居民收入差距达到 19371 元；同时农民收入结构不优，工资性收入占比 40.2%，经营性收入占比 37.0%，转移性收入占比 21.9%，财产性收入仅占 1%，农村改革红利还需进一步挖潜释放。二是返贫致贫风险依然存在。虽然宁夏已完成脱贫攻坚任务，全面建成小康社会，但低收入群体仍存在返贫致贫

风险。截至 2022 年底，宁夏仍有 2.9 万边缘易致贫人口、1.74 万脱贫不稳定人口、38.27 万农村低保人口、0.85 万农村特困人口。

**（二）特色产业发展水平有待提升**

宁夏特色农业产业普遍存在产业链条短、发展规模小、集聚程度弱、融合层次浅、比较效益低，优质不优价等现实问题。一是农产品深加工能力不足。与全国农产品加工业产值与农业总产值比 2.4:1 相比，宁夏农产品加工业产值与农业总产值比仅为 2:1，反映出宁夏农产品深加工能力还有提升空间。同时，农产品多以初加工品进行销售，导致农产品市场收益不足。例如从淘宝官网输入牛肉品类，并将发货地分别选择宁夏，搜索结果显示宁夏牛肉品类网络零售主要为鲜牛腱、牛胸口。随着线上消费网络化快速发展，消费者对畜牧产品品类方面需求不断加大，以宁夏目前的畜牧产品精深加工水平而言，满足未来多样化的畜牧产品需求还有一定距离。二是农产品品牌建设还有较大的空间。宁夏农产品品牌的特色及优势未被充分挖掘，政府在推介宣传特色产业时，更多地强调宁夏原产地自然地理环境优势等风土条件，对塑造品牌宏观环境的软实力推介不够，诸多品牌尚处于"锁在深闺无人识"的阶段。企业对于塑造产区及产品品牌的重要性存在认识不到位的现象，缺乏树立产区形象的意识，大部分专注于自身品牌的独立宣传和推广营销，对产区品牌的打造缺乏积极性和主动性。加之消费者对经济环境、科技环境缺少认同，对宁夏特色产业强势品牌形成认知较为模糊，存在知名品牌少、牌子不够响亮等问题，导致畜产品品牌市场竞争力较弱，亦是自治区特色产业品牌形象提升的发展瓶颈所在。

**（三）乡村建设深度仍然不足**

宁夏乡村建设行动取得了初步成效，但乡村建设的内容深度不足，主要表现在：一是农村基础设施建设还存在欠账。2019—2023 年宁夏农村生活污水治理率分别为 28.79%、26%、28.96%、30%、34%，但呈现川区与山区农村生活污水治理率差别较大的现象，以 2022 年为例，宁夏川区农村生活污水治理率在 40% 的水平上，山区农村生活污水治理率在 18% 左右，由此可以看出在农村生活污水治理设施方面宁夏还需要继续加大山区的建设力度。同时农村用水、如厕等方面仍存在季节性问题，如冬季卫生厕所无法水冲、用水管道冻裂等现象时有发生。二是村庄规划管理还不到位，人居环境运维管护机制不健全。在调研过程中，部分农户反映在村庄规划过程中，道路硬化一般只在村级主干道上，村级内部其他道路还无法实现全面道路硬化，导致在雨雪天气道路泥泞不堪，与相差一路之隔的主干道形成鲜明对比。宁夏农村实行定期清收生活垃圾集中处理办法，并建立了较为完善的垃圾集中处理机制，但农户反映收费较高，有时出现垃圾清理不及时等问题。三是宁夏农村空心化、空巢化、老龄化和"三留守"问题较为突出。随着城镇化快速发展，农村劳动力外流量较大，使得乡村空心化、空巢化日益严重，导致乡村建设难度加大。根据宁夏乡村振兴局统计，2023 年，宁夏农村闲置农房 14.9 万宗 9.7 万亩，闲置率达到 15.4%，建设宜居宜业和美乡村任重道远。

**（四）乡村治理能力与水平急需全面提升**

乡村治理是乡村振兴的基础工程。宁夏初步建立了"五治"融合的治理工作体系，但在实现乡村治理体系和治理能力现代化的目标方面还存在较大距离。一是乡村技术人才与治理队伍不足。2023 年，宁夏有农村实用人才 14.08 万名，其中，大专以上文化程度不到 1%，经营型人才不足 12%，技能型人才不足 25%，大多为低学历的种植养殖人员，二、三产业人才短缺。"六特"产业共需技术人员 32180 名，经营主体现有技术人员 14860 名，缺口达 54%。在乡村基层治理队伍中，宁夏村干部普遍存在学历层次偏低、平均年龄偏高、年轻干部经验不足等人才结构不优等问题。二是数字化治理水平较低。目前，宁夏乡村数字化治理还只是技术手段的使用与数字基础设施建设初级阶段，数字化产业融合运用、乡村基层治理等方面深度还不够。受水资源约束趋紧，宁夏亟待改造提升农业高效智慧节水设施，数字技术应用不足导致畜牧养殖、设施农业、山区作业等机械化水平较低。

## 三、2024 年宁夏建设乡村振兴样板区的路径

2024 年，宁夏应继续深入学习贯彻落实党的二十大精神和自治区第十三次党代会精神，坚持农业农村优先发展，以黄河流域生态保护和高质量

发展先行区建设为牵引，认真学习运用"千万工程"经验，坚决守牢确保粮食安全、防止规模性返贫"两个底线"，突出抓好联农带农促农增收，大力发展"六特"产业，扎实推进乡村发展、乡村建设、乡村治理，加快建设"塞上乡村乐园"，奋力推动乡村全面振兴样板区建设实现新突破。

**（一）持续巩固拓展脱贫攻坚成果**

2024 年，宁夏应持续巩固拓展脱贫攻坚成果同乡村振兴有效衔接，深入巩固拓展脱贫攻坚成果的质量。一是要严格做好防返贫监测机制，健全监测动态预警机制，早发现早干预，简化程序手续、快速识别纳入，落实帮扶举措、保证精准施策，持续抓好"三保障"和饮水安全成果巩固，守住不发生规模性返贫底线。二是提升产业联农带农水平。继续按照"四个一批"思路分类发展帮扶产业，提升产业联农带农水平，推动脱贫人口就业规模稳中有增。三是持续深化拓展闽宁协作和社会帮扶，抓实抓好乡村振兴重点帮扶县项目，培育壮大一批新型经营主体，不断增强脱贫地区和脱贫群众内生发展动力。

**（二）提升农产品精深加工能力**

精深加工能力是特色产业实现高质量发展的关键。2024 年，宁夏应在特色产业发展上做足补短板、强弱项、破瓶颈。一是以龙头企业为支撑，做好特色产业延链补链强链。积极引进大型精深加工龙头企业与培育本土龙头企业相结合，大力推广"龙头企业+合作社+农户"的产业发展模式，充分利用现有养殖园区建立全链条综合性产业园区，不断深耕特色产业深加工能力，提高农产品附加值。二是继续培育优质高端"宁味"特色农产品知名品牌，以新媒体为平台，以新顾客为主要消费群体，提高"宁味"农产品品牌价值。利用宁夏优质的区域公共品牌，持续放大"盐池滩羊""宁夏六盘山肉牛"等区域公用品牌效应，提升特色农产品品牌价值。三是拓宽宁夏特色农产品"走出去"的通道。构建"线上+线下""展示+体验"大品牌大营销体系，充分发挥行业协会桥梁纽带作用，促进宁夏"六特"产业可持续发展。

**（三）加大乡村建设力度与深度**

2024 年，宁夏应持续加大乡村基础设施建设的深度，高质量实施农村人居环境整治提升行动，进一步加强数字乡村建设力度。一是继续完善农村污水治理、农村用水、农村公路建设、垃圾治理等基础设施建设，尤其要大力提升山区的基础设施建设力度，改善乡村生产生活条件。二是持续实施农村人居环境整治提升五年行动。构建乡村环境长效发展机制，充分发挥农民自身主体作用，加强爱护环境宣传教育引导，鼓励农户争当环境整治的维护者和监督者，激发农民群众"我参与、我受益"的内生动力。三是优化公共服务资源配置。制订符合当地实际情况的乡村发展规划，加强对乡村的教育、医疗、文化、社会福利等公共服务资源的配置，保障农村居民基本生活需求，提高居民生活质量，增强乡村吸引力。

### （四）深入提升乡村治理能力与水平

2024 年，宁夏应继续加强乡村治理体系建设，以政治、法治、德治、自治、智治融合治理为基础，全面提升乡村治理的现代化能力与水平。一是深化拓展整省区乡村治理示范区内涵外延。不断优化乡村治理资源配置，完善"一村一年一事"行动工作机制，推行"互联网+网格化"治理模式，打造乡村治理"宁夏样板"。二是构建乡村技术与管理人才用人留人长效机制。坚持以党建为引领，深入实施"两个带头人"工程，打造一支沉得下、留得住的乡村人才队伍，培育一批新型职业化农民，强化全面推进乡村人才振兴。三是深入提升宁夏数字治理能力。宁夏应不断加强乡村数字化、智能化运用，将现代技术融入乡村治理中，同时构建乡村治理大数据库，实现数字化治理的双向赋能，不仅可以提升乡村治理的现代化能力和水平，还能进一步提升农民的获得感、安全感和幸福感。

# 宁夏农民合作社可持续发展研究

## ——以4个农民合作社质量提升整县推进试点县(市、区)为例

郭勤华

农民合作社在延伸和拓展农业产业链，培育发展农村新产业新业态，拓宽农民增收致富渠道，推动农村经济社会全面发展方面发挥着重要作用。近年来，宁夏根据农业农村部关于农民合作社质量提升整县推进试点工作要求，将灵武市、平罗县、彭阳县、沙坡头区四县（市、区）作为农民合作社质量提升整县推进试点。通过对四县（市、区）农民合作社调查表明，科学组建"农业+"合作社模式在农民合作社质量提升整县推进试点工作中，有助于培育形成一批规范运营、组织化程度高、社会效益明显，能引领农民参与国内外市场竞争的示范社，对推进宁夏乡村全面振兴样板区建设具有重要意义。

## 一、宁夏4个试点县（市、区）农民合作社经营模式创新情况

创新合作社经营模式是农民合作社可持续发展的关键，即通过"特色产业+合作社+农户+"的形式推进乡村振兴样板区经济社会全面发展，激发乡村动力和活力，聚集周边要素资源，带动农民就业增收。

**作者简介**　郭勤华,宁夏地方志编审委员会办公室编审。

## （一）灵武市"支部＋合作社＋基地＋农户"党群联合发展模式推进农民合作社高质量发展

一是发挥示范带动作用。灵武市通过"支部＋合作社＋基地＋农户"党群联合发展模式，引导合作社帮助村集体经济组织增强"造血"功能和小农户拓展增收渠道。以"空壳社"清理工作为契机，对全市注册登记的1136家合作社逐一摸底排查，清理"空壳社"433家，健全完善基础档案资料。以示范创建、复审为突破口，促进合作社整体质量提升，创建各类县级以上示范社93家（其中，国家级示范社15家，自治区级示范社31家）。二是创新经营模式。通过鼓励引导农民合作社积极开展联合与合作，强化与小农户利益联结机制，新培育联合社6家，产业联合体2家，土地股份专业合作社2家。以蔬菜产业联合体和西甜瓜产业联合体为依托，整合25家新型农业经营主体资源，发展订单农业，采取股份合作、利润返还等模式，助力产业发展、农民增收。合作社在抖音、快手、微视、拼多多、淘宝等平台开展电商销售，涌现出"草编哥""大米姐夫"等网红达人，灵武长枣、滩羊肉、大米、粮油等名优特农产品电商销售覆盖全国各地，线上销量全区名列前茅。三是增强发展活力。灵武市着力解决农民合作社融资难、融资贵问题，依托农业优势特色产业贷款担保金和风险补偿金融资政策，设立农民合作社贷款专项担保金471万元，以1:10撬动金融贷款4710万元，推荐申贷示范社15家，推荐贷款资金1790万元，为全市"一村一品"、"一乡一业"、20个现代农业特色产业示范园、10个田园综合体和白土岗养殖基地76家规模养殖场提供了资金支持，助力农民合作社质量提升。

## （二）平罗县"订单＋合作社＋公司"模式推进农业农村现代化

一是发挥品牌优势助力农民合作社发展。近年来，平罗县推动农民合作社规范办社、绿色发展，在品牌建设和联农带农方面取得了显著效果。平罗县红翔沙漠甜瓜专业合作社主要从事沙漠瓜菜种植，先后注册"宁北钢葱"、"宁农红翔"、"陶乐红宝"等商标，生产的大葱、甜瓜、番茄获得绿色食品认证。合作社每年吸纳40余名移民村留守妇女务工，建立的"田间学校"每年为周边农户提供技术培训300余人次，带动650户农民种植大葱，每户增收 2 万元至 3 万元。二是规范制度推动农民合作社创新融合发展。按照"发展一批，规范一批，提升一批"的思路，平罗县依托农业特色优势资源，创新"订单+合作社+公司"联合营运模式，树立黄河灌溉渠农民合作社典型。平罗县塞上绿春种子专业合作社，在推广应用新品种、新技术，实现由单纯繁种向科技含量较高的杂交制种转变。合作社每年订单种植面积 2100 余亩，带动 380 余户农户从事蔬菜种子繁育，带动制种面积 4000 余亩，带动农民亩均增收约 4000 元。三是发挥经营主体的作用。平罗县将培育新型农业经营主体作为推动乡村产业振兴的重要举措，深入开展农民合作社示范社"四级联创"活动，培育农民合作社先进典型，农民合作社示范社成为带动全市农民合作社高质量发展、推进农业农村现代化的强力引擎。2023 年，全县农民合作社经营收入达 5.96 亿元，可分配盈余 7600 多万元，按交易量返还成员总额超 6000 万元。

**（三）彭阳县"村集体 + 农机合作社 + 农机手 + 农户""合作社 + 农户"等托管模式推动全链条联农带农**

一是经营主体连片作业增加农民收入。按照乡村推选、县级遴选的方式，遴选村集体股份经济合作社 23 家开展农业生产社会化托管服务，由村集体组织社会车辆和农户自有车辆 900 多台，与农户协商种植计划，发挥村集体群众基础优势，坚持带着农民干、做给农民看。2023 年，全县开展农业生产社会化托管服务 82.98 万亩，其中，耕地 67.38 万亩，播种 10.88 万亩，"覆膜+滴管带铺设" 2.62 万亩，春季果树防冻 2.1 万亩，打造千亩以上托管服务示范点 12 个。积极引进宁夏六宝红果农业发展有限责任公司种植大葱 1000 亩，盘活利用闲置设施农业园区打造红河上王大葱标准化生产基地 1 个，带动合作社、农户订单种植大葱 1500 亩。二是服务标准统一规范实现提质增效。村集体对农业生产托管服务分作物、分环节制定完善服务标准，由农业农村部门全程数字化监管、科学技术指导，推进项目区标准化生产，带动全县主要农作物耕种收机械化水平达到 74%，托管项目区主导品种覆盖率达到 96%、主推技术到位率达到 100%。合作社把控关键环节，统一品种、统一育苗、统一技术，统一开沟、统一定植、统一销售、全程技术指导，农户负责技术要求相对较低的田间管理及收获环节，大幅提高了大葱商品化程度，真正实现产量、质量双提升。三是联农带农灵活多样多元增收。通过托管服务将农民不会干、不愿干的环节交由村集体、合作社统一实施，提高农村闲置农机具使用率，实现农户、村集体、合作社三方增收。2023 年，全县 82.98 万亩托管面积，吸纳农村农机手约 900 人，年增加纯收入 1800 余万元；合作社带动务工 70 余人，年发放工资 50 万元；农户订单种植大葱亩均纯收入 5000 元，增加纯收入 750 万元。23 家村集体股份经济合作社组织的农业机械服务队平均年收入可达到 20 多万元，增加集体收入 500 余万元。合作社种、加、销全环节预计实现收入 1000 万元以上。

### （四）沙坡头区"合作社 + 农户"扎实推进农民合作社质量提升

一是抓政策扶持引导。加强政策扶持的精准性，对运营规范、效益明显、带动力强的合作社进行优先扶持，9 家合作社承担了农产品仓储保鲜冷链建设项目，11 家县级以上示范社承担了农民合作社发展项目，30 家农民合作社承担了土地托管服务项目，服务小农户 3 万余户。二是抓融资渠道创新。在已开展的农村承包地经营权、流转经营权、林权抵押贷款的基础上，探索开展农民住房财产权、农业设施产权抵押贷款，为合作社发展畅通融资渠道。截至目前，共办理农村产权抵押贷款 3543 笔 4.22 亿元，其中农业设施产权抵押贷款 13 笔 3086 万元，农民住房财产权抵押贷款 18 笔 253.5 万元。三是抓产业联合发展。依托当地优势特色产业，引导同类型农民合作社抱团取暖、联合发展，成立硒砂瓜行业联合会、设施蔬菜产业联合会、南山台子苹果产业联合会等行业和产业联合会，助推行业间的协作与共赢。四是抓体制机制建设。建立辅导员聘任制度，由大学教授、"农村双创"导师、金融机构业务人员、农业技术人员、示范社理事长等 8 类人员共 57 人组成合作社义务辅导员队伍，以点带面推动农民合作社高质量发展。

## 二、宁夏农民合作社质量提升整县推进试点取得的成效

灵武市、平罗县、彭阳县、沙坡头区四县（市、区）农民合作社自 2019 年被农业农村部确定为全国农民合作社质量提升整县推进试点以来，

以促进农民合作社规范提升为目标，整合农村资源，发挥特色优势，创新经营模式，发挥示范带动作用，取得良好的经济社会效益。

**（一）运营机制科学规范**

灵武市、平罗县、彭阳县、沙坡头区四县（市、区）按照《关于推进家庭农场和农民合作社高质量发展的实施意见（2020—2022年)》，进一步修订完善合作社章程制度，健全工作机构，推行民主管理，90%以上的合作社以会计委托代理或聘请专职财务人员规范财务核算，建立成员台账，依法依规进行盈余分配的同时，将财政补助形成的资产也依法量化到成员。

**（二）基础设施建设显著改善**

自治区农业农村厅加大投资力度，用占全区22.5%的农民合作社发展资金，对4个试点县（市、区）356家农民合作社投入3669万元，用于建设仓储保鲜、清洗包装、烘干晾晒、秸秆打捆压块、灭茬等先进设施设备和基础设施建设。银行为4个试点县（市、区）示范合作社发放信用贷款。引导农民合作社以"农户+合作社"的联合营运模式，为4个试点县（市、区）组建联合社27家，占全区联合社78家的35%。

**（三）农民经营管理水平不断提高**

一是创建示范合作社。4个试点县（市、区）持续开展农民合作社四级联创，建立示范社名录，累计创建国家级示范社52家，自治区级示范社113家，市级示范社147家，县级示范社305家。二是组建辅导员队伍。4个试点县（市、区）在县级农经部门业务人员、乡镇农经专干、农村科技特派员、示范社技术人员、专业财务人员、农村双创导师、农业技术人员中优选整合资源，组建起了辅导员队伍。三是培养人才树立典型。4个试点县（市、区）农民合作社选派工作人员参与多期农民合作社高质量发展培训班，为合作社可持续发展培养懂管理经营的合作社管理人员，先后有2个合作社被农业农村部树立为全国典型，12家农民合作社入选"中国农民合作社500强"。

**（四）规范化管理水平不断提升**

按照"清理整顿一批，规范提升一批，扶持壮大一批"的办法，2023年市场监管部门对全区1.7万家农民合作社进行全面摸底排查，定期清理整顿，畅通退出机制，简化注销程序，4个试点县（市、区）共清理注销"空壳社"932家，逐渐形成"空壳社"清理治理的长效机制，为农民合作社可持续发展奠定了基础。

## 三、宁夏农民合作社质量提升整县推进中存在的问题

宁夏农民合作社质量提升整县推进试点以来，虽然取得了显著成效，但也存在一些不容忽视的问题。主要表现在：

### （一）交通基础设施建设薄弱

农民合作社主要集中在乡村，通往国道的公路多为乡村级公路，路面状况一般，曲折多弯，村镇内部道路建设情况较差。就沙坡头区而言，旅游基础设施建设较好，交通较为发达，但通往乡村的道路普遍设计等级低、路况差，直接制约着农产品外销内运。南部山区彭阳县都存在类似问题。

### （二）经营产品单一规模偏小

一方面，特色农产品种植分散，没有形成规模，农业生产规模小产量低，农产品生产前期抚育管理成本高，合作社往往存在资金和种植管理技术滞后，从而造成产量低、收益低，合作社的带动示范作用难以凸显，农民种植积极性不高，特色农业产业基地规模无法扩大。另一方面，农产品加工企业规模小，有的仅为简单的粗加工，加工设备和加工工艺落后，加工高档产品、精品的能力不足，旺季过后基本无货销售，如灵武长枣、沙坡头硒砂瓜、彭阳县红梅杏等。

### （三）农产品产业链短附加值不高

一是特色优势农产品没能很好地将传承文化的作用发挥出来。大部分农产品仍然以传统种植为主，合作社只能体现在产、供、销等实体服务上，对产品的"品""销""购"等环节，文化元素附着较少，特色农产品的真正文化内涵没有体现出来，合作社对产品的包装点缀缺乏强烈的文化内涵阐释。二是合作社运营的多数特色农产品的古法工艺传承不够。现有的古法原种生产普遍存在规模小、分布散、生产不规范、品质不稳定等一系列问题，导致高端产品少，市场竞争力不强。

**（四）经营推介宣传深度不够**

合作社对农产品原产地、质地、鉴别方法、市场价格等信息，外地客商了解不多，对于经营的产品多是通过媒体、宣传介质了解，真实感受和深入了解丰富的农产品文化的少之又少。目前，中宁枸杞宣传面临无专题展览馆、无成熟的专业合作社及固定的流通线路，枸杞文化仅停留在散购流通上，未能形成强大的文化吸引力，枸杞文化合作交流形象仍然没有树立起来。

**（五）合作社人才短缺培训不足**

农民合作社对从业人员的知识和能力要求较高。目前，从业人员数量有限，素质不高，缺乏创新意识和能力，缺乏战略性的农民合作社联合发展策划经营管理人才，在人员培训方面不足。

## 四、对宁夏农民合作社质量提升的思考

农民合作社质量提升要围绕农业生态经济的绿色发展理念，把一产、二产和三产融合发展。抓住"特"字做文章，把农民合作社做成一个农产品与特色乡村深度融合，集带动产业、健康养生、产业创新等多功能于一体的复合创新的发展综合体。

**（一）农民合作社质量提升要利用地域资源创新农民合作社营运模式，架起农村与城市对话的桥梁**

要统筹结合，在科学组建农民合作社时要结合乡村农业产业类型和发展模式，在乡村原有特色产业基础上，注重多种资源因素、环境资源的开发利用。在建设乡村振兴样板区的大背景下，农民合作社应立足于城镇与城市之间，通过农产品成为沟通城乡融合发展的桥梁。

**（二）农民合作社质量提升要带动乡村一二三产业融合发展**

要发挥乡村全面振兴样板区的多重效应，夯实乡村经济实力，必须推进乡村一二三产业融合发展，农民合作社在带动产业融合发展上应根据乡村资源禀赋差异、文化理念、发展理念，建立健全产业融合的服务机制。通过融合一二三产业，借机搭建创新创业平台，吸引农民工返乡创业，从而增加乡村的生机与活力。为了快速推动特色产业"走出去"，农民合作社

需要搭建互联网信息平台，可以依托特色产业为乡村创业者提供所需的服务，如信贷、金融融资、招商服务等。当新一批生产力量拥入乡村，应抓住发展时机，通过人力资源把握宏观经济形势、捕捉市场信息、提高当地群众的职业技能。这是农民合作社创新发展，融入科学技术创新力量带动乡村产业发展的应有作为。

### （三）农民合作社质量提升应贯彻落实绿色发展理念

绿色发展理念主要是保护乡村山水风光，乡村对自然资源的依赖性大，农民合作社质量提升要不断提高当地人的环境保护意识，使绿色环保理念深入人心，倡导人们绿色生产、绿色消费。另外，发展农民合作社不仅要突出产品优势和特色，还要达到绿色产品与身体健康之间的平衡发展。落实绿色发展理念可以依托文化产业，宁夏拥有博大精深、源远流长的传统文化，通过发展乡村本土文化，使特色农产品孕育出本土特色文化，这也是农民合作社走出去的关键所在。

### （四）农民合作社质量提升要加强基础设施建设补齐短板

"要想富，先修路"。合理布局乡村公共基础设施建设，完善基础设施可以使农民合作社的特色产业"走出去"，由于基础设施落后而使特色产业失去自身优势，农民合作社也失去发展创新的机会，所以，完善基础设施建设也可以推进农民合作社质量提升。

### （五）农民合作社质量提升要注重特色主题定位

特色主题定位相对于功能定位，是基于农村特色主题的深化与细化，是推动农民合作社可持续发展的目标愿景，主题定位是实现农村各功能区在集聚基础上分工协作，达到最大效益。农民合作社质量提升的重点在一个"特"上，每个农民合作社应根据自身特色，给予合作社特色主题定位。农民合作社质量提升可以从衣、食、住、管理、环境、文化、娱乐等方面细化定位目标，在特色品种、电商农业、绿色农产品等关键产业关键领域上提质增效，形成带动农村发展的直接动力。

# 宁夏收入分配结构优化路径研究

宋春玲

2021 年 8 月 17 日，习近平总书记主持召开的中央财经委员会第十次会议研究扎实促进共同富裕问题，会议强调："共同富裕是社会主义的本质要求，是中国式现代化的重要特征，要坚持以人民为中心的发展思想，在高质量发展中促进共同富裕。"收入分配是实现共同富裕的重要因素，因此在全新的历史发展时期，应该准确把握新阶段的发展理念，加快优化收入分配结构，为实现共同富裕的目标开好局、起好步。

## 一、共同富裕与收入分配的内在逻辑

经过百年艰辛探索和不懈努力，中国共产党实现了对人民的庄严承诺，找到了实现中华民族伟大复兴的正确道路，即中国特色社会主义。中国特色社会主义制度正是在马克思主义指引下，在实践中探索、创新、完善后的智慧结晶。中国共产党为人民服务、以人民为中心的初心从它成立那一刻起就从未改变，发展为了人民，发展依靠人民，发展成果由人民共享，最终实现共同富裕，正是社会主义制度优越性的根本体现。

从中华民族的发展历史来看，社会矛盾都是伴随劳动人民想要过上幸福生活这一最朴素的愿望而变化的。在茹毛饮血的原始社会，人类与恶劣

---

**作者简介** 宋春玲，宁夏社会科学院农村经济研究所助理研究员。

的自然环境之间的斗争都是基于生存的需要；奴隶与奴隶主之间的矛盾是奴隶社会的主要社会矛盾，这一矛盾的核心仍然是食不果腹的奴隶为了吃饱饭；诸侯割据的封建社会，农民种地却不能维持基本生存，这一社会现实之下社会矛盾则转移成了农民和地主之间的矛盾；在鸦片战争后的近现代，半殖民地半封建社会，底层人民流离失所，主要社会矛盾是中华民族同帝国主义的矛盾，同时伴有人民大众同封建统治者的矛盾。这一切的社会矛盾，最终指向的都是社会财富分配的问题，其内容都由社会分配结构决定。

为了中国人民的美好愿望，中国共产党成立之初，也面临诸多挑战，社会矛盾则突出表现在工人阶级与资产阶级之间的冲突。党的十一届三中全会以后，社会矛盾则为人民日益增长的物质文化需要同落后的社会生产之间的矛盾；在我国社会进入全新的发展阶段以后，物质生活已经得到极大提高，目前社会主要矛盾已经转化为人民日益增长的美好生活需要和不平衡不充分的发展之间的矛盾。而向往中的美好生活正是我们要追求的涵盖物质、精神、文化等领域的全体人民的全面共富；不平衡不充分的发展正是社会收入分配中效率与公平相互博弈的必经阶段，最明显的表现就是区域发展差距、城乡收入差距。由此可见，合理有效的社会收入分配是实现共同富裕的有效途径，这也更加印证了习近平总书记在党的二十大报告中指出的"分配制度是促进共同富裕的基础性制度"这一重要判断。

## 二、宁夏收入分配的基础与结构现状

宁夏地处黄土高原和内蒙古沙漠边缘的过渡地带，位于中国西北部黄河中上游地区，地理位置介于北纬 35°14′~39°23′，东经 104°17′~107°39′之间，属于典型的干旱、半干旱气候区，全区总面积为 6.64 平方千米，同时宁夏还是全国水资源拥有量较少的省份，年均降水量 150~600 毫米之间，但是蒸发量却在 800~1600 毫米之间，降水量空间分布不均匀，加之人类活动的干扰，使得生态环境脆弱。与此同时，宁夏全区地势南高北低，北部地区为引黄灌溉区，地势平缓，水资源丰富，是宁夏经济社会发展最为集中的地区；中部地区为干旱带，常年降水量稀少，土质条件较差；南部地区为黄土丘陵沟壑区，属于典型的半农半牧区。

中国共产党宁夏回族自治区第十三次代表大会报告中也强调，要紧跟产业变革趋势、立足自身特色优势，着力打造"六新六特六优"产业。随着经济社会发展水平步伐的加快，人均GDP由2000年的5376元/人增长为2022年的69781元/人。产业结构呈现"二三一"发展态势，其中二三产业比重分别占48%和43%。近年来，城镇常住人口逐年增加，乡村人口逐年减少，由宁夏十年人口变化表（见表1）中可见，宁夏常住人口2013年时是352.11万人，十年后增长到483万人，增长了130.89万人；而乡村常住人口2013年为314.26万人，十年后减少到245万人，减少了69.26万人。可见城镇增加人口除农村劳动力向城市转移的人口外还包括了吸引外省来宁打工、就业、创业等的人口。

**表1　宁夏十年人口数量变化表**

单位：万人

| 年份(年) | 2013 | 2014 | 2015 | 2016 | 2017 | 2018 | 2019 | 2020 | 2021 | 2022 |
|---|---|---|---|---|---|---|---|---|---|---|
| 城镇常住人口 | 352.11 | 371.74 | 389.49 | 408.02 | 429.75 | 440.98 | 456.18 | 468.30 | 478.8 | 483 |
| 乡村常住人口 | 314.26 | 306.37 | 294.07 | 286.6 | 275.33 | 268.56 | 260.75 | 252.63 | 246.2 | 245 |

数据来源：《宁夏统计年鉴2022》《宁夏回族自治区2022年国民经济和社会发展统计公报》。

分配制度是促进共同富裕的基础性制度。初次分配包括按劳分配与按生产要素的贡献率分配两种方式，主要由市场这个"看不见的手"调节，注重效率，专家测算在收入分配体系中占比最大，可超过80%，是促进共同富裕的基础。二次分配也叫再分配，包括税收制度、社会保障制度等，由政府"看得见的手"主导，强调公平，根据"提低""扩中""限高"的原则，调整不同阶层的收入水平，是促进共同富裕的重要手段。第三次分配包括捐赠、公益慈善等方式，是由个人自愿或者由政府通过税收优惠等政策鼓励、激励企业和个人参与的分配方式，是促进共同富裕的必要补充手段。近年来，收入分配从重效率向重公平转变，收入分配差距增速有所缓解但并没下降，收入分配差距依然逐年加大，导致居民个人财富积累差距也逐年加大，从而进入新一轮的收入分配差距，宁夏也是如此。

由宁夏十年来居民收入情况图（见图1）看出，十年来，城乡居民人均可支配收入差距逐年增加。2013年，城乡居民人均可支配收入差值为13877元，十年后差值变为23764元，几乎增加了1万元。城乡收入差距的不断加大，说明宁夏也需要及时优化收入分配结构，完善初次分配、再分配、第三次分配，构建更加合理有效的收入分配格局，减小收入差距，实现共同富裕。

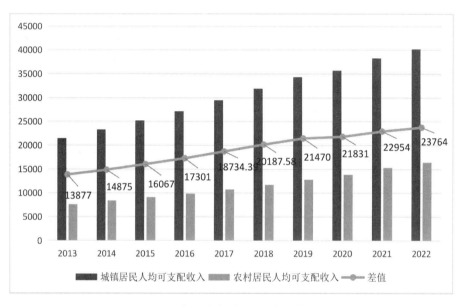

图1　宁夏十年来居民收入情况

### 三、优化收入分配结构的现实难点

影响共同富裕的主要因素就是发展的不平衡、不充分，具体表现为收入分配结构不够优化导致的区域收入差距与城乡收入差距。

#### （一）收入差距持续增大

在我国长期的产业发展中，工业一直占据主导地位，农业发展一直滞后，形成了城乡二元结构，这是新中国成立以来的产业政策造成的，因此城乡收入差距一直存在并不断扩大，宁夏也是如此。在十年来宁夏与全国城乡收入差距对比表格中（见表2），宁夏的城乡收入差距逐年增大但要低于全国平均水平。城乡二元壁垒包括价格体系的不合理、公共资源布局的不合理、户籍制度的阻碍等，这些原因使收入分配制度改革拉大了城乡收入差距。在深入改革开放的过程中，城市的效果明显好于乡村，东部地区经济发展快于西部地区，东部地区城市对乡村的反哺作用也优于西部地区，这些构成了区域发展不平衡的现象。在图2、3、4中，分别分析了连续五年宁夏与全国、东部地区、西部地区城镇居民人均可支配收入的比较，农村居民人均可支配收入的比较，城乡居民人均可支配收入差距的比较。可以直观地看到，在连续五年城镇居民人均可支配收入比较分析中，东部地区>全国>西部地区>宁夏；在连续五年农村居民人均可支配收入比较分析中，东部地区>全国>西部地区>宁夏，但西部地区与宁夏几乎重合，说明宁夏农村发展水平与西部地区平均水平相当；在连续五年城乡居民人均可支配收入差距对比分析中，东部地区>全国>西部地区>宁夏。

表2 十年来宁夏与全国城乡收入差距对比

单位：元

| 年份 | 宁夏 | | | 全国 | | |
|---|---|---|---|---|---|---|
| | 城镇居民人均可支配收入 | 农村居民人均可支配收入 | 差值 | 城镇居民人均可支配收入 | 农村居民人均可支配收入 | 差值 |
| 2013 | 21476 | 7599 | 13877 | 26467 | 9429.6 | 17037.4 |
| 2014 | 23285 | 8410 | 14875 | 28843.9 | 10488.9 | 18355 |
| 2015 | 25186 | 9119 | 16067 | 31194.8 | 11421.7 | 19773.1 |
| 2016 | 27153 | 9852 | 17301 | 33616.2 | 12363.4 | 21252.8 |
| 2017 | 29472.28 | 10737.89 | 18734.39 | 36396.2 | 13432.4 | 22963.8 |
| 2018 | 31895.22 | 11707.64 | 20187.58 | 39250.8 | 14617 | 24633.8 |
| 2019 | 34328 | 12858 | 21470 | 42358.8 | 16020.7 | 26338.1 |
| 2020 | 35720 | 13889 | 21831 | 43833.8 | 17131.5 | 26702.3 |
| 2021 | 38291 | 15337 | 22954 | 47411.9 | 18930.9 | 28481 |
| 2022 | 40194 | 16430 | 23764 | 49283 | 20133 | 29150 |

数据来源：《宁夏统计年鉴2022》《宁夏回族自治区2022年国民经济和社会发展统计公报》。

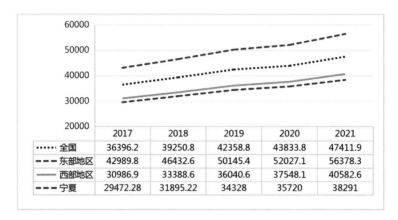

| | 2017 | 2018 | 2019 | 2020 | 2021 |
|---|---|---|---|---|---|
| 全国 | 36396.2 | 39250.8 | 42358.8 | 43833.8 | 47411.9 |
| 东部地区 | 42989.8 | 46432.6 | 50145.4 | 52027.1 | 56378.3 |
| 西部地区 | 30986.9 | 33388.6 | 36040.6 | 37548.1 | 40582.6 |
| 宁夏 | 29472.28 | 31895.22 | 34328 | 35720 | 38291 |

图 2　2017—2021 年连续五年城镇居民人均可支配收入比较分析

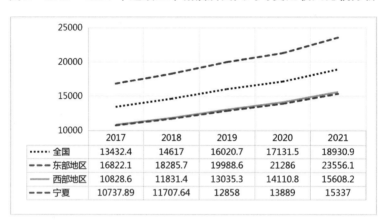

| | 2017 | 2018 | 2019 | 2020 | 2021 |
|---|---|---|---|---|---|
| 全国 | 13432.4 | 14617 | 16020.7 | 17131.5 | 18930.9 |
| 东部地区 | 16822.1 | 18285.7 | 19988.6 | 21286 | 23556.1 |
| 西部地区 | 10828.6 | 11831.4 | 13035.3 | 14110.8 | 15608.2 |
| 宁夏 | 10737.89 | 11707.64 | 12858 | 13889 | 15337 |

图 3　2017—2021 年连续五年农村居民人均可支配收入比较分析

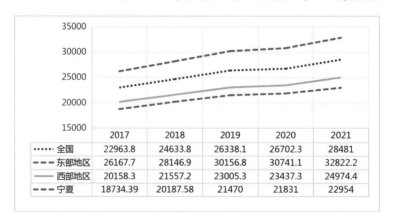

| | 2017 | 2018 | 2019 | 2020 | 2021 |
|---|---|---|---|---|---|
| 全国 | 22963.8 | 24633.8 | 26338.1 | 26702.3 | 28481 |
| 东部地区 | 26167.7 | 28146.9 | 30156.8 | 30741.1 | 32822.2 |
| 西部地区 | 20158.3 | 21557.2 | 23005.3 | 23437.3 | 24974.4 |
| 宁夏 | 18734.39 | 20187.58 | 21470 | 21831 | 22954 |

图 4　2017—2021 年连续五年城乡居民人均可支配收入差距对比分析

### (二) 没有形成合理有效的收入分配结构体系

优化分配结构，构建合理有效的收入分配结构体系就是要完善初次分配、再分配、第三次分配，使得社会更公平、生产力极大发展，资源配置更接近社会最优状态。初次分配方式包括按劳分配和按生产要素贡献率分配，分配制度是按劳分配为主体、多种分配方式并存的制度形式。宁夏在初次分配中还存在工资不高、生产要素参与收入分配的机制不健全等问题。在公有制企业中，按劳分配占比不高；非公有制企业中，劳动者只有合同签好的工资，在收入分配过程中没有话语权，这就导致宁夏整体工资水平不高。其他生产要素按照其贡献率参与收入分配，其拥有者获得非劳动收入。为防止要素分配收入导致的收入差距过大，就需要政府的调控功能即二次分配。宁夏资源税、矫正税等税制结构需进一步优化调整。三次分配作为前两次分配的必要补充，需要拓宽渠道鼓励、激励高收入人群和企业参与分配。

### (三) 农民增收渠道有限

农民是共同富裕中的重点关注人群，之所以是重点关注人群，是因为将农民分成两部分，一部分进城务工，收入分配中主要以工资性收入为主，这部分人是即将跨入中等收入群体的劳动者，是扩大中等收入群体，构建橄榄型分配格局的重点人群。另一部分农民以在家务农为主，收入分配中主要以经营性收入为主，收入结构单一。在农村，农业属于低收入产业，其他生产要素种类较少，多数属集体所有，公共产品供给少、社会保障少、农民教育水平低、生产能力弱等等因素，因此，促进共同富裕，最艰巨最繁重的任务仍然在农村。

从宁夏多年来城乡可支配收入分类比较图中（见图5），可以看出，九年来宁夏城镇工资性收入>乡村工资性收入，随着进城务工农民增多，农民工资性收入也呈上升状态。由图6、图7看出，城镇财产性收入>乡村财产性收入、乡村经营性收入>城镇经营性收入，因为农村房屋、土地等财产不能自由买卖，价值远小于城市，而经营性收入是农民唯一超过城镇居民的收入。由图8可见，虽然转移性收入在纯收入中所占比重偏低，但转移性收入在城镇居民与农村居民之间的分配最不均衡，城镇居民的该项收入指标的平均水平远远高于农村居民。由图9可见，城乡居民可支配收入差距程度，工资性收入>转移性收入>经营性收入>财产性收入，而提高农民收入的有效手段恰恰是增加其财产性收入。

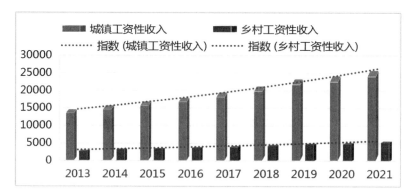

图5　2013—2021年宁夏城乡工资收入对比图

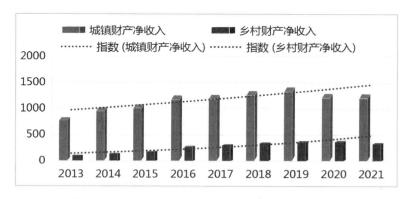

图6　2013—2021年宁夏城乡财产净收入对比图

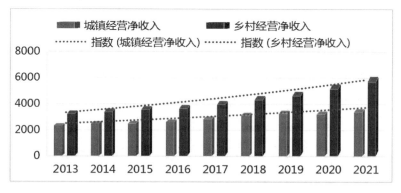

图7　2013—2021年宁夏城乡经营净收入对比图

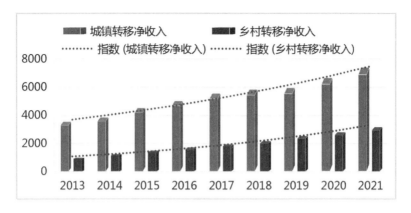

图 8　2013—2021 年宁夏城乡转移净收入对比图

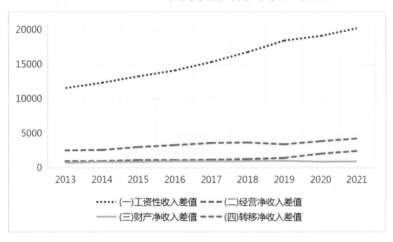

图 9　2013—2021 年宁夏城乡可支配收入分类比较图

## 四、宁夏收入分配结构优化路径

共同富裕是社会主义的本质要求，优化分配制度是优化分配结构、缩小差距，是实现共同富裕的关键一环。

### （一）坚持高质量发展，做大"蛋糕"

2020 年 6 月习近平总书记视察宁夏时明确指示，要努力建设黄河流域生态保护和高质量发展先行区，赋予宁夏新的时代重任，寄予宁夏人民殷切期望。建设黄河流域生态保护和高质量发展先行区适逢其时，是我国社会由工业文明时代进入生态文明时代而产生的必然结果，只有在目前这种特定的社会背景下，才能够进行黄河流域生态保护和高质量发展先行区的建设。黄河流域生态保护和高质量发展先行区既要抓经济、又要抓生态，赋予当地领导干部双重的压力与责任，是宁夏高质量发展的重要手段，是造福子孙后代的富民举措。高质量发展就是要坚持产业绿色发展，督促能源、交通、建筑、化工等耗能产业转型升级，从源头开始生态化。大力发展大数据、人工智能、新能源汽车、绿色建筑、生态旅游等行业等附加值高、能耗低的产业等。通过高质量发展，做大蛋糕后，让财富增量以及分配流量都向中低收入人群倾斜，缩小收入差距，实现共同富裕。

**（二）打破城乡二元构造**

目前，户籍制度、社保制度等一定程度上割裂了城乡之间的协同发展，致使城市的发展远快于农村。城镇居民的收入也远高于农村居民；城市的房产能够自由买卖，但农村的房产不能，导致城市的房价远远高于农村；东部沿海发展又远超过西北内陆。必须要分解这种割裂的二元结构，打破壁垒，取消户籍制度、整合城乡社保制度、完善公共保障制度，让机会均等化、让农民变市民、让劳动力在不同地区自由流动。同时要加大对农民、农村的投入，加快实现农业农村现代化，切实提高农民收入水平是缩小城乡差距、实现共同富裕的关键一环。

**（三）优化初次收入分配**

分配问题是共同富裕的核心，初次分配又是核心中的核心。在公有制经济企业中，提高按劳分配的比例，多劳多得，适当抑制高收入管理者的工资。在非公有制企业中，深度挖掘自然资源、知识、技术、管理、数据等生产要素参与分配，适当降低资本的话语权。在提高普通劳动者收入的同时，拓宽更多渠道让其最大程度地进入资本市场享受资本回报。还权赋能，主要针对宁夏的"六权"改革，目前宁夏已完成用水权、排污权具体市场交易，山林权、土地权的市场流转，用能权、碳排放权也在积极入市，支持"六权"抵押贷款。完善"六权"市场改革机制，深入推进"六权"交易的范围和比重，拓宽自然资源产权交易信息平台，提高二级市场活跃度。

**（四）优化二次收入分配**

初次分配环节做好之后，通过再分配环节的制度建设和相应的改革，能够纠正在初次分配环节中形成的收入差距。首先，应当合理个人收入所得税，个人所得税通过累进税率实现了社会财富在不同收入人群之间的适度转移，对防止收入差距过于悬殊起到了很好的杠杆作用。其次，针对个人所得税制度在调节收入分配上的乏力，应当多管齐下，增加资源税、碳税、矫正税等专项税种充分发挥各项税种的协同作用。再次，要努力推进公共服务和社会保障公平化、均等化，按照常住人口而不是户籍人口来配置公共服务，缩小人与人之间的实际福利差距。

**（五）拓宽农民增收渠道**

第一，将进城务工的农民作为扩大中等收入群体的重点关注对象，增加其工资性收入。第二，在农村鼓励发展生态种植、生态养殖，加强绿色食品、有机农业等绿色农业产业。第二，鼓励发展资源节约型农业技术。高效节水技术、旱作梯田技术等，节约了土地资源的同时可作为生产要素参与收入分配。近年来城乡收入差距的拉大，很大程度上是因为农村居民的财产性收入增长过慢。土地权改革与山林权改革会改变现有的农业生产方式，还可以入市交易变成生产要素。

总之，要"做大蛋糕"，还要"切好蛋糕"，是平衡发展与稳定和谐关系的关键途径。在新时期，优化分配结构更是落实我国提高发展质量和增进人民福祉双重责任的重要实践。

# 数字赋能宁夏城乡教育优质均衡发展研究

柳安娜

党的十八大以来，党中央对我国信息化发展特别是教育信息化做出了全面部署。党的二十大首次将"推进教育数字化"写进党代会报告，标志着推进教育数字化已经成为普遍共识、共同任务。习近平总书记始终高度重视信息化发展。宁夏作为"数字中国战略"的一部分，推进教育数字化转型是贯彻国家战略的应有之义。自治区第十三次党代会提出，发展更加均衡更为优质的教育，深入推进"互联网+教育"。通过数字赋能实现城乡教育数字化变革，充分释放数字经济的赋能效应，促进数字赋能实现城乡教育优质化变革，进一步缩小城乡教育差距，推动实现城乡教育优质均衡发展，是当下城乡发展的重要议题，也是支持乡村振兴战略和促进城乡协调发展的重要举措。

## 一、数字技术支持城乡教育发展的现状和成效

近五年来，笔者对宁夏"互联网+教育"数字技术融合教育实体发展的情况做了专项调研，通过宁夏城乡现有数字经济融合体的总体供给水平和应用现状，分析全区教育发展的综合协调性和均衡性情况，以及数字经济在推进城乡教育优质均衡发展中的实际成效。

---

作者简介　柳安娜，宁夏社会科学院马克思主义研究所实习研究员。

## （一）城乡数字教育支持体系基本实现全覆盖

2018 年宁夏获批建设全国"互联网+教育"示范省（区）后，全区实现学校 200M 网络宽带接入、数字教学设备、在线互动教室和数字校园建设全覆盖，宁夏基础教育信息化发展综合指数排名从 2017 年的全国第 15 位上升至 2020 年的第 6 位。

**表 1　宁夏城乡教育信息化配置总量**

| 类别 | 数量 | 类别 | 占比 |
|---|---|---|---|
| 教育资源服务系统 | 108 个 | 互联网宽带接入率 | 100% |
| 教育数字资源包 | 4800 万件 | 中小学教师素养测评达标率 | 98.8% |
| 在线课堂 | 95.6 万堂 | 中小学教师线上培训率 | 97.6% |
| 线上教研教学共同体 | 1500 个 | 教学数字平台使用率 | 95% |

数据来源：宁夏回族自治区教育厅。

数据统计，截至 2022 年底，宁夏集成整合各类教育资源和教学服务系统 100 多个，实现了数字资源和教学应用全链条供给、一站式服务。建立了数字资源的多元供给机制，已汇聚区内外数字资源 4800 多万件，全面覆盖基础教育各学段各学科。新推出的宁夏数字学校已累计开课 95.6 万堂，学生在线学习人数达到 1.58 亿次（见表 1）。"互联网+智慧课堂"不仅在城市学校广泛开展，而且深入乡村学校，为乡村学校提供了形式多样、内容丰富的在线教学服务，如"互联网+双师课堂"助力乡村教育等新型教学模式，不仅缓解了乡村教师结构性短缺的突出问题，而且为乡村学生提供了更为丰富的学习资源。从宁夏数字教育资源的总量供给可见，全区现代化智慧教育资源的服务供给功能已经从基础设施、基础建设项目，向优质教学资源逐步跨越，综合开放的教育应用的数字化转型已经构建起了人人皆学、处处能学、时时可学的新型教学环境，网络化、数字化、智能化教学也日渐成为学校教育教学和管理的新常态。

## （二）"互联网＋智慧课堂"激发了学生的学习热情

从"互联网+智慧课堂"开展的教学效果看，线上线下融合教学不仅提高了学生的学习积极性，而且提高了学生接受新事物的能力水平。在学生访谈中发现，超过 90%的学生对在线课堂表现出积极的态度（见表 2）。

表2　学生评价反馈

| 态度 | 节点 | 原始口述 |
|------|------|----------|
| 积极 | 118 | 我喜欢语文老师，他从来不骂我们。 |
| | | 我最喜欢数学老师，他特别亲切。 |
| | | 我喜欢英语老师，他经常给我们看很多动画，这里老师都会给我们放。 |
| | | 英语课特别有意思，老师每次都会提问我。 |
| | | 我喜欢数学老师，他还给我们寄过很多书呢。 |
| | | 我喜欢语文老师，她比我们老师讲的好多了，而且从来都不骂人。 |
| | | 我以前英语课是校长上，现在这个老师上课特别好，感觉英语很好玩，老师还总是奖励我们。 |
| | | 给我们上课的老师都特别好，很关心我们，教得也好，私下还和我们联络，老师经常跟我们讲外面的世界。 |
| | | 刚开始不太适应，现在感觉好多了。我很喜欢线上的老师给我们上课。 |
| | | 老师特别亲切，经常夸我们，还给我们寄礼物。 |
| 消极 | 13 | 我听不清楚老师说什么，说得有点快。 |
| | | 我回答不上来老师的问题，怕老师骂我。 |
| | | 老师听不懂我说的英语。 |

数据来源：田野访谈资料。

从访谈资料的编码节点中可见，学生对线上教学表现出的积极态度远大于消极态度出现的13次畏难情绪。学生对新事物的接受能力和适应能力都有很强的好奇心，他们对新式教学方法表现出的热情主要体现在授课方式新颖，教师有活力、有耐心等方面。畏难情绪主要表现在学生因自我知识能力表达不清楚产生的负面情绪。

**（三）数字技术为传统教学组织形式的改变提供了新动能**

在没有接触"互联网+"在线课堂之前，学校的教学组织模式主要以教师课堂讲授为主，很少使用互联网设备。"互联网+智慧课堂"进入以来，所有线上课程均采用"线上教师讲授+线下教师辅导"模式。线下教师提供学生名单、教材课本，线上教师备课+上课，线下教师检查批改作业。第一，在授课模式上，数字教学项目技术负责人会通过前期实地考察指导当地教师安装并使用线上授课软件"Class in"。线上教师根据定点支援学校学生的课程时间表，安排老师授课。线上教师的授课场域比较灵活，基本上都是在自己的工作、生活场地通过网络实时授课。第二，在教学组织安排上，线上教师遵从乡村学校课程计划安排，依据乡村学校提供的教材版本，重新组织备课，并在规定的上课时间内完成相应的教学工作安排。第三，在教学评价组织模式上，互联网项目负责教师通过本地教师作业批改反馈，在第二天上课前对学生作业完成情况进行评价。第四，在课堂教学组织形式中，"互联网+"在线教学与乡村学校的完美融合，不仅改变了传统课堂教学组织模式，而且充分调动了线下教师的组织积极性，帮助线上线下教师在融合交流中相互促进、相互提升，为学生享受优质公平的教育资源提供了技术服务保障。

**（四）数字公益项目为乡村学校教学质量的提升提供了新支持**

在考察中了解到，公益组织在教师吸纳和教师专业保障方面，具备完整的人员流动机制和教师个人发展评价机制。在教师质量方面，"互联网+"线上教师均经过专业的课程培训，是具备教师资格且有胜任能力的专业学科教师。在教师评价方面，县教育局、学校通过安排教研员和教师听课、评课，实时关注教学进度，以保证在线课堂的质量。在教师稳定性方面，公益机构教师的流动较小，稳定性较高，同年级同学科教师基本不会

**表3　H县8所乡村小学三至六年级成绩对照表**

| 序号 | 学校代码 | 学期 | 三年级 | | | 四年级 | | | 五年级 | | | 六年级 | | |
|---|---|---|---|---|---|---|---|---|---|---|---|---|---|---|
| | | | 语文 | 数学 | 英语 | 语文 | 数学 | 英语 | 语文 | 数学 | 英语 | 语文 | 数学 | 英语 |
| 1 | F乡中心小学 | 秋 | 89.7 | 90.5 | 90.1 | 88.5 | 89.3 | 86.1 | 88.6 | 87.5 | 80.5 | 90.5 | 92.4 | 81.2 |
| | | 春 | 64.5 | 53.1 | 42.5 | 60.5 | 66.3 | 53.4 | 71.5 | 55.3 | 43.5 | 67.8 | 56.5 | 34.5 |
| 2 | M乡中心小学 | 秋 | 88.8 | 89.5 | 88.6 | 86.4 | 88.5 | 85.3 | 87.4 | 87.6 | 79.5 | 86.5 | 90.4 | 79.2 |
| | | 春 | 54.5 | 43.1 | 40.5 | 60.5 | 56.1 | 43.2 | 51.5 | 49.3 | 39.6 | 58.3 | 57.1 | 41.5 |
| 3 | D乡中心小学 | 秋 | 90.7 | 91.5 | 92.2 | 91.6 | 90.3 | 87.5 | 90.1 | 90.6 | 88.5 | 91.5 | 92.4 | 84.2 |
| | | 春 | 54.4 | 54.1 | 40.5 | 59.5 | 54.3 | 44.4 | 67.5 | 58.3 | 40.5 | 68.8 | 46.5 | 54.5 |
| 4 | W乡中心小学 | 秋 | 87.7 | 88.4 | 76.1 | 89.6 | 88.5 | 78.5 | 89.6 | 89.5 | 78.3 | 91.5 | 90.5 | 76.1 |
| | | 春 | 44.5 | 43.1 | 34.7 | 56.5 | 46.5 | 40.4 | 56.5 | 65.3 | 32.5 | 57.8 | 56.2 | 45.5 |
| 5 | H乡中心小学 | 秋 | 90.7 | 91.5 | 88.5 | 88.5 | 91.3 | 87.1 | 90.6 | 92.5 | 89.5 | 90.5 | 94.6 | 91.5 |
| | | 春 | 54.5 | 47.8 | 40.2 | 58.6 | 64.5 | 53.5 | 69.5 | 56.3 | 42.5 | 57.8 | 55.5 | 44.5 |
| 6 | G乡中心小学 | 秋 | 90.1 | 89.5 | 87.5 | 91.6 | 90.3 | 85.3 | 89.6 | 90.5 | 78.5 | 91.5 | 92.3 | 76.4 |
| | | 春 | 54.5 | 52.1 | 40.6 | 61.2 | 62.4 | 45.4 | 56.5 | 57.3 | 33.5 | 56.8 | 57.5 | 45.5 |
| 7 | C乡中心小学 | 秋 | 90.7 | 91.5 | 92.1 | 85.5 | 91.4 | 78.1 | 89.6 | 92.5 | 77.5 | 91.5 | 94 | 79.2 |
| | | 春 | 54.1 | 55.1 | 40.5 | 56.5 | 54.3 | 52.4 | 61.5 | 60.3 | 40.5 | 57.8 | 54.5 | 44.5 |
| 8 | Q乡中心小学 | 秋 | 90.5 | 91.5 | 89.1 | 89.6 | 92.3 | 89.1 | 90.6 | 89.6 | 82.5 | 92.5 | 91.4 | 83.2 |
| | | 春 | 64.5 | 63.1 | 72.5 | 67.5 | 65.3 | 63.4 | 72.5 | 57.3 | 54.5 | 67.8 | 56.5 | 57.5 |

数据来源：H县教育局。

临时调换。在教学成绩方面，在线教学模式下，学生的学业成绩并不比同县其他中心小学学生的成绩差（见表3）。相反，疫情防控期间，全县组织的统一线上教学结束后，长期开展"互联网+"在线课堂的Q小学，其学生学业成绩虽然也有明显滑落，但是与同时参与在线课程的另外7所学校相比，Q小学三至六年级学生的平均成绩相对高于其他学校。

## 二、数字经济支援城乡教育优质均衡发展的现实困境

对数字经济促进城乡教育发展现状的调查发现，目前全区教育优质均衡发展的主要困境是"下不去，留不住，教不好"的现实问题，主要表现在以下几方面：

### （一）城乡学校数字化教育资源利用率不充分、不平衡

跟踪调研发现，全区数字化教育资源的使用率虽然已经达到95%，但是从分类考察中发现，城乡学校在数字教育资源的使用中仍然存在较大差异，城镇学校的中青年教师能够较好地利用数字教育资源丰富教学内容和形式。乡村学校由于青年教师短缺，中老年教师仅能使用数字教育资源播放PPT等简单操作，超过80%的乡村学校因网络信号等问题，数字教育资源和设备长期处于闲置状态，从宏观上看数字教育资源虽然已经实现了全覆盖，网络基建也已经100%覆盖，但是在综合使用和深度价值挖掘中仍有很长的路需要走。

### （二）"互联网+"在线教育服务的时空阻隔和管理困境

一是技术落成后的课程对接障碍。"互联网+线上教学"首先在城市落地，发展过程中又逐步向乡村迁移。乡村教师在缺乏全新互联网操作技术支持的境况下，出现了一些对接障碍，如课程版本和内容差异，以及教学语言冲突等问题。二是熟悉期的交流阻碍。乡村学校的"互联网+双师教学"模式仍然是以线上主讲教师讲授课程，线下教师组织管理学生纪律的授课模式为主。这种单一的授课模式在教学组织安排的规定时间内，要求线上教师全力完成教学内容，学生在有限的学习时间内，很难快速适应线上教师的授课节奏和方式，更难准确地把握教学重难点，导致学生在集中度不足、自由度偏高的课堂学习中失去了传统课堂中学生被教师"拎"住

的感觉，出现了学生学习能力不足、反应滞后的现象。

**（三）城乡数字教育的融合深度不足，缺乏规范的支持机制**

从全区"互联网+"数字化教学服务项目的推广面和受众群体来看，深度合作的城乡教育数字化对接服务还处在初级交流阶段，并未建立稳固合作的具体课程对接。大部分在线互动课堂以城镇教师的公开课为主，乡村学校在观看公开课视频过程中，偶尔也会参与课堂互动。但是，从总体效果来看，这种以城镇学校为主的多校联盟网络公开课，虽然打破了课堂的空间格局，但是却忽视了受众学生的课堂参与，导致学生只能在单向知识传递中静坐，无法真正参与到课堂互动中。调研中发现，城乡线上互动课堂还存在严重的任务考核要求，城镇教师为了完成公益课堂对接，会用同一教学内容对接多所乡村学校，不仅使城镇学校学生重复学习同一课程，而且失去了服务乡村的真正价值。从结果上看，数字教育在地化对接服务并未真正发挥引航服务功能，也不能彻底改变乡村学校教育资源紧张，教学水平不高的现实境况。

**（四）"互联网＋教育"公益项目的稳定性不足，缺乏制度保障和财政支持**

从宁夏数字教育基建方面的投入可见，数字化教育已经基本实现了全覆盖。但是从数字化教育的使用和公益项目对接看，真正进入宁夏并长期支援服务城乡教育的数字化公益团队几乎没有。调研中发现，宁夏在数字化公益教育方面还未建立完善的制度保障机制，外来公益团队的支援无法通过政府渠道向城乡学校广泛推广。全区在公益教育项目的支持方面也未建立完善的财政保障机制，这导致公益教育服务项目无法在资金链完全可控的状态下稳固发展。公益组织一旦出现资金链问题，线上助学项目便会中断，公益项目的辐射面和惠及人群都会随着公益组织的资金困境而停滞，导致帮扶学校线上课堂中断。

## 三、数字经济推动城乡教育优质均衡发展的路径

宁夏地处祖国西北腹地，教育发展不平衡不充分问题相对突出。教育信息化是促进教育公平、提高教育质量、缓解教师队伍结构压力的有效途径，是推进义务教育由基本均衡迈向优质均衡的有效方式。用数字经济托

起教育公平的底线，必须打造数字经济融合发展的最大价值，充分发挥数字经济各要素在推进智能学习中的调节功能，逐步打开宁夏城乡教育融合创新发展的新局面。

**（一）加强教师网络技术培训，提升教育信息化使用水平**

教育信息化水平的提升不仅关涉教师的个人能力，更是推进教育现代化的重要保障。建议：一是要全面提升教师的信息化专业水平，地方政府要统筹安排专业技术人员进驻各个学校，以驻地式精准培训，为一线教师提供技术服务帮助。二是每一轮培训至少安排 1—2 个月工作周期的技术学习和训练，老中青教师均需在培训期间完成 4~6 个在线公开课堂。三是地方政府要设立专项资金，支持技术特派员深入偏远山村，重点为教学点的教师提供技术培训，精准解决偏远山村学校数字教学设备长期闲置的境况，纵深提高山村学校的教育现代化进程。四是有目的地对线上线下教师进行教学媒体资源使用培训，提升教师使用多样化教学媒体的能力。帮助教师在同步互动课堂、远程交互课堂、虚拟视频课堂教学环境下，结合教学内容和线上教学表达技巧实现多屏幕的实时互动和生动衔接。如西部乡村学校普遍配备的希沃电子白板可以成为线上教师展示学生学习成果、与家长沟通交流学生学习状况的最佳平台。

**（二）变革"互联网+"线上教学模式，提升精准对接服务质量**

数据统计，超过 85% 的乡村学校对"互联网+线上兑点帮扶项目"表现出积极态度。建议地方教育局在"互联网+教育"服务上做出以下改变：一是学校要积极推动教师对"互联网+智慧课堂"的交互式教学设计进行改造。要避免单一屏幕遮挡线上教师观察学生课堂反映的弊端。线上教师可以将课堂教学中的练、读、写、说等过程移交到线下教师，请他将学生的学习反馈呈现在数字屏幕上。二是对"互联网+双师教学"组织活动空间的虚拟化和欠实效性进行改进。一方面，要鼓励教师利用电子抢答技术等软件工具帮助学生积极参与课堂互动，让课堂从虚拟真空环境转向虚拟接触互动，实现教师和学生的双向互动。另一方面，要在教学实践中融入积分奖励和实效对话奖励的电脑频次记录，帮助教师有效分析学情，对能力薄弱的后进生给予充分的差别提升。三是对"互联网+"教学资源和媒体的使用进行规范，引导教师选择适合学习者认知水平、文化背景以及生活情境的数字化资源。

**（三）建立规范的城乡互助机制，全面提高数字化教育服务水平**

促进城乡教育融合发展，推进城乡教育公平，必须在行动上见真知。建议：一是地方政府率先建立规范的城乡教育发展交流机制，改变目前城镇教师单向下沉乡村学校的现状，建立城乡教师动态交流机制，实现城乡教师的双向流动。二是地方教育局要规范"互联网+教育"融合创新机制，改变城镇学校单向对接乡村学校的现状，开展双向对接交流。同时要将网络公开课常态化，重点针对偏远落后山村学校课程开设不齐的现状进行对点帮扶，全过程支持山村学校开齐课程。三是地方教育局要协助城乡学校建立双向管理机制，对帮扶学校教师实行共同管理，借助数字化智能网络平台组建学科教研组，构建教研同步、教学同步、考核一体化管理机制。教务主任和校长需要对合作教师进行考核评价，帮助弱势学校提升教师的综合素养，推动老中青教师共同进步。

**（四）大力扶持公益数字支持项目助力乡村教育**

公益支持是扩大教育供给，丰富教育资源的新动能，也是公共资本的重要补充，是我们充分发挥社会力量助力乡村教育的重要资本。一是地方政府要建立完善的资金链支持体系。发挥财政支持的同时，鼓励公益组织在规范合理的融资途中充分发挥自己的支持力度，以更加柔和的方式吸纳社会闲置资本进驻教育体系。二是地方政府要给予公益组织一定的政策支持，比如设备支持和资金支持。重点扶持乡村教育公益资助项目，针对长期资助乡村教育的公益组织给予一定的社会奖励。不断推动公益组织扩大资助范围，多方面惠及乡村学校。三是地方教育局应该在公益组织管理方面积极作为，吸纳优秀在职教师和退休教师加入公益组织，替代教师轮岗交流的现实困境。同时，公益组织还应该吸纳高校教师团队为教育信息化项目提供技术支持。四是自治区教育厅要统筹管理教育公益项目，在资助行动中要改变原有"互联网+双师教学"单向度人才管理模式，形成多元合作的城乡教师队伍综合发展共同体，在帮助乡村学校摆脱教育人力资源贫困的基础上，积极组织乡村教师队伍进行自我提升，形成全社会的学习共同体。

# 宁夏基层医疗卫生服务高质量发展研究①

张宏彩

基层医疗卫生机构，尤其是乡村和城市社区医疗卫生机构是广大人民群众的健康保障的第一阵地，是城乡三级医疗卫生服务网络的基础。习近平总书记在二十大报告中明确指出："全面建设社会主义现代化国家，最艰巨最繁重的任务仍然在农村。"基层医疗卫生服务体系建设是党和国家推进分级诊疗、医联体建设、公共卫生防控等医疗卫生服务体系重要内容，是国家和地方"保基本，强基层，建机制"医疗卫生改革的着力点和突破口。

## 一、宁夏基层医疗卫生服务高质量发展的现状

近年来，宁夏紧紧围绕党中央、国务院关于基层医疗卫生健康事业发展的决策部署，结合宁夏实际，深入推进基层医疗卫生服体系改革和建设，基层医疗卫生服务质量得到有效提升。

### （一）基层医疗卫生机构基本实现全覆盖

基层医疗机构布局基本实现全覆盖，各市医疗资源布局逐步趋向合理。截至 2022 年底，宁夏共计有医疗机构 4607 个，22 个县（市、区）共建成

作者简介　张宏彩，宁夏社会科学院社会学法学研究所助理研究员。

①本文为宁夏社会科学院 2023 年院重大现实问题研究《数字化时代宁夏基层医疗健康服务高质量发展实践与思考》阶段性研究成果。

基层医疗机构 35 个，242 个乡（镇、街道办事处）设置有乡镇卫生院 205 个，其中，中心卫生院 63 个，一般卫生院 142 个；社区卫生服务机构 241 个，其中，卫生服务中心 51 个，卫生服务站 190 个；2177 个行政村中配置了村卫生室 2150 个，基本满足了广大人民群众就医需求，基层医疗卫生资源配置趋向合理化。

近年来，自治区加大基层医疗人才资源供给和培养，截至 2023 年 6 月，全区基层医疗卫生机构共有各类人员 13473 人，其中，乡镇卫生院共有各类人员 6875 人（其中专业技术人员 6040 人，占 87.85%，高级职称占 9.88%，本科及以上学历占 24.62%）；社区卫生服务机构共有各类人员 3549 人（其中专业技术人员 3230 人，占 91.01%，高级职称占 14.98%，本科及以上学历占 54.55%）；村卫生室在岗乡村医生 3049 人，大专及以上学历占 80.28%，取得执业助理医师（含乡村全科）及以上资格证书的占 18.43%。

**（二）基层医疗卫生制度体系逐步完善**

深入贯彻落实国家"控规模，调结构，下基层，提能力"的基层医疗卫生资源布局政策要求，建立健全《宁夏回族自治区卫生健康事业发展"十四五"规划》《宁夏医疗卫生服务体系规划（2021—2025 年)》《宁夏"十四五"中医药发展规划》等系列医疗卫生"十四五"规划，通过明确时间表、路线图、考核指标等形式，在制度上为宁夏城乡医疗卫生资源配置和发展提供具体明确的发展指标和目标。

为切实提高基层医疗卫生服务能力和水平，深入推动基层医疗卫生建设现代化建设，促进分级诊疗制度的落实，围绕"紧密型""县域"医疗卫生健康服务体系建设，2020—2021 年，自治区制定印发《关于印发全区全面开展县（区）域综合改革实施意见的通知》《在全区深入推广福建省三明市医改经验，进一步深化医药卫生体制改革的实施方案》《自治区积极推进县域紧密型医共体实体化运行的若干意见》等制度，为基层医疗卫生改革和服务体系建设提供基础的制度支撑和指引。同时，强化宁夏基层医疗卫生服务高质量发展的制度供给。制定发布《自治区卫生健康委办公室关于贯彻落实基层卫生健康便民惠民服务举措的通知》《全区落实县域巡回医疗和派驻服务工作实施方案》《宁夏回族自治区关于进一步完善医疗卫生服务体系的实施方案》《宁夏回族自治区紧密型县域医共体建设绩效评价方案（试行）》和《宁夏回族自治区城市医联体建设绩效评价方案（试行）》等制度政策，制度的政策的基层靶向性、针对性不断提升。

**（三）持续强化基层医疗服务能力建设**

为全面提升基层医疗机构防病治病和健康管理能力，自 2020 年起，自治区财政每年安排 1000 万专项资金，着力推动基层医疗机构康复诊疗、医养结合、急诊急救等服务功能建设。截至 2023 年 6 月，全区 13 家医疗卫生机构实现医养结合服务功能开放。此外，改扩建县级综合医院 20 家、中医医院 7 家、妇幼保健机构 8 家、疾控机构 4 家，改扩建乡镇卫生院 19 所，新建社区卫生服务站 65 所、村卫生室 267 所。全区达到二级甲等建设标准的综合医院 22 个、中医医院 14 个，基本达到"一村一室，一乡一院"的国家标准。

连续十年来，宁夏推进基层中医药服务能力提升工程，乡镇卫生院均能开展 10 项中医药适宜技术，60% 的地级市、55% 的县（区）成为全国基层中医药工作先进单位。连续三年实施"千名医师下基层"活动，每年选派 1000 名派驻队员，对口支援 415 家基层医疗卫生机构。组织开展"优质服务基层行"活动，推进乡镇卫生院、社区卫生服务中心"提档升级"。67 家乡镇卫生院获国家群众满意乡镇卫生院称号，4 家社区卫生服务中心分别获全国百强和示范社区称号。截至 2022 年底，全区累计有 58.8% 的乡镇卫生院和社区卫生服务中心达到国家服务能力基本标准，共建成 8 个县域医疗分中心（社区医院）。全区有 180 家村卫生室达到五星级标准。

## 二、宁夏基层医疗卫生服务高质量发展的瓶颈

虽然宁夏基层医疗卫生服务质量得到显著提升，但仍然存在很多不得不面对的难题和挑战。

**（一）基层医疗卫生服务现代化服务能力较低**

目前，宁夏基层医疗机构的数字化、现代化建设呈点状发展，体系化、链条化建设有待加强。全区 22 个县仅有 6 个县（区、市）配置了云巡诊车，虽然远程影像和会诊覆盖到县级医院，但是各县及乡镇医疗机构信息

化建设由于经费、人力等投入和资源能力各不相同，建成的信息系统的联通链接能力不一，因此，在医疗卫生健康服务与域外平台、系统链接、信息共享开放等方面的水平差距极大。同时，宁夏广大农村地区和城市社区信息化、数字化、智能化等现代化体系建设的差异也不同，普遍存在诸如基建财政资金持续投入不足、各地资源和能力不均衡等问题，绝大多数的社区卫生服务站和村卫生室智能化、数字化诊疗设施设备多为公益性捐赠。此外，基层医疗卫生人员文化程度较低、年龄较大等现实，对现代化医疗设备使用不够熟练。据统计，宁夏包含乡村医生在内的基层医疗卫生人员中大专以下学历约 80.28%，实际中乡村医疗机构智能化、数字化设施设备闲置问题也比较突出。

**（二）基层医疗资源与人口结构矛盾较突出**

随着工业化、城镇化的快速发展，宁夏城乡基层医疗卫生面向的群体年龄结构、人口数量等产生较大差距，给基层医疗卫生资源布局、财政分配等带来极大挑战。一是社区医疗卫生机构数量不足，医务人员少，无法满足基层群众基本医疗卫生服务需求。截至 2022 年，全区城镇常住人口 483 万人，城镇化率为 66.34%，全区有城市社区 530 个，设立社区卫生服务机构 241 个，社区卫生工作人员共计 3549 人，服务比每千人不足 1 名医务人员。据宁夏卫生健康统计公报，2022 年宁夏医疗卫生机构医师日均担负诊疗 7.0 人次，而社区医师日均担负诊疗达 17.1 人次，是全区医疗机构医师日均担负诊疗的 2 倍之多。此外，近年来，农村劳动力由于就业、子女教育等原因不断向城市转移，但是他们仍然保留农村户籍，根据现有制度，乡村医疗卫生财政公共资金无法转移到城镇，城镇面临医疗卫生资金紧张、服务人口规模大、人口结构复杂等问题。

二是农村医疗服务群体规模较小，人口总量不大，且分布稀疏，群体结构相对简单，主要以"386199"为主，医疗资源布局和规划统筹难。宁夏现有 205 个乡镇卫生院和 2150 个村卫生室，总计专技人员 9924 人，服务面向的乡村人口数量 245 万人，与 2015 年相比，乡村人口减少 53.98 万人；与 2010 年相比，乡村人口减少 82.93 万人（见表 1）。但是，随着农村外出务工人口增多，宁夏乡村人口结构发生极大变化，留守乡村人口主要集中在 60 岁以上老人、0—3 岁婴幼儿及其需要照顾老人及婴幼儿的妇女，这类群体医疗卫生服务需求主要是老年病照护、婴幼儿疫苗接种和常见病服务等。这些群体的均属体弱多病特殊人群，对医务人员专业技术服务业要求高，且风险较大，然而实践中，宁夏医疗资源服务能力最为薄弱的却是乡村。

### 表 1　宁夏城乡人口数据对比表

（万人）

|  | 2022 年 | 2020 年 | 2015 年 | 2010 年 |
|---|---|---|---|---|
| 常住人口 | 728.00 | 720.27 | 667.88 | 630.14 |
| 城镇人口 | 483.00 | 467.87 | 368.90 | 302.21 |
| 乡村人口 | 245.00 | 252.40 | 298.98 | 327.93 |

数据来源：宁夏回族自治区统计局网。

### （三）基层医疗人才队伍建设问题较为突出

对于基层医疗人才队伍建设而言，最为突出的问题是基层医疗机构人员总量不足、缺乏优质医疗资源。截至 2022 年，宁夏共计有医疗机构 4607 个，其中基层医疗机构 4277 个；共有卫生人员 74347 人，其中基层医疗机构人员 20863 人，占比为 28.06%，不足卫生人员总数的 1/3。全区共计乡村医生 3049 名，其中取得执业助理医师（含乡村全科医生）仅占 18.43%；社区卫生服务人员 3549 人，高级职称仅占 14.93%。此外，基层卫生人员文化程度较低问题也非常突出。据统计，宁夏卫生人员大专以下学历的占比约为 80.28%，其绝大多数人员在乡镇卫生院和村卫生室，其中乡村医生队伍里中专以下学历占 20.32%。实践中，城市社区和农村人力资源供给严重不足，留下来的医务工作人员受学历、年龄等限制，服务能力较弱，尤其是村卫生室医务人员日常工作主要以老年病、慢性病探访为主，对其专业服务能力极具挑战。

## 三、宁夏基层医疗卫生服务高质量发展的思路

2021 年，习近平总书记在福建考察时强调："要做到看大病在本省解决，常见病在市县解决，头疼脑热在乡村解决。"这是新时代以习近平同志为核心的党中央对全国基层医疗卫生事业现代化建设的要求。宁夏当积极

调整思路，助推基层医疗卫生服务高质量发展。

**（一）加强现代化技术应用，提高城市社区医疗卫生资源整合服务能力建设**

随着城市人口规模的不断扩大，扭转城市社区医疗卫生服务压力大局面，需要充分认识到现代城市也是医疗服务资源富集地，是高质量高水平的医疗机构、医务人员、基建设施等的聚集地，因此，应当从城市社区的医疗资源整合入手，提升其服务能力。一是数字赋能，强化城市医疗资源联动建设。城市社区医疗机构可以帮助社区居民借助数字化平台在家门口获取优质医疗资源服务，带动城市医院的医疗资源通过数字化平台向社区卫生服务下沉。因此，要做好城市社区医疗卫生机构数字化、信息化基础设施建设，从群众就医及健康管理的数字化素养培养、基础设施的数字化建设等入手，打通城市社区医疗机构与城市优质医疗资源联动的数字化、信息化通道，便是提升和增强城市基层医疗卫生健康服务质效的有力举措。二是精准定位，完善城市社区医疗卫生健康服务链。发挥、发展城市社区医疗机构的基本医疗卫生健康保障职能，关键、重点是健全和完善其基本服务链，从职能定位出发，强化城市社区医疗机构服务链建设，是"以人为本"医疗服务的根本导向。结合当前城市社区老龄化、流动人口递增、人口结构复杂化等特征，强化城市社区基本职能建设，健全其服务链。

**（二）充分发挥数字医疗作用，改变基层医疗服务资源不足和服务能力弱的短板**

针对基层医疗卫生健康资源供给能力不足、服务水平低、保障功能弱等问题，建议充分发挥"互联网+"、5G、大数据等信息技术与医疗融合作用，增强医疗卫生健康服务平台、远程医疗、人工智能等信息技术向基层扩容，满足人民群众精细化、多样化、优质医疗服务诉求。

1.加强基层群众医疗卫生素养培育

根据一般群众就医过程，从患病到康复的基本流程是患病—就诊—治疗—支付—报销（含保险报销）—康复保健等内容，但通常群众的医疗服务主要集中在就诊和治疗两个环节，报销环节尤其是保险报销环节多数群众不涉及，后期康复保健乃至康养环节也常常被忽视，因此，无论城市医疗机构还是基层医疗机构提供的服务均是零散、片段、不连续的服务。这是基于：一方面容易给患者造成城市医疗机构或者三甲医疗机构提供医疗卫生服务更为优质、全面、高效的假象，实际是城市医疗机构能够提供较为精良的诊断和精细的服务外，能够为患者提供更有针对性、效果佳、较全面一些的服务技术和药品，这些技术或药品通过数字化平台可以在基层实现；另一方面给患者较大的诊疗投入是城市优质医疗机构全面、系统的检查、检验支出，也容易造成过度医疗等问题产生。因此，培育群众全链条式的医疗卫生服务观念，理清健康保健、疾病诊疗、康养保障、保险报销等职能分工，不仅能够为群众培育全面、系统的医疗卫生服务观，尤其是患者而言，通过保险报销增强健康保障意识，规避过度医疗现象；而且帮助群众在全链条式的医疗卫生认识下，健康检查、康复等程序在基层医疗机构也能实现。

2. 加强城乡医疗机构数字化应用平台联通建设

加大智慧诊疗、复诊、电子处方、健康管理数据的标准化、规范化建设力度，是打通城市优质医疗资源向基层下沉的必要举措，是化解城乡数字化平台链接难的重要步骤。一是通过督导考评、评估监测、成熟度测试、奖惩制度等措施，推进各级医疗机构信息系统平台联通，化解系统平台对接技术障碍。二是推进现有医疗信息系统平台数据规范化标准化管理，严格推进国家卫生健康信息元数据标准落地，构建兼容 ISO/TS18308G 的患者（居民）诊疗（健康档案）数据集，不管系统新旧，版本 1.0/2.0/3.0，改造兼容是关键，实现医院间、区域间、行政机构间数据标准统一化。三是全面推进病历（健康档案）信息标准化，突出首诊、基层（尤其是社区/乡镇）医疗机构病历（健康档案）标准化建设，通过病历（健康档案）标准化规范化督导和奖惩政策制度，全面落实《电子病历基本架构与数据标准》，确保分级分层诊疗、远程医疗信息数据联通无障碍。四是加大信息化成熟度检测，分类分步骤推进互联互通成熟度检测，基层信息化互联互通成熟度测试过关是基础，分类分层逐个实现互联互通是关键。

3. 通过信息系统一体化建设，提升基层数智医疗质效

医疗数字化、智能化、一体化建设，需要在四个维度上下功夫畅通基

层医疗数智化建设。一是要打通"数据孤岛"，在安全的基础上，让数据"流动"起来，各级医疗机构明确数据开放、交易、交换的权限，有效促进各级医疗机构医疗服务资源和服务对象在平台流动。二是建立权能分离数据治理策略，加紧医疗数据产权和利益分配立法探索，建立企业和医疗机构数据合规审查机制，明确数据附属的个人、企业、医疗机构的权益分配机制，提高医疗机构数据利用率。三是加强信息保护，防范数据滥用和化解安全风险，构建个体维权保护、行业自律、法治保障、智治支撑的数字医疗治理生态体系。四是坚持三个"不危害"的数据流通治理原则，即不危害国家安全利益，不危害企业商业利益，不危害个人信息。

**（三）以县域医共体为纽带，提升基层医疗卫生健康服务水平**

医疗卫生服务的重点是基层，面向的是绝大多数人民群众，提升基层医疗机构健康"守门人"能力，是全民健康和健康宁夏目标实现的基础。

1. 建立健全城市三级医院对口帮扶长效机制

根据中共中央、国务院办公厅《关于进一步深化改革促进乡村医疗卫生服务体系健康发展的意见》和国家卫生健康委员会《紧密型城市医疗集团建设试点工作方案》文件的要求，针对宁夏城乡医疗资源配置不均衡、基层医疗卫生服务能力有限等问题，落实落细分级诊疗体系，推动城乡医疗集团内部牵头医院和县域成员单位网格化合理布局是关键，一方面，提升县域医院与自治区范围内三级及以上医院协同能力和紧密度，为县域医院在疑难危重症诊疗和先进技术的推广应用上给予有力有效指导；另一方面，自治区三级及以上医院能够通过县域医疗机构为其网格内居民提供疾病预防、诊断、治疗、营养、康复、护理、健康等一体化、连续性的医疗卫生健康服务。不但提升了县域内整体医疗服务能力和就诊率，巩固和拓宽"大病不出省，常见病不出县，一般病在基层"的就医格局，而且进一步推动分级诊疗服务成效有效发挥，推动了自治区—市级—县级医疗卫生健康资源和信息系统的整合，实现管理、医疗、患者的有效联通。

2. 以基层群众需求为导向，健全县级医院临床科室

根据目前宁夏基层医疗机构服务面向的群体结构中老年人、妇女、儿童占比较大比例，此三类群众常见病服务是关键。对于老年人而言，高血

压、糖尿病、关节炎等慢性老年病医疗卫生服务需求较多；对于妇女而言，孕产服务和妇科疾病需求为主；儿童疫苗接种和发热咳嗽等呼吸系统常见病服务需求较多。因此，根据当前宁夏基层群众医疗卫生服务需求，强化县级医院以及乡镇（街道）卫生院老年、儿科、孕产科、慢性病、常见病等专业科室建设，是健全和完善县域医共体服务体系的必然要求，也是落实基层医疗卫生服务政策"守底线，促发展，强保障"的重要举措。此外，根据当前宁夏基层群众心脑血管疾病仍较为多发、呼吸和消化疾病也是常见，加强县域医院心脑血管、呼吸、消化等重点科室建设，强化医联体、紧密型医疗集团等基层医疗机构科室帮扶作用，是满足基层群众这一层面医疗服务的有效举措。最后，增强县域医院影像、病理、检验科室服务能力和硬件设施建设，通过标准化、远程技术指导等举措，提高县域检验检查服务能力，避免重复检查，有力地推动基层检查检验认可政策落地。

3. 加强乡村数字医疗建设，推进县级智慧医疗功能实现

推动云计算、大数据、物联网、区块链、5G等新技术在县级及以下医疗服务的深度融合应用。畅通全面健康信息一体化平台，提升医疗卫生数据互联互通共享率。优化人工智能诊断体系，推广智能辅助诊疗应用，五级远程医疗服务体系建设。推动"基层检查+上级诊断+区域互认"诊疗模式健全和优化。加强电子病历、智慧服务、智慧管理的基层医疗机构智能化、信息化标准建设。推进全区二级及以上公立医院检查检验结果互认。推进"互联网+护理"服务，实施责任制整体护理，拓宽乡村（社区）延续护理服务和家庭病床护理试点覆盖面。扩大城市医联体与县域医共体间高血压、糖尿病等慢性病药物治疗和管理的咨询服务覆盖面。

# 银川市高质量发展研究报告

张保君

习近平总书记在党的二十大报告中指出："高质量发展是全面建设社会主义现代化国家的首要任务。"近年来，银川市牢牢把握高质量发展这个首要任务，完整、准确、全面贯彻新发展理念，更好地统筹质的有效提升和量的合理增长，在增量的同时稳步提质，不断提升银川发展的量级、层级、能级。高质量发展提质增效，创新发展动能茁壮成长，协调发展步履坚实、绿色发展持续向好、开放发展迈向更高层次，共享发展更多惠及全市人民。

## 一、银川市高质量发展取得的成绩

近年来，银川市坚决贯彻落实创新、协调、绿色、开放、共享的新发展理念，高质量发展取得显著成效。

### （一）在创新发展中解决发展动力问题

近五年来，银川市牢记习近平总书记"越是欠发达地区，越需要实施创新驱动发展战略"的殷切嘱托，在创新发展中解决发展动力问题。深入实施创新驱动战略，创新引擎为高质量发展持续加力。研发投入持续扩大，研发强度持续提升。全社会 R&D 经费支出从 2017 年的 25.10 亿元增长至 2022 年的 46.89 亿元，年均增长 15.9%。优化创新载体，深化创新合作。围

---

**作者简介**　张保君，银川市统计局副局长。

绕重点产业发展方向，发挥创新平台要素集聚效应，畅通科技要素流动渠道，为企业创新创造提供有力支撑。2021 年度获评全国首批"科创中国"创新枢纽城市，是西北地区唯一入选城市。培育创新主体，壮大创新集群。持续夯实企业创新主体地位，强化创新型梯队建设，加快培育壮大创新型企业集群。科技赋能工业经济新动能，积极推动新能源、新材料、先进制造、电子信息等战略性新兴产业和未来产业科技创新，全市工业战略性新兴产业总产值占工业总产值比重从 2017 年的 12.6%提高到 2022 年的 21.6%，累计提高 9.0 个百分点。

### （二）在协调发展中解决发展不平衡问题

近五年来，银川市牢记习近平总书记"新时代新阶段的发展必须贯彻新发展理念，必须是高质量发展"的殷切嘱托，在协调发展中解决发展不平衡问题。经济与社会协调稳步推进。在转向高质量发展进程中，不断创新和完善宏观调控，经济发展既保持了量的合理增长，也实现了质的稳步提升。经济实力倍增突破，地区生产总值由 2017 年的 1619.32 亿元跃升至 2022 年的 2535.63 亿元，经济总量接近翻一番，经济增速年均增长 5.8%。经济总量稳居全区五市首位，对全区经济增长的贡献率超 50%，充分发挥了首府城市示范引领、辐射带动、服务保障作用。城乡协调稳步推进。全市统筹推进乡村振兴和新型城镇化，不断提升基础设施和公共服务供给质量，在加快乡村振兴中促进城乡协调发展，让城市更宜居、乡村更美丽。产业结构协调稳步推进。完整准确全面贯彻新发展理念，动力结构、产业结构、财税结构显著优化，经济社会高质量发展。投资和消费协调稳步推进。坚持"项目为王"，大抓项目、抓大项目、抓高质量项目，经济发展动能由投资拉动要素向消费拉动创新驱动转变。着力打造辐射陕甘宁蒙毗邻地区的"消费高地"，都市经济圈辐射范围不断扩大。

### （三）在绿色发展中解决人与自然和谐共生问题

近五年来，银川市牢记习近平总书记"统筹推进生态保护修复和环境治理"的殷切嘱托，在绿色发展中解决人与自然和谐发展问题，绿水青山画卷徐徐展开。深入践行绿水青山就是金山银山的理念，深入贯彻习近平生态文明思想，统筹推进山水林田湖草系统治理，坚决打赢污染攻坚战，落实最严格水资源管理制度，多措并举治理生态环境，先后荣获"首批国际湿地城市""中国最具生态竞争力城市""全国黑臭水体治理示范城市""中国十大大美之城"等荣誉称号，位列"蓝天百强城市榜"榜首，并入围"第一批全国水生态文明建设试点城市""全国首批区域再生水循环利用试点城市"，在沿黄九省区率先以立法形式将每年 6 月确定为"黄河流域生态保护主题宣传实践月"，被国务院确定为西北地区重要的中心城市和西北地区适宜居住的生态园林城市。

**（四）在开放发展中解决发展内外联动问题**

近五年来，银川市牢记习近平总书记"坚持问题导向，有的放矢推进改革"的殷切嘱托，在开放发展中解决发展内外联动问题，推动改革开放打开新局面。营商环境位居西北前列。顺利完成 616 项改革任务，"五权"改革全面展开，"放管服"改革走在全国前列，通过"一枚印章审批管理"、"一体式集成审批"、"1230"审批三轮改革，完成从"推开一扇门办成一揽子事"向"群众零跑路"转变，荣获"中国投资热点城市"，成功入选"全国第四批社会信用体系建设示范区"，入围首批"新华信用政务诚信全国调研实践中心"，2020 年、2021 年连续两年位列全国营商环境标杆示范城市行列，开办企业、市场监管、执行合同、政务服务等 12 项指标斩获"全国标杆"称号，得到了国家发改委"南有衢州，北有银川"的高度评价。市场主体活力不断激发，对外贸易不断扩大。

**（五）在共享发展中解决社会公平正义问题**

近五年来，银川市牢记习近平总书记"切实解决好群众的操心事、烦心事、揪心事"的殷切嘱托，在共享发展中解决社会公平正义问题，人民生活实现历史性跨越。五年来，银川市把共同富裕作为最大的民生，下大力气补短板，2022 年人均地区生产总值 87756 元，比 2017 年增长 42.1%，分别高于全国、全区 2058 元和 25207 元。深入开展城乡居民收入提升行动，实现了农村居民人均可支配收入增速高于城镇、搬迁群众人均可支配收入增速高于农村的目标。居民消费水平不断提高，消费结构不断优化，消费升级提速换挡，居民生活质量明显提升。始终把教育事业放在优先位置，深化教育改革，教育普及水平实现历史性跨越，43 所学校被确定为

"互联网+教育"标杆校，教育信息化水平排名全国第七位。深入推进"互联网+医疗健康"示范区建设，建设了符合中央要求、契合基层实际、顺应群众需求的"互联网+医疗健康"银川模式，连续三年荣获"健康中国年度标志城市"荣誉称号，成为全国互联网医疗发展的样板城市。统筹推进覆盖全民、统筹城乡、公平统一、可持续的社会保障体系建设，制度体系不断健全，覆盖范围持续扩大，保障水平不断提高，城乡居民基础养老金标准位列西北省会（首府）城市第一，社保体系服务取得长足进步。

## 二、当前银川市高质量发展中存在的问题

银川市加快推进高质量发展提升了群众的获得感幸福感，但也存在一些突出问题，主要表现在：

### （一）创新发展方面投入不足

2022 年，全市研究与试验发展（R&D）经费支出 46.89 亿元，比 2021 年增长 3.0%。从占全区比重看，2022 年为 59.1%，比 2021 年下降 5.5 个百分点；从增速看，分别低于全国、全区平均水平 7.1 和 9.7 个百分点，位居全区五地市第四位，位居沿黄九省区省会（首府）城市第九位，与之形成鲜明对比的是，当年全市生产总值增速位居沿黄九省区省会（首府）城市第二位；从 R&D 投入强度看，全市全社会 R&D 经费投入强度比 2021 年下降 0.16 个百分点，低于全国平均水平 0.7 个百分点，与全国的差距比上年又扩大了 0.27 个百分点。在沿黄九省区省会（首府）城市仅高于呼和浩特和西宁市位居第七位，相比经济社会发展好的成都和西安市，分别低于 1.67 和 3.38 个百分点。

### （二）协调发展方面区域发展差距较大

从城镇化率看，2022 年末全市常住人口城镇化率为 81.74%，分别高于全国、全区 16.52 和 15.40 个百分点；分县（市）区看，兴庆区、金凤区、西夏区分别高于全市 9.79、10.74 和 1.50 个百分点，永宁县、贺兰县、灵武市分别低于全市 15.59、15.29 和 11.78 个百分点，且永宁县常住人口城镇化率低于全国 0.07 个百分点。从近五年经济增长年均增速看，与全市相比"两高四低"，灵武市、西夏区分别高于全市 1.5 和 0.9 个百分点，兴庆

区、金凤区、贺兰县、永宁县分别低于全市 0.3、0.4、1.6 和 3.2 个百分点，最高的灵武市高出最低的永宁县 5.4 个百分点，数据表明银川市县域经济水平虽然整体在稳步提高，但县域经济发展不均的问题依然严峻。

**（三）绿色发展方面产业能源结构不合理**

宁夏作为唯一全境属于黄河流域的省区，是西北地区重要的生态安全屏障，承担着维护西北乃至全国生态安全的重要使命。但作为宁夏首府的银川市生态环境较为脆弱，面临水土流失严重、森林资源量少质弱、草原植被退化严重、河湖湿地不断萎缩等一系列问题。银川市经济社会发展过程中，经济结构偏重、产业结构偏散、能源结构偏煤、质量效益偏低、发展不平衡不充分问题依然突出。具体表现在，全市规模以上工业增加值中重工业增加分别占比为高达 92.9%，对全市规上工业产值增长贡献率高达 104%，轻工业增加值仅占 7.1%，规模以上工业呈现"重"而不"轻"的特点，且重工业多数企业处在产业链的前端、价值链的低端、创新链的末端，资源型、重型化、单一性特征明显。制造业高端化高技术程度较低。规上工业结构仍然以劳动密集型和中低层次为主的传统制造业为主，产业链条短，附加值低，未形成高技术产业链集聚发展态势。

**（四）共享发展方面地区收入水平有差距**

近年来，随着全市经济快速发展，居民生活水平得到极大改善，城乡居民收入不断缩小，但全市所辖县（市）区水平参差不齐，各县（市）区与全市平均水平相比依然是"两高四低"。灵武市人均地区生产总值高达 26.16 万元，为全市最高，永宁县 4.19 万元，为全市最低，两者相差 21.97 万元，近几年全市地区人均生产总值差异系数均在 0.70 以上，处于比较高的水平，表明各县（市）区经济发展差异程度较大。从各县（市）区人均可支配收入看，2022 年全市城镇居民人均可支配收入 44392 元，兴庆区、金凤区分别高于全市 2830 元和 5117 元，西夏区、永宁县、贺兰县、灵武市均低于全市平均水平。

## 三、推动银川市高质量发展的几点建议

高质量发展是全面建设社会主义现代化国家的首要任务，新发展阶段

必须以新发展理念为引领，在加快量的增长的同时，更要注重质的提升。

## （一）加强创新驱动，塑造创新动能

创新是引领发展的第一动力，抓住了创新，就抓住了牵动经济社会发展全局的关键。习近平总书记强调，"开辟发展新领域新赛道、塑造发展新动能新优势，从根本上说，还是要依靠科技创新"，视察宁夏时也指出，"越是欠发达地区，越需要实施创新驱动发展战略"。高质量发展不能只有量，必须要有创新的元素。大力推动以科技创新为核心的全面创新，坚持自主创新、协同创新、借力创新同步发力，对内整合资源、对外扩大合作，依托"科技支宁"合作机制，加强与东部发达地区的创新联动，共同搭建科创平台、实施重大项目、开展技术攻关。建立以企业为主体、市场为导向、产学研深度融合的技术创新体系。优化科技资源配置，使科技资源配置更加合理、导向更加精准，提升科技投入效能。推进"揭榜挂帅"、校企联合、科技人才、成果转化等专项行动，使科技资金投入结构进一步优化，推动"项目、平台、人才、基地"一体化配置。实施规上企业研发强度、研发活动覆盖率和研发机构覆盖面"三提升"行动，引导组建创新联合体，推动上下游企业融通创新，探索建立稳定支持机制，鼓励企业开展长周期积累性、渐进性研发活动。加快形成以企业为主体、市场为导向的创新体系，引导和支持企业在引进消化吸收再创新、实用技术创新、创新成果转化上下功夫，努力让创新变量成为支撑高质量发展的"最大增量"。

## （二）统筹协调发展，优化服务环境

协调是持续健康发展的内在要求，既是发展手段又是发展目标，同时还是评价发展的标准和尺度。统筹协调区域发展战略，坚定实施黄河流域生态保护和高质量发展先行区示范市建设，借助"一带一路"建设，各县（市）区依托自身资源禀赋、产业优势，充分发挥比较优势，多措并举不断优化产业结构、需求结构、城乡结构，不断缩小区域之间差距。全面推进乡村振兴，严格落实衔接过渡期要求，持续落实好产业、就业、教育、医疗、社保等普惠性政策，确保政策不留空白、工作不留空档。持续加大防返贫监测帮扶力度，实施"五个一"专项行动，坚决守住不发生规模性返贫底线。加快培育"一县一品"优势特色产业，助推"六特"产业高质量发展。坚持以水定产、种养结合、绿色循环，统筹推进布局区域化、经营规模化、生产标准化、发展产业化，培育做大葡萄酒、枸杞、奶产业、肉牛滩羊、绿色食品五大重点产业，延伸农业生产、加工、流通、服务等增值增效链条。全面推进产业集群，以"三新"产业和"两都五基地"建设为发力点，在传统产业转型升级和新兴产业快速发展的基础上，系统构建现代化产业体系，培育对产业链节点有控制力的"单项冠军"，"一产一策"项目化推动产业群链发展，立足资源禀赋和比较优势，聚力发展"三新"产业，坚持产业"链式"突破、"群式"提升，加快推进纵向延伸、横向配套，研究出台产业基金、绿电园区、产业链发展方面强有力支持政策，壮大"三新"产业集群发展，实现产业布局由"散"到"聚"，产业链条由"短"变"长"。优化服务环境，习近平总书记强调，"优化民营企业发展环境"，推动高质量发展，既要提升"硬环境"，更要优化"软环境"。要深入贯彻全区民营经济高质量发展暨营商环境全方位提升推进大会精神，认真落实银川市民营经济高质量发展暨企业服务环境提升推进大会部署要求，持续深化"千名干部包千企"，开设为企服务专厅，畅通为企服务专线，建设"政企通"服务平台，建立健全企业家绿色通道、企业诉求直达等制度，让更多市场主体扎根银川、茁壮成长、创新创富。

**（三）坚持绿色发展，加强生态保护**

绿色是永续发展的必要条件和人民对美好生活追求的重要体现，就是要解决好人与自然和谐共生问题，推进美丽中国建设。全面贯彻落实黄河流域生态保护和高质量发展规划纲要，瞄准先行区示范市建设奋斗目标和重点任务，着力在生态保护和高质量发展上示范引领，扎实推进用水权、土地权、排污权、山林权、用能权、碳排放权改革。持续实施生态系统综合治理，水土流失综合治理，大力开展国土绿化行动，实施退化草原综合治理，推进美丽河湖保护与建设，实施湿地保护修复项目，分期分批打造"水清、河畅、岸绿、景美"的样板河湖，促进人水和谐共生。深化用水权改革，深入推进农业水价综合改革，建立节水奖励机制。持续推进高标准农田建设，大力推行高效节水滴灌，发展节水农业，提高亩均农业用耗水量率。持续推进工业节水增效行动，推动完成万元工业增加值用水量下降率和工业用水重复利用率目标。通过实施面源污染治理、推进环境污染大治理，开展减污降碳协同增效，深入打好污染防治攻坚战和碳达峰行动。加快推动工业、建筑、交通等领域绿色低碳转型发展，构建清洁低碳安全高效的能源体系，增加自然生态系统碳汇总量。开展用能权有偿使用和交易改革，促进能源资源高效利用。加快落后产能淘汰，推进产业结构优化，推广应用低碳零碳负碳绿色技术等手段，加快形成节约资源、绿色低碳的经济发展方式和生产生活方式。

### （四）转变发展方式，筑牢产业根基

习近平总书记指出："中国式现代化不能走脱实向虚的路子，必须加快建设以实体经济为支撑的现代化产业体系。"产业是银川的发展之要、就业之本、税收之源。要坚持把实体经济的主攻点放在产业上，坚定不移大抓产业、大抓工业、大抓项目，突出一产抓特色、二产抓延伸进而抓集群、三产抓扩容、整体抓提升。坚持产业引领，深入实施"工业强市"战略，大力开展"三新"产业倍增计划和"两都五基地"三年行动，加快推动中环 50GW 太阳能、吉利聚能 10 万吨多晶硅等链条长、体量大、引领带动强的重点项目加快建设，全力培育认定供应链"标杆"企业，力促重点产业链式集群发展。大力开展服务业高质量发展三年行动，全面推进商贸服务型国家枢纽等建设，持续扩大信息服务、现代物流、现代金融等产业发展规模和质量，促进服务业与制造业融合发展。突出项目牵动，有效地发挥投资对经济增长的关键性作用，持续开展项目"五比"活动，加大招商引资力度，精准绘制重点产业链和招商链图谱，强化链式招商、以商招商、专业招商。持续推动项目建设提速行动，全力抓好鑫晶盛工业蓝宝石制造加工项目等战略性新兴产业和高技术制造业项目建设，保持制造业比重合理稳定。强化企业支撑。持续优化营商环境，大力实施市场主体梯度培育提质升级计划，积极培养小微企业、壮大骨干企业、发展龙头企业、培育上市企业。

### （五）持续改善民生，促进共同富裕

习近平总书记强调："人民幸福安康是推动高质量发展的最终目的。"推动高质量发展，就是要在发展中更好地保障和改善民生。始终把人民对

美好生活的向往作为奋斗目标，以实际行动践行习近平总书记提出的以人民为中心的发展思想，紧紧扭住新型城镇化和乡村振兴两大"引擎"，扎实开展"六大提升行动"，大力实施清洁取暖、美丽河湖、海绵城市等"五大工程"，全力办好"十心实事"，围绕当前正在推进的交通疏堵提畅、"办证难"专项整治等重点工作，用心用情用力解决好群众急难愁盼问题。实施就业优先战略，扩宽居民增收渠道，着力稳定和扩大就业，全市城镇新增就业、农村劳动力年均转移就业稳步提升，同时加强困难群体就业兜底帮扶，适时开发购买城镇公益性岗位。实施社保扩面提标工程，加大低保扩围提质力度，切实兜住兜牢基本民生底线。完善收入分配制度，促进工资合理增长，适时调整最低工资标准，保障低收入劳动者收入。全面落实取消城镇落户限制，优化户籍登记服务管理模式，大幅简化户籍迁移手续，促进农业转移人口便捷落户。健全完善银川市住房保障体系，扩大公共租赁住房保障覆盖面，加大保障性租赁住房筹集力度，加强城镇住房保障和供应。持续增加教育、医疗、卫生、文化等优质公共服务供给，着力缩小区域、城乡、收入三大差距，努力实现移民收入增速高于农村居民、农村居民收入增速高于城镇居民"两个高于"目标，在推进共同富裕上迈出坚实步伐，让发展业绩更有温度、惠民答卷更有厚度、人民群众更有获得感。

# 民生热点篇

MINSHENG REDIAN PIAN

# 宁夏坚持就业优先，促进共同富裕研究

李晓波　　肖生勤

共同富裕是社会主义的本质要求，就业是实现全体人民共同富裕的重要推力。在实现全体人民共同富裕的伟大历史进程中，宁夏始终把促进就业摆在经济社会发展的优先位置，突出政府促进就业的责任，在稳定和扩大就业的同时持续提升就业质量，促进居民增收，实现共同富裕目标。

## 一、近年来宁夏就业工作基本情况

2020年6月，习近平总书记在宁夏视察时强调，要优先稳就业保民生，扎实做好下岗失业人员、高校毕业生、农民工、退役军人等重点群体的就业工作。宁夏牢记习近平总书记嘱托，深入实施就业优先战略，强化就业优先政策，突出抓好重点群体就业，不断提升就业服务质量，劳动力就业技能不断提升，城乡居民就业渠道不断拓展，收入水平和生活质量不断提高，人民群众获得感和幸福感持续增强。三年来，宁夏城镇新增就业24.18万人，城镇调查失业率控制在5.5%以内，就业局势总体稳定。

### （一）就业政策体系日趋完善

坚持政府促进就业，围绕助企纾困、重点群体就业、职业技能培训、

作者简介　李晓波，宁夏回族自治区人力资源和社会保障厅党组书记、厅长；肖生勤，宁夏回族自治区人力资源和社会保障厅党组成员、副厅长。

就业扶贫、公共服务能力等重点领域，充实完善就业优先政策体系，率先建成覆盖宁夏基层就业公共服务平台。加大资金扶持投入，综合运用"降、缓、返、补、创、训"等组合政策，2020年以来，累计减缴、缓缴社会保险费197.11亿元，发放稳岗返还、留工培训补助和一次性扩岗补助8.49亿元，促进了企业稳岗扩岗。

### （二）重点群体就业持续稳定

统筹做好高校毕业生、下岗失业人员、农民工、退役军人等重点群体就业，深入实施大学生就业创业促进计划，引导高校毕业到基层到中小微企业就业创业、多渠道灵活就业，离校未就业高校毕业生帮扶就业率保持在90%以上。深化区内区外劳务协作，实施农民工就业创业计划，扩大就地就近就业和外出转移就业规模，年均转移就业保持在80万人以上，打造大武口凉皮师、海原司机、中宁枸杞技工、贺兰山东麓葡萄种酿工等特色劳务品牌，增强就业稳定性。加大就业援助帮扶力度，2020年—2022年，累计开发购买公益性岗位4.97万个，兜底安置就业困难人员，零就业家庭动态清零。

### （三）劳动者技能水平明显提高

坚持政府引导、社会参与、市场运作，建立覆盖培训对象广泛、培训形式多样、管理运作规范、保障措施健全的职业技能培训工作机制，探索实施培训资金直补企业、直补个人等模式，大力推行"订单、定岗、定向"培训，实现了培训量的扩增和质的提升，提高了人岗适配度。三年来，累计组织政府补贴性职业技能培训33.63万人。

### （四）创业带动就业能力不断提升

实施创业孵化提升工程，完善创业政策和创业服务体系，加大"创业培训+创业担保贷款+创业服务"一体化帮扶力度，银川市、石嘴山市、吴忠市被评为全国创业型城市创建先进城市。累计建成各类创业孵化基地135家，其中国家级7家，自治区级69家。三年来，累计发放创业担保贷款52.18亿元，培育创业实体4.72万个，创造新岗位8.53万个，创业带动就业17.99万人。

### （五）公共就业服务能力显著增强

持续开展"三送五进"活动，扩大政策受益面。围绕热门行业、重点企业、地方特色，广泛归集发布招聘信息，积极拓展云招聘、视频面试等新型服务，常态化开展直播带岗等线上招聘，提升就业服务吸引力。主动跟进重点项目投产，重点企业用工需求，组织开展"10+N"系列就业专项服务活动，政企联动举办线上线下招聘活动年均 500 场次以上，提供就业岗位超 40 多万个，促进企业与求职者精准对接。

## 二、当前宁夏就业形势面临的主要问题

伴随着经济结构调整，劳动力需求结构正在发生深刻变化。从短期看，受经济下行和周期性波动影响，劳动力市场的需求在收缩，老龄化社会加速迈进，高校毕业生总量不断加大，市场主体生产经营恢复较慢，有效用工需求尚未完全释放，就业压力有明显走高的趋势。但从长期看，经济向好的基本面没有变，人口变化导致的劳动力供给下降在一定程度上缓解了就业总量压力，相对而言就业质量和结构性矛盾依然是主要问题。

### （一）劳动力结构失衡，总量呈减少趋势

据《宁夏 2022 年国民经济和社会发展统计公报》显示，2022 年末，宁夏常住人口 728 万人，其中，劳动年龄人口 471 万人。2022 年就业人口 336 万人，占常住人口的 46.15%，同比下降 1.43%。从技能人才看，宁夏技能人才总量 144.9 万人次，其中，高技能人才 15.56 万，占技能人才的 10.73%，占比明显低于全国 30% 的平均水平。从劳动年龄趋势看，劳动年龄人口平均年龄从 2020 年的 37.85 岁提高到 2022 年的 38.02 岁，提高了 0.17 岁，劳动力大龄化特征明显。从劳动年龄就业占比看，2022 年，宁夏劳动年龄人口的就业占比为 58.06%，与 2020 年相比下降 7.53%，导致劳动力市场活跃度减弱。

### （二）劳动力供给变化，城镇就业压力加大

2000 年以来，宁夏城镇化建设步伐明显加快，2022 年末宁夏常住人口城镇化率达到 66.34%，高于全国 1.48%，农村劳动力向城镇聚集明显，就业"蓄水池"逐步由农村转向城镇。从新增就业看，2022 年城镇就业人口达到 211 万人，占 62.8%，是乡村就业人口的 1.68 倍。"十四五"以来，宁夏城镇新增就业年均 7.5 万人以上，主要为高等院校、中职院校、

技工院校应届毕业生、上年度未就业城镇人员和进城务工农民等。从转移就业看，大量农村富余劳动力不断向非农产业转移，2020年以来每年在80万人以上，2022年达到82.3万人。从高校毕业生就业看，2023年区内20所高校毕业生总数首次突破5万人大关，达到50813人，加上区外高校宁夏籍学生返乡就业约8603人，总数达59416人，就业总量压力持续加大（见图1）。

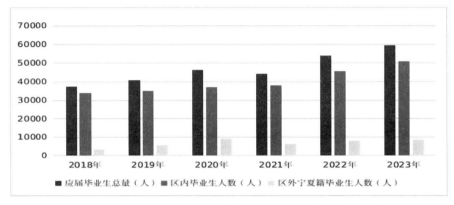

图1 2018—2023年宁夏高校毕业生情况

表1 2018—2023年宁夏高校毕业生情况表

|  | 2018年 | 2019年 | 2020年 | 2021年 | 2022年 | 2023年 |
|---|---|---|---|---|---|---|
| 应届毕业生总量(人) | 37333 | 40884 | 46398 | 44414 | 53948 | 59416 |
| 区内毕业生人数(人) | 34022 | 35019 | 37061 | 37983 | 45616 | 50813 |
| 区外宁夏籍毕业生人数(人) | 3311 | 5865 | 9337 | 6431 | 8332 | 8603 |

### （三）劳动力供需错配，产业急需人才紧缺

近年来，宁夏部分企业频繁出现用工缺口，尤其是新技术、新材料、能源化工人才更是短缺。据统计，宁夏24个工业园区2023年产业工人缺口在3.8万人左右，未来三年缺口达9.6万人，主要集中在新能源、化工、电气工程等专业，仅宁东基地2023年用工缺口9361人，预计未来五年用工缺口29750人。宁夏高校、职业院校专业设置化工专业6个，占1.6%；能源专业5个，占1.3%；新材料专业1个，占0.2%（见图2）。毕业生专业技能无法满足产业需求。

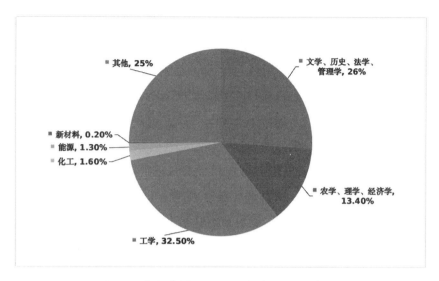

**图2 宁夏高校、职业院校专业设置情况**

### (四)劳动力市场化就业偏低，"缓慢等"现象突出

近年来，宁夏高校毕业生通过市场化就业的超过一半，2020—2022年，宁夏高校毕业生市场化就业分别为2.45万人、2.41万人、3万人，占毕业生总数的52.76%、54.28%、55.65%。虽然宁夏高校毕业生市场化就业占比逐年提高，但与有些省份相比还有差距，比如，广西2022年民营企业吸纳高校毕业生占比超过60%，陕西2021年中小微企业吸纳高校毕业生占比达到61.29%。受疫情等因素影响，宁夏部分高校毕业生在择业时更倾向于党政机关、事业单位、国有企业。据统计，近三年，高校毕业生考公、考编、考研报名成为社会关注热点，2021—2023年考公、考编、考研人员分别为17.54万人、20.57万人、21.05万人，逐年上升，年均增长9.8%。

### (五)劳动力市场需求多元化，就业服务供给面临挑战

现阶段，宁夏新就业从业人员获取工作的方式主要依托于熟人推荐、网络招聘，新就业形态从业人员更倾向于从公共就业服务部门获得职业介绍，将求职者和用人单位按照素质与要求进行专业化分类不够准确，难以做到差异化管理，一定程度上降低了职业介绍匹配成功率。目前，宁夏经营性人力资源服务机构规模比较小，大多从事劳务派遣、人力资源招聘等低端服务，共有各类人力资源服务机构610个，人力资源产业园2个，劳务派遣机构

1013 个，劳务经纪人 5800 人，年均服务约 300 万人次。宁夏 27 家公共就业服务机构承担的服务事项和人数越来越多，人均工作量大幅增加，影响服务质量提升。根据人社部基层平台建设相关规定，每 6000 名服务对象需配备 1 名基层平台工作人员，目前宁夏每名工作人员服务 16000 多人。

### 三、当前宁夏就业面临的矛盾原因分析

就业的结构性矛盾在全国乃至全世界都普遍存在，无论是我国沿海还是中西部地区，部分地区、部分行业的高素质人力资本储备不足，部分企业都发生了技工短缺、熟练工短缺、新型人才短缺的问题，这些问题反映出就业的主要矛盾已从总量矛盾转向结构性矛盾。

#### （一）产业结构调整与拉动就业不协同

从产业经济学和劳动经济学理论来看，产业结构和就业结构有互为因果的关系。目前，我国仍然存在着劳动力从第一产业向第二产业、第二产业向第三产业转移过慢的现象，而第三产业是吸纳就业最多的产业。2022 年，宁夏第二产业增加值比重 48.3%，高于第三产业增加值比重 4.6 个百分点；第二产业就业劳动力 79 万人，占全部就业劳动力的 23.51%，第三产业就业劳动力 163 万人，占 48.51%（见图 3），第三产业对新增劳动力就业的吸引力大于第二产业。随着宁夏制造业企业的智能化、信息化水平不断提高，一些企业"机器换人"，用工量逐渐减少，就业拉动空间收窄。

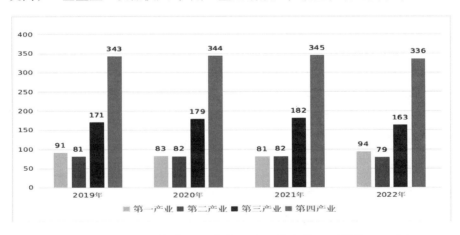

图 3　2019—2022 年宁夏三产就业人员分布情况（单位：万人）

## （二）就业环境与劳动者期望有差距

从大环境看，人力资源市场已经逐步由"卖方市场"转变成了"买方市场"，"民工潮"演变成了"技工荒"，劳动者对就业待遇的期望也发生了较大变化。一方面，近年来，宁夏工业规模增长迅速，向宁东基地、银川经开区和市县工业园区集中，但多数工业园区远离市区，公共服务设施投资建设不同步，以致建设摊子铺开了，招商引资项目上马了，企业开业运营了，但"招工难"的问题也来了。另一方面，90后、00后青年群体受教育程度提高，物质条件改善，对美好生活的向往更为丰富多元，对企业园区的住宿环境、生活环境、工资待遇等都有很高的期望。毕业生一般都喜欢在市区就业，加之部分企业文化建设、福利待遇跟不上，他们不愿意去工业园区、乡村等偏远地区就业。

## （三）高校专业设置与产业结合不紧密

前些年，高校设置的汉语言文学、会计、工商管理等一些专业比较热门，毕业后容易就业。近几年，随着我国经济结构转型，特别是制造业发展迅速，机械制造、电气工程、能源化工、新材料等专业人才需求量剧增，而宁夏部分高校专业结构跟进调整不及时，人才培养方向与市场实际需求的矛盾在短时间内难以缓解。企业招聘研究型人才更多倾向于国内外知名院校研究生以上学历，招聘一线操作人员更注重实践操作能力强、肯吃苦的技能型人才，宁夏普通院校部分本科生、研究生竞争力不强。

## （四）传统就业观念与现实岗位需求不吻合

一些社会舆论过分关注就业的薪酬待遇和社会地位，过分关注个人价值的实现，过分夸大市场化就业困难，对大学生等青年群体就业造成了很大负面影响。父母抚育孩子的成本不断提高，家长对孩子的期望值也逐渐提高，"学而优则仕""体面工作"是大部分家长给子女灌输的思想，普遍对孩子未来做了理想化设计，把自己的愿望和理想寄托在子女身上，对就业形势和子女自身情况缺乏客观分析，影响了子女就业的准确定位。有的大学生择业时，想一步到位，找一份待遇丰厚、体面稳定、终身可靠的职业，抱"铁饭碗"，求稳心态浓厚。有的过于注重条件的选择，片面认为留在大城市、大单位才能体现自己的人生价值，一味追求物质待遇，不愿到艰苦的地方去，缺乏从基层、底层干事创业的奋斗精神。

## 四、当前宁夏缓解就业矛盾的对策建议

要坚持以习近平新时代中国特色社会主义思想为指导，践行以人民为中心的发展思想，坚决扛牢稳就业促就业重大政治责任，将就业作为第一民生，实施就业优先战略。实现高质量充分就业，必须坚持目标导向、问题导向和结果导向，在宏观上根据市场需求对供给端职业结构进行调整，在微观上开展有针对性的职业技能培训，多措并举破解就业结构性矛盾。

### （一）推动经济发展扩大就业容量

深入落实"就业创业促进年"活动"33 条"措施，进一步优化调整稳就业政策措施，支持扩大就业容量。一是加大扩岗政策支持。对吸纳高校毕业生等重点群体就业的企业，运用"直补快办"、就近办、加速办等模式，一揽子兑现社会保险补贴、吸纳就业补贴、职业培训补贴等政策。对招用"三类人员"（应届毕业生、离校 2 年内未就业高校毕业生、登记失业的 16—24 岁青年）的企业，签订 1 年以上劳动合同的，按每人 1000 元的标准发放一次性吸纳就业补贴。二是发挥金融机构稳岗扩岗作用。建立吸纳就业人数多、稳岗效果好且用工规范实体经济和小微企业名单，鼓励引导金融机构增加信用贷等支持。三是继续实施失业保险稳岗返还政策。对符合条件的中小微企业，按企业及其职工上年度实际缴纳失业保险费的60% 返还，大型企业按 30% 返还。四是引导国有企业扩大招聘规模。对招收高校毕业生增长较快的企业，统筹考虑实际招聘高校毕业生人数、自然减员情况和现有职工工资水平等因素，通过"一事一议"等方式给予一次性增人增资支持，并核增下一年度工资总额预算基数。

### （二）完善保障机制激发创业活力

实施"创业宁夏"行动，激发全社会创业热情和活力，放大创业带动就业倍增效应。一是优化创业环境。深化"放管服"改革，最大限度降低创业成本。大力发展"互联网+创业"，鼓励科技人才创业，支持高校毕业生、城乡就业困难人员、退役军人等各类人员创业带动就业。二是强化创业政策支持。对符合条件的在校大学生或毕业 2 年内大学生、农村转移劳

动力等群体创业，按规定给予3000~12000元一次性创业补贴。对符合条件的个人、合伙创业的，落实最高30万元、400万元创业担保贷款扶持政策。三是完善创业孵化平台。政府投资开发的孵化基地等创业载体安排一定比例场所，免费向高校毕业生、农民工等重点群体提供。对新认定的国家级及自治区级创业孵化基地分别给予200万元、100万元的补助。四是提升创业服务水平。健全完善"创业培训+创业担保贷款+创业服务"一体化帮扶机制。持续开展创业指导专家"基层服务行"，对认定的创业指导师工作室按照5万元给予一次性奖补。开展大学生优秀创业项目评选，按规定分别给予10万元、7万元、2万元奖补。深入实施创业培训"马兰花计划"，每年开展创业培训7000人以上，根据不同培训类别按照400~1600元/人标准给予培训补贴。

**（三）健全支持体系稳住重点群体就业**

着眼创造就业机会、增强就业持续性稳定性，统筹做好各类重点群体就业。一是促进高校毕业生等青年就业。加快政策性岗位招录招聘进度，扩大科研助理招聘岗位规模，允许教师总体缺编的地区继续招聘特设岗位教师。实施更加积极的就业政策，探索采取政府发放生活补贴等形式，鼓励和引导高校毕业生到中小微企业、制造业企业就业，缓解"招工难"与"就业难"问题。二是加强农村劳动力转移就业支持。大力培育特色劳务品牌，发挥品牌带动作用，鼓励经营性人力资源服务机构、劳务派遣机构、劳务中介机构和劳务经纪人积极参与农村劳动力转移就业工作，鼓励引导家政服务、交通物流等服务业企业开发更多就业岗位。对吸纳农民工就业的企业，按规定给予社会保险补贴、岗位补贴、吸纳就业补贴，促进农民工特别是脱贫人口（监测对象）就业。三是鼓励多渠道灵活就业。进一步推动"互联网+就业"模式，发挥平台经济吸纳灵活就业重要渠道作用。完善灵活就业人员参加失业、工伤等社会保险政策措施，维护灵活就业人员合法权益。大力发展"地摊经济""小店经济""夜经济""后备箱经济"，在规定场所和时间内合理设置便民服务摊点，对经批准占道经营的免征城市道路占用费，解决更多劳动者就业问题。四是加强困难群体就业援助。对有就业意愿和就业能力的困难群体，提供"1311"服务（1次职业指导，3次岗位推荐，1次技能培训，1次跟踪服务），落实困难群体灵活就业社会保险补贴。开发城乡公益性岗位，托底保障困难群体就业，确保零就业家庭动态清零。

### （四）加强教育培训提升就业能力

一是以产业为导向培养人才。建立急需紧缺人才会商机制，针对工业园区和"六新六特六优"、发展列出的急需紧缺人才清单，加大自主培养人才和区外引进人才力度。高校在人才培养、课程设定、实习实训等方面，与宁夏产业、技术、企业发展相挂钩，持续深化产教融合、校地、校企合作，提升学生职业生涯规划教育实效，培养宁夏产业发展急需适岗人才，切实缓解人才紧缺问题。二是提升劳动者素质技能。大力实施"技能宁夏"行动，开展订单、定岗、定向式职业技能培训，出台宁夏加强高技能人才队伍建设的具体政策措施，完善急需紧缺职业工种目录，推动各类职业院校、技工院校、职业培训机构和符合条件的企业大规模开展重点行业、急需紧缺职业（工种）技能培训。聚焦高校毕业生、农民工、就业困难人员等重点群体以及新就业形态从业人员，开展满足不同就业形态个性化需求的就业技能培训、岗位技能提升培训和创业培训。三是引导转变就业观念。坚持正确的舆论价值导向，对弱势家庭及弱势家庭的大学生加以关注，为其实现顺利就业创造条件。企业要加强与高校的沟通对接，主动深入高校宣传企业文化、品牌效益，做好产教融合、校企合作，吸引更多大学生到企业工作。家庭要以积极健康的人生观、价值观影响子女的就业观念，时刻关注子女心理变化，以正确的态度引导子女面对就业压力，帮助他们客观看待目前就业形势，对自己准确定位，以积极乐观的心态迎接人生的挑战。

### （五）健全服务体系提升供需匹配效率

持续推进统一规范的人力资源市场体系建设，提升服务标准，提高人力资源供需匹配效益。一是实施"10+N"就业服务。深入开展就业援助月、春风行动、大中城市联合招聘、民营企业招聘月、残疾人就业帮扶、百日千万网络招聘、离校未就业高校毕业生服务攻坚、就业帮扶行动周、金秋招聘月、人力资源市场高校毕业生就业服务周等10个专项就业服务活动。深化政企联动、校企联动和区市县三级联动，创新开展直播带岗、云端招聘、远程面试等服务模式，举办线上线下招聘会。二是加强重点企业用工服务保障。健全完善重点企业包抓机制，对接制定"一企一策"用工指导服务，在员工招聘、用工余缺调剂、技能培训等方面，为企业搭建供需服务平台。利用宁夏公共招聘网、微信公众号等现代信息技术，多渠道支持重点企业发布用工信息，联合开展现场专场招聘。三是健全完善信息共享机制。依托自治区政务数据共享交换平台，加强就业总量、失业人员、企业用工和市场供求变化等情况的信息共享和统计分析，提高就业工作的针对性和可操作性。建立健全城镇职工养老保险、失业保险、就业补助等审核预警和信息共享机制，切实防止就业补贴、社会保险补贴、稳岗返还等政策应享未享问题发生。四是提升基层就业服务能力。建立带动就业能力强、涉及国计民生和生产保供企业台账，由各地使用政策性岗位配备就业服务专员，建立岗位收集、技能培训、送工上岗联动机制。依托乡镇（街道）便民服务中心、村（社区）便民服务站，建设一批"家门口""楼门口"就业服务工作站所，建设一支政策咨询一口清、业务办理一门清、人员相对稳定的基层就业创业服务队伍，打通就业服务"最后一公里"。

# 宁夏开展跨省区异地就医研究报告

杨永芳

异地就医跨省直接结算工作是一项重大的民生工程。近年来，自治区党委和政府坚决贯彻落实党中央、国务院深化医保制度改革要求，坚持以人民为中心的发展思想，以深化医疗保障制度改革为主线，坚持在"统筹、简化、服务、管理"上持续下功夫，不断完善异地就医结算制度，优化异地就医备案服务，扩大就医定点医疗机构范围，有效破解人民群众异地就医难题，全面提升参保群众异地就医结算满意指数。

## 一、宁夏开展跨省区异地就医主要做法和成效

为加强宁夏跨省异地就医直接结算经办业务管理，规范经办业务流程，推动业务协同联动，提高服务水平，在全区全面启动跨省异地就医直接结算经办业务，健全跨省异地就医直接结算基金监管机制，各级医保部门把跨省异地就医直接结算纳入日常监管、专项检查、飞行检查的监管范围，严厉打击各类欺诈骗保行为，定期开展跨省异地就医医保基金使用情况分析，确保医保基金安全合理使用。

### （一）聚焦群众急难愁盼，推动民生工程落地见效

从2016年起，宁夏将异地就医直接结算纳入政府工作报告内容，列入

---

**作者简介** 杨永芳,宁夏社会科学院社会学法学研究所研究员。

自治区重点督办的重要民生事项。对标国家、自治区目标任务，按照"先区内、后区外；先异地安置、后转诊转院；先住院、后门诊；先城镇职工、后城乡居民""四步走"思路，科学实施项目化管理，明确时间表、路线图，确保各项工作有序推进。

1. 规范工作流程

根据《国家医保局 财政部关于进一步做好基本医疗保险跨省异地就医直接结算工作的通知》等文件要求，自治区财政厅、医保局联合制定出台《宁夏基本医疗保险跨省异地就医直接结算经办规程》《关于进一步做好基本医疗保险跨省异地就医直接结算工作的通知》和《基本医疗保险异地就医即时结算管理暂行办法》等一系列政策文件，整省区统一了异地就医政策、经办流程，有效确保业务流、信息流、基金流上下贯通、衔接有序。2017 年以来，按照"就医地目录、参保地政策、全国统一清算"的模式，启动了宁夏跨省异地就医直接结算工作。截至 2023 年 11 月，跨省异地长期居住和临时外出就医的参保人均可办理异地备案，跨省异地长期居住人员包括异地安置退休、异地长期居住、常驻异地工作等人员，跨省临时外出就医人员包括异地转诊就医，因工作、旅游等原因异地急诊抢救以及其他跨省临时外出就医人员，实现了住院、普通门诊和高血压、糖尿病等 5 个门诊慢特病病种的跨省直接结算，实现了城乡居民基本医保、大病保险、医疗救助跨省异地就医住院费用"一站式"结算。

2. 推动信息联通

在做实区内异地就医结算系统的基础上，调整优化系统参数设置，通过联调测试，实现与国家平台对接和跨省异地就医医疗费用直接结算。2021 年底，按照国家医保局信息化建设要求，攻坚克难，依托自治区医保信息平台，开发建设了跨省异地就医结算系统，在全国统一的医保信息平台中实现了区内和跨省异地就医直接结算，与国家和所有省区无缝对接，有效做到资源共享、信息互动，打通了异地就医医疗费用跨省直接结算通道。同时提供线上线下多渠道跨省异地就医备案渠道，满足不同人群的备案需求和习惯。线上参保人员可在国家医保服务平台 APP、国家异地就医备案小程序、"我的宁夏"APP、"宁夏医疗保障"APP 等渠道"掌上办""指尖办"。

线下可在医保经办窗口办理，也可在二甲以上定点医疗机构办理转诊转院。

3. 加强工作调度

纵向加强与国家结算平台、医疗机构等部门沟通，横向加强与财政、扶贫等部门沟通，多次召开工作推进会，研究技术衔接及难点问题，通报工作进展情况，协同做好资金划拨管理和结（清）算工作。自2015年起，按照"就医地管理，就医地结算，区市两级轧差清算"的模式，启动区内异地就医直接结算工作，先后实现了区内普通住院、门诊大病费用、普通门诊统筹费用异地就医直接结算。实现了城镇职工基本医疗保险个人账户在全区范围内定点医药机构刷卡直接结算，实现了城镇职工和城乡居民在全区范围内定点医疗机构住院直接结算，实现了城乡居民基本医疗保险、大病保险、医疗救助区内"一单式"结算，集中优势资源有序高效推进工作落地，确保老百姓如期享受便捷服务。

**（二）深化简政放权，提升异地就医结算质效**

按照医保领域深化"放管服"改革总体要求，医保部门在"减、扩、放、强"四个方面上持续下功夫、见成效。

1. 全面取消区内备案材料

取消区内异地就医备案，实现参保人员全区范围内跨区域定点医药机构就医购药直接结算；取消城镇职工个人账户跨省刷卡结算备案手续，实现参保人员使用个人账户就医结算全国"漫游"；拓展网上、微信、电话、承诺等多渠道备案方式，允许外出农民工通过承诺方式办理跨省异地就医备案手续，确保外出农民工离开参保地前能完成备案。推动区内普通门诊和定点药店全区互认，在全区范围内取消区内异地就医备案，全区参保群众无需开具各类证明就能实现区内定点医药机构就医、购药直接结算。取消城镇职工个人账户跨省备案手续，率先在全国实现区内住院异地就医直接结算，参保人员可以使用个人账户基金在全区范围两定机构刷卡购药，区内异地就医住院定点医疗机构扩至509家，这项工作的试点效应在全国范围内走在前列。

2. 不断扩大结算范围

在前期实现与福建、陕西、内蒙古等省区实现"点对点"异地直接结算的基础上，持续增加跨省异地就医住院费用结算省份。2019 年，宁夏与全国所有省区实现了跨省联网结算参保人群、统筹地区全覆盖。从结算的类别看，跨省结算范围由最初的基本医疗保险住院费用扩展到普通门诊和门诊慢特病。2020 年，率先在全国实现基本医保、大病保险、医疗救助"一单式"结算。2021 年，异地就医备案等高频政务服务事项提前实现"跨省通办"，实现普通门诊、门诊慢特病跨省直接结算。2022 年 11 月，宁夏在全国范围内提前实现生育保险费用跨省直接结算。区内异地就医住院定点医疗机构由试点之初的 18 家扩大至 594 家，区内普通门诊和定点药店实现全区互认。跨省异地就医住院由 18 家扩大至 450 家，跨省普通门诊定点医疗机构由 18 家扩大至 360 家，跨省门诊慢特病定点医疗机构由 2 家扩大至 76 家，跨省定点零售药店增至 196 家，区内结算范围由住院扩大至所有险种类别，生育津贴实现院端"一站式"申领；跨省结算范围由住院扩大至普通门诊和 5 个门诊慢特病，由单一的基本医疗保险费用结算扩大至基本医保、大病保险、医疗救助等"一单式"结算。

3. 不断下放审批权限

宁夏所有异地就医医疗费用实行院端直接结算，参保人员无需持相关资料回参保地手工报销；跨省医疗费用手工（零星）报销时限由 30 个工作日压减至 20 个工作日。在全区范围内取消区内异地转诊转院，通过差异化医保支付政策和同病同价等支付方式改革引导群众合理就医。跨省转诊转院手续授权到区内二级甲等以上医疗机构直接办理。定点医疗机构纳入由"审核制"变"备案制"，拟纳入异地就医定点医疗机构由地市级医保经办机构审核确认后，报区局备案即可。跨省转诊转院手续授权区内二级甲等以上医疗机构直接办理，由经办机构对转诊转院情况进行检查。截至 2023 年，全区跨省直接结算住院费用结算的医疗机构增加到 351 家、跨省普通门诊结算的定点医疗机构增加到 261 家。跨省异地长期居住人员办理登记备案后，备案长期有效，变更或取消备案的时限为 6 个月。跨省临时外出就医人员备案有效期为 12 个月，有效期内可在就医地多次就诊并享受跨省异地就医直接结算服务。

#### 4.强化基金监管

结合打击欺诈骗保工作要求，将区内和跨省异地就医人员一视同仁纳入当地医保监管范围，实现费用审查全覆盖。开展异地就医交叉互查，采取市级交叉互查方式，检查各地异地就医政策是否落实到位，并结合国家和自治区飞行检查等活动，提高异地就医基金监管的震慑力。建立健全异地就医费用协查机制，依托国家协同管理模块等多种渠道，采取市级交叉互查方式，及时公布跨省异地就医政策等信息，将区内和跨省异地就医人员同时纳入当地医保监管范围，对一次性医疗总费用超过 3 万元（含 3 万元）的疑似违规费用纳入协查范围，在方便群众的同时强化基金监管，防止基金"跑冒滴漏"，确保基金安全。

### （三）优化经办工作流程，提高群众异地就医满意度

制定印发 30 分钟医保服务圈示范点标准规范，在青铜峡市启动示范点建设工作，推行异地就医备案、手工报销等异地就医经办服务事项下沉，实现异地就医备案、手工报销"就近办""马上办"。

#### 1.下沉经办服务

在宁夏全区范围打造"30 分钟医保服务圈"示范点，将异地备案等事项全部下沉到乡镇民生服务中心办理，推广"就近办""马上办"，极大方便了参保群众。推行异地就医备案"掌上办""网上办"，有效保障疫情期间群众异地就医需求。同时，允许外出务工人员可以采取微信、电话等多种途径备案，有效解决流动性较强人员"备案难""手续繁""耗时长"等问题。对各类急诊入院病人开通"先住院后备案"绿色通道，确保特殊群体及时享受到改革带来的便利。

#### 2.提升结算速度

充分利用医保数据大集中的优势，全面打通与民政、卫健委等部门之间的信息壁垒，出生医学证明等基本信息共享，在全国率先实现了生育津贴在院端"一站式"申领结算。落实经办服务事项线上线下一体化管理，推行申请人书面承诺取代证明材料；规范经办服务指南，公开办理流程及所需资料，畅通进度查询服务；推进门诊大病大处方制度，减少参保群众来回跑，异地费用的报销结算时间从过去长达数月缩短到现在的分秒之间

就能实现。截至 2022 年 12 月底，宁夏与全国 31 个省份 6.27 万家医疗机构实现联网，跨省直接结算 33.71 万人次，医疗总费用 38.46 亿元，医保基金支付 23.52 亿元。其中，宁夏作为参保地，跨省直接结算 20.89 万人次，医疗总费用 22.41 亿元，医保基金支付 14.91 亿元；作为就医地，跨省直接结算 12.82 万人次，医疗总费用 16.05 亿元，医保基金支付 8.61 亿元。

3. 加强政策宣传

积极开展进社区、进医院、进企业、进车站等"七进"宣传活动，借助劳务经纪人培训和"春风行动"招聘会开展宣传，通过集中宣传、电视采访、媒体专栏等方式，详细解读异地就医等政策，引导参保人员合理就医。将全区医保就医咨询服务与政务服务"12345"并网运行，用参保群众"易记、易找、易打"全天候服务热线，有效地解决群众异地就医备案、政策解答、经办服务中的各项疑难咨询，确保老百姓享受到"无障碍"的异地就医服务。截至 2023 年 11 月，累计与全国 5.73 万家跨省定点医疗机构联网，跨省直接结算 17.35 万人次，医疗总费用 29.33 亿元，医保基金支付 17.70 亿元，全区住院费用跨省异地就医直接结算率保持在 70% 以上，结算水平在全国处于前列。外出人员、来宁就业创业人员、随迁老人、长期在外出差人员看病就医中的报销之难、费用之忧得到了有效解决。

## 二、当前宁夏跨省区异地就医存在的主要困难和问题

### （一）工作进展不平衡

由于各地间发展还不均衡，联网推动快慢有很大差异，一些地区网络系统配套服务措施跟不上，覆盖地区和门诊联网医疗机构数量有限，推动进展缓慢，给群众就医造成一定不便。虽然有些地方开通了药店跨省通道，但从药店跨省刷卡的刷卡量和使用人次看，相较区内刷卡数据还比较低，药店刷卡结算真正走出"跨省"还没有彻底实现。

### （二）协同机制不健全

国家医疗保障信息平台上，有"业务协同"这一块，但各地经办在使用效率上还有待提高，一些比较重要的协同事项可以通过平台得到回复，但需要较长周期。对于日常经办需求，跨省间还没建立一个完善的协调机

制，尤其报错处理时，主要通过微信、QQ群或电话联系等方式进行沟通联络，不同地区的经办人员主观差异较大，一些地区的经办机构或医院存在相互推诿、回应不及时、处理问题较慢等问题。另外，还存在部分医疗机构主观不愿意给异地人员刷卡，据一些参保群众反映，在北京、上海等地区常会碰上一些医疗机构拒绝给异地就医人员刷卡用卡等行为。

### （三）保障运行不稳健

国家医保新系统上线后，网络运行总体还不够稳定，平台功能还不够完善，参保地或就医地常处于新旧系统转换间隙或过渡期，特别是国家、省、市接口衔接不够兼容协调等，常导致刷卡报错率较高。由于信息运营维护成本逐年加大，各地虽然都很重视信息建设，但政府给予的经费支持和力量投入可能还不是十分到位。如何在网络建设、组织建制、人才队伍等方面有所推进，充分匹配和支撑异地就医的信息网络需求，仍然有许多困难需要克服。虽然联网已经覆盖到了基层，但一些社区医院、乡镇卫生院的自身条件有限，一般刷卡故障率比较高，不像一些中心地段或级别较高的医疗机构有专人处理应对，出现刷卡问题一般不能快捷解决，造成一部分参保人员对去基层医疗机构能否刷卡存有疑虑。

### （四）政策宣传不到位

一些群众因就医习惯或刷卡使用不当，例如不在参保地备案而直接异地就医、补备案后备案起始时间晚于入院时间、社保卡未及时更新、零报锁卡期间用卡、未出院办理新入院转院等原因，造成了持卡结算时报错，进而影响跨省门诊的直接结算。由于全国医保目录还没统一，各省份间有不小差异，遵照跨省异地就医刷卡执行就医地医保目录，手工报销执行参保地目录，群众会因选择结算方式不同而产生待遇差问题也是普遍存在的。

### （五）监管机制不完善

就医地医保部门对异地就医参保人员的违法违规行为尚无处理处罚权。在监管权责有限的情况下，就医地医保部门无法开展全方位监管，存在一定的监管漏洞。从参保地来看，医保部门虽然是本统筹地区基金监管的第一责任人，但对就医地涉嫌违法违规的医药机构并不具备管辖权，不能直接对其进行检查与处罚，对异地就医的监管鞭长莫及。由于各地医保政策制度各不相同，国家医保信息平台相关技术规范和标准还在落地完善当中，目前各地开展异地就医协同监管缺乏统一、规范的监管体系或信息平台支撑，导致监管工作效率偏低、成本较高、难度较大。

## 三、宁夏加快推进跨省区异地就医工作的对策建议

### （一）加强统筹协调，联网推动落地

既要兼顾各地间的联网协同共进、保持整体均衡，也要发挥各地积极性，引导有条件的县区先行试点，在跨省药店、5个门诊慢特病结算试点上重点突破，后行县区要逐步缩小省份间差距，打开发展格局和加快发展节奏，加大横向摸边、纵向到底的联网覆盖，不断向先行地区看齐，补齐短板。尽快推进全国医保稽核联动落地，多方面规范参保地、就医地经办机构各自职责，划清职责界限防止相互推诿，在效率配合、行为表现、医疗机构管理等方面起到应有作用，由上级医保部门定时监督考核、沟通通报等。除依托统一有效的国家沟通协同平台外，也应加强地区间的联合协作，探索建立地区间基金监管办法、异地协作方式等。

### （二）完善信息平台，实现全国联通

国家医保局主导下的信息基础平台正在完善，力推在"一个系统"的构架下，各地按统一规范做好系统上线落地和对接适配工作，有效衔接国家、省、市等各级接口，在系统整体构架、基础环节、功能优化等方面继续优化完善。各地经办解决好信息运用问题，不断完善网络手段，促进线上线下方式，尤其是系统扎根末端，动能向基层医疗机构传递等。

### （三）加强政策宣传，培育良好氛围

继续做好政策梳理，加大宣传普及面，向社会公布一些异地就医优秀典型案例，结合实际普及异地就医知识，培养群众异地就医正确习惯和操作使用方法等。推进12345专线服务，提高线上解答释疑、处理问题效率等。积极构筑医疗机构、药店等一线阵地宣传，做好靠前服务，通过正确指引，协助参保人员正确刷卡操作和解决刷卡中的问题。

### （四）提升服务质效，确保公平受益

夯实"以人民为中心"理念，提高异地就医工作质效，最大限度保证

群众受益，不让群众因待遇差问题遭受利益损失，以有力措施妥善解决待遇差问题。探索实施基本医疗保险省级统筹试点，彻底消除异地就医待遇差，不断提升人民群众异地就医中的获得感、幸福感和安全感。

### （五）建立监管体系，用好医保资金

健全全国异地就医协同监管体系，建立相应制度和操作规范，加强区域深度协作，不断创新监管方式方法，防范异地就医欺诈骗保风险，同时及时将国家层面聚焦的异地就医问题纳入本地基金监管工作重点和飞行检查范围。加强国家平台异地就医监管数据共享应用，启动疑点数据跨省核查，加强事前、事中、事后全过程监管和大数据反欺诈模型应用。推进各地医保信用评价的信息共享，依法依规对异地就医相关定点医药机构和个人实施守信联合激励和失信联合惩戒。引入信息技术和第三方充实异地就医监管力量，结合异地就医监管面对大城市、大医院、复杂手术病例的基本特征，应用大数据挖掘技术，精准发现问题，提升异地就医行为风险识别、处置与防控能力，助力医保监管人员加强区域合作，开展联合检查、异地协查，为异地监管提质增效。

# 宁夏高校毕业生高质量就业面临的问题及其思考

杨冠群

就业乃民生之本、发展之源、稳定之基。促进高校毕业生就业是稳就业工作的重中之重。2023 年政府工作报告指出，"落实落细就业优先政策，把促进青年特别是高校毕业生就业工作摆在更加突出的位置，切实保障好民生"。2023 年，全国应届高校毕业生规模达 1158 万人，比上年增长 7.6%；宁夏高校应届毕业生数量达 5.2 万人，比上年增长 13%，就业总量压力不减。当前，国际局势复杂多变，经济发展仍面临较多困难和挑战，高校毕业生就业形势严峻复杂，就业不稳定因素较为突出。为深入了解宁夏应届高校毕业生就业创业情况，笔者对全区 12 所高校、29 家用人单位、2402 名毕业生开展了专题调研，并以调研数据为基础，深入分析了高校毕业生高质量就业面临的突出问题，以期为宁夏精准实施就业政策提供信息支撑，助力高校毕业生高质量就业创业。

## 一、毕业生择业就业特征及趋势变化

### （一）政策服务紧锣密鼓，"校招"成为毕业生求职主战场

为助力高校毕业生"好就业""就好业"，今年以来，有关部门把稳就业摆在突出位置，强化政企校联动，创新思路举措，不断在政策服务上加

---

**作者简介**　杨冠群,宁夏调查总队劳动力调查处一级主任科员。

码发力，出台《宁夏回族自治区"就业创业促进年"活动方案》《2023 年宁夏共青团促进大学生就业"六项计划"实施方案》。先后举办"春风行动暨就业援助月专项服务活动""全区高校毕业生就业政策直播宣讲活动""公共服务进校园活动暨高校毕业生就业洽谈会"等活动。一季度末，全区各高校举办校园招聘活动 40 余场，参与企业 200 多家，提供岗位 1 万余个，吸引了 20 所高校的 2.5 万余名毕业生求职应聘，春招成为应届毕业生的求职黄金期。4 月 1 日起，全区陆续开展了以"万企进校园，联动促就业"为主题的高校毕业生就业系列招聘活动，为 2023 届毕业生提供多层次、全方位、精准化服务，切实推动高校毕业生更加充分、更高质量就业。9 月底，银川市启动"筑梦青春·就业启航"服务攻坚行动，加力冲刺、加密服务，积极促进离校未就业高校毕业生就业。截至 2023 年 10 月底，全区举办线上线下和"直播待岗"招聘活动 1100 余场次，提供岗位信息 43 万个；全区宁夏籍离校未就业高校毕业生实名制登记 20470 人，帮扶就业率为 85.6%。

**（二）毕业生就业去向呈现三分局面，就近就地就业意愿增强**

调研结果显示，高校毕业生对毕业后的就业打算呈现三级分化态势。一是 36.5% 的被访毕业生已通过各种方式确定工作。其中，已签约的占 16%；已与用人单位达成就业意向但还没签约的占 13%，已灵活就业或打零工的占 7%，已创业的占 0.5%。二是 38.5% 的被访毕业生正在积极找工作。其中准备创业的占 2%；正在积极寻找工作，力争在毕业季前后找到工作的占 36.5%。三是 25% 的被访毕业生现阶段不准备参与市场化就业。其中，已确定国内升学或出国留学的占 2.1%；正在准备专升本、研究生复试、出国留学等继续深造的占 10.6%；升学或考公不顺利，等待下一次机会，年内不会选择市场化就业的占 8.6%；暂时没有任何就业计划的占 3.7%。从就业区域看，70.5% 的被访者选择在本省就业，较上年同期提高 1.9 个百分点，说明高校毕业生就地就近就业的意愿有所增强。选择在本省区就业的主要原因是，家在本省的占 60.9%，认为本省区宜居的占 23.5%，认为本省区容易找工作的占 20.5%。选择在外省区就业的高校毕业生占 29.5%。主要原因是，想回自己家乡就业的占 60%，认为宁夏不容易找到工作的占

23.7%，感觉宁夏发展前景不够好的占 22%。截至 2023 年 8 月底，宁夏 2023 届高校毕业生毕业去向落实率为 90.03%，高于上年同期 0.7 个百分点，就业形势总体稳定。

**（三）私营企业是吸纳毕业生就业主阵地，灵活就业热度上涨**

调研结果显示，已落实工作的被访毕业生中，工作单位为私营企业的占 40.3%，较上年同期下降 9.0 个百分点；工作单位为机关团体事业单位、国有及国有控股企业、个体经营户的占比分别为 10.8%、16.9%、7.8%。随着互联网和平台经济的飞速发展，新就业模式和新就业形态的不断涌现，越来越多的高校毕业生青睐更加灵活自由的就业岗位。调研结果显示，已落实工作的被访毕业生中，自由职业和灵活就业的占 19.2%，较上年同期提高 16.2 个百分点。

**（四）薪酬待遇仍是毕业生择业首选，劳动合同签订率有所提升**

调研结果显示，近七成被访毕业生将薪酬福利作为择业时的首要考虑因素。从期望薪资来看，希望毕业后第一份工作的月收入为 3000~4999 元的毕业生占比最高，为 42.3%；其次是 5000~7999 元，占 40.3%。从合同签订率和社保情况看，劳动合同签订率超七成，较上年同期提高 4.6 个百分点。

**（五）近六成毕业生就业信心不足，创业风潮持续降温**

调研结果显示，57.6% 的被访毕业生认为今年就业形势比去年更加严峻，25.7% 的认为今年就业形势与去年相差不大，仅有 16.7% 的认为今年就业形势较去年有所好转。从走访座谈中了解到，大部分高校毕业生认为今年就业竞争压力很大，收到的就业信息繁杂，掌握的就业信息与实际情况有差距，简历投出后迟迟得不到用人单位回复，增加了就业焦虑，影响接下来找工作的耐心和信心。劳动力调查样本数据显示，2019—2022 年，16—34 岁就业青年中，创业者占就业人口比例由 27.8% 下降至 25.4%，下降 2.4 个百分点，毕业生的创业风潮也在持续降温，仅有 0.5% 的被访毕业生实现了自主创业，较去年同期下降 0.2 个百分点。毕业生认为创业难的主要原因是"知识结构单一，创业能力不足"，"缺少创业经验和实践锻炼"，"创业资金短缺"。

## 二、制约毕业生稳就业的三大因素

### (一) "招工难" "就业难" 并存，结构性矛盾依然突出

1. 毕业生就业总量压力增大

随着高校扩招政策的实施，全区毕业生人数逐年增加，2020 年以来，应届毕业生总量呈逐年持续上升态势，再加上往届未就业毕业生，存量和增量叠加下，毕业生就业压力显著上升。本次调研走访的 27 家企业中，14 家企业对毕业生的需求稳中有降，13 家企业对毕业生的需求小幅上升，"僧多粥少" 加剧了毕业生 "求职难" 的困境。

2. 劳动力市场供需错配

从产业结构看，宁夏本地企业多集中在新能源、材料、化工、装备制造等劳动密集型行业，企业用工缺口大多集中在一线员工和技术人员，同时在自动化、智能化发展趋势的影响下，对高技能人才的需求也在逐年增加。企业用工专题调研数据显示，九成以上企业缺少一线工人，近七成缺少专业技术人员。一线生产岗位的工作环境、薪资待遇无法满足毕业生的就业预期，毕业生的专业技能水平也无法满足企业对高技能人才的需求，从而造成人才供给与市场需求结构错配。吴忠德悦纺织有限公司经理田某表示："今年以来企业生产订单增多，经营状况较好，但一线纺织工人招工难问题依旧没有得到解决，虽然宁夏民族职业技术学院有对口专业的毕业生，但学生们实地参观工厂后觉得工作环境不合心意，不愿进公司。" 宁夏中盛新科技有限公司经理王某表示："公司目前最缺的是具有一定化工工作经验的技术型人才，但高校毕业生的能力很难满足企业需求。" 调研结果显示，43.3%的被访毕业生认为企业招聘门槛高，自身未达到企业招聘标准。宁夏大学应届毕业生张某表示，现在用人单位招聘不仅对学历专业有要求，更看重工作经验和团队协作、工作抗压等综合能力，自己在求职中屡屡碰壁。

### (二) "慢就业" 现象凸显，毕业生就业观念存在误区

1. 自我定位脱离实际，缺乏内生动力

走访调研了解到，因自我认知不足且缺乏社会经验，部分毕业生尚未

树立正确的择业观，一味追求稳定体面的就业岗位，加之毕业生家庭经济水平提升对其慢就业的包容性提高，在多种因素影响下，毕业生求职目标愈发求稳求优。调研结果显示，超七成毕业生最期望在机关团体事业单位、国有及国有控股企业就业，期望灵活就业的毕业生占 13.1%，私营企业及其他类型企业仅占 10.6%。"考公升学"热度不减，"内卷"愈演愈烈，2023 年全区事业单位考试报名竞争比例最高达到 1:843，全区公务员考试报名竞争比例最高达到 1:481。宁夏大学、北方民族大学就业工作相关负责人反映，约五成以上毕业生首选考公考编，近四成毕业生选择考研，如果没有成功"上岸"还会考虑"二战""三战"。银川科技学院、宁夏职业技术学院等院校反映选择专升本的人数逐年攀升，越来越多毕业生希望通过"学历加持"来提升就业竞争力。这些状况很大程度上抑制了毕业生求职就业的内生动力，加剧了"就业难"的困境。北方民族大学建筑设计专业毕业生王某表示，父母希望自己能有一份稳定体面的工作，他自己并没有清晰的职业规划，下一步打算考公考编或者继续深造。

2. 求职期望过高，就业稳定性不强

大多数企业反映，企业耗费人力物力对高校毕业生进行培养，毕业生还是会因为工作强度较大（需要连续作业、倒班等）、工作环境艰苦（野外作业）、难以适应企业管理制度、薪酬福利达不到预期等原因选择离职。调研结果显示，走访的 27 家企业，高校毕业生一年稳岗率平均为 75%。宁夏中环光伏材料有限公司人力资源部经理胡某表示，现在的毕业生更看重个人空间，追求工作、生活的平衡，多数主动离职的员工都是因为无法适应公司严格的管理制度和工作强度，吃苦耐劳的精神不足。银川市壹禾文化有限公司反映，现在的 95 后青年对工作环境、人际关系等其他因素要求有所提高，找工作更在乎的是工资高、工作环境好、领导民主、人际关系和谐。

**（三）高校人才培养质量不高，就业指导服务体系亟待完善**

1. 专业设置滞后，导致就业"冷热不均"

调研结果显示，尚未落实工作的被访毕业生中因"所学专业受限，对口岗位少"而未找到合适工作的占 35.9%。受全区产业结构及市场需求影响，机械工程、能源与动力工程、电气工程及其自动化、化学工程、计算机等专业的毕业生就业形势整体较好。但另一些专业的设置比例已与市场需求脱节，如法律、金融、艺术类等曾经"热门"专业的毕业生，持续遭遇"就业冷"。宁夏建设职业技术学院商学院金融服务与管理专业毕业生呼某表示，本专业的毕业生供给已严重饱和，合适的岗位少之又少，自己一直未能找到工作。宁夏晶体新能源材料有限公司人力资源部负责人李某表示，企业今年计划招聘应届毕业生 300 人，但参与多次校园双选会后，发现本地高校基本没有冶金相关类专业的毕业生，只能退而求其次招聘化工、机电类专业学生。

2. 程设置重理论轻实践，造成毕业生学用脱节

部分高校在一些专业师资力量、技术条件的配备上资源有限，无法为学生提供更高质量学习环境。走访中，企业普遍反映高校在培养学生的过程中，缺乏对学生实践操作技能的培养，尤其受近几年疫情影响，学校大多采用网络授课，造成学生理论学习效果不佳、动手操作能力欠缺，不具备企业所需的职业能力。中国联合通信宁夏分公司人力资源负责人汪某表示，招聘的毕业生所学的知识无法充分适应更新迭代飞速的信息技术要求，毕业生入职后企业还要对其进行一段时间的培养。

3. 就业指导服务不到位，毕业生对就业创业政策的知晓度不高

受访的部分高校反映，高校就业部门普遍专职人员力量配备不足，且要同时兼顾学生管理和就业服务，难以保证就业指导和服务工作质量。受访的毕业生普遍反映，学校的职业生涯规划课针对性、专业性有待提升，尤其对于深入解读专业发展方向、求职心理辅导等方面的关注度还不够。宁夏宝丰能源集团股份有限公司人力资源部经理冯某表示，高校对学生的就业指导不够，化工类专业毕业生对所学专业实际缺乏深入了解，对化工企业的工作特点缺少基本认知，就业准备不足。调研结果显示，被访毕业生对就业创业政策的知晓度仅有四成。固原时之光摄影工作室老板马某反映，自己是大四毕业生，去年和朋友一起申请注册了摄影工作室，由于创业前对相关政策了解不深入，未能就市场需求和发展状况进行调查论证，且对创业项目的潜在风险预估不足，目前平均 2—3 个

月才能接到 1~2 个订单，还要支付房租、水电费用，工作室后续经营面临着巨大压力。

### 三、多措并举助力毕业生稳就业就好业

#### （一）凝聚多方合力，拓宽就业渠道

一要进一步做好稳岗扩就业政策措施的宣传、解读与落实工作，通过资金扶持、税费减免、社保补贴等方式鼓励中小微企业吸纳高校毕业生，促进企业稳岗拓岗。继续完善优化公共服务就业信息平台建设，聚焦供需双方需求，精准推送就业信息，畅通求职招聘渠道。二要全力开发落实政策性岗位，增加"三支一扶""基层服务专项计划""公益性岗位"等政策性就业岗位，发挥其就业吸纳的作用，鼓励国有企业和事业单位招聘岗位优先对高校毕业生开放，加强校企合作，扩大就业见习规模。三要加大政策倾斜扶持力度，通过政策补贴促进就业创业，建议对于签订就业合同或开展创业的高校毕业生，加大住房补助、创业补贴等优惠力度，并直接落实到高校毕业生个人，推进高校毕业生就业。四要加力推进高校毕业生等青年就业服务攻坚行动，强化政策落实、服务保障、权益维护、困难帮扶，加密加频线下线上和"直播带岗"招聘，组织企业深入区内外高校精准招聘，高质高量完成宁夏籍离校未就业高校毕业生帮扶就业任务。

#### （二）坚持育人为本，提升高校人才培养质量

一要强化办学定位，及时跟踪并前瞻性地预判就业市场需求变化，建立完善人才培养长效机制，改革专业和课程设置，持续深化产教研协同培育模式，着力提升学生的综合素质和专业技能，提升人才培养的职业匹配度和社会满意度，促进毕业生多元化就业。二要尽快建立全程化、系统化的就业指导服务体系，扩大专业化就业指导人才的培养规模，开设符合企业需求的实践类教学课程，从入学起就设置高校生的职业生涯规划课程，引导大学生树立正确的择业就业观。结合专业学科背景特色制定针对性、靶向性服务方案，帮助毕业生寻找到能力和岗位匹配度的合理区间，避免过度拔高或打压毕业生能力的自我评价，尽快构建能力与岗位匹配的就业价值观体系，引导学生更专注阶段性能力提升，促使就业指导服务更加精

准高效。三要进一步丰富就业培训内容，在提供就业政策宣传、岗位信息的基础上，为毕业生提供包括面试技巧、人际关系、团队精神等在内的就业指导，助其积累实战经验、提高就业成功率。鼓励毕业生积极参加社会实践，将理论知识与实际工作相结合，尽早明确求职目标，提升内在动力，实现高质量就业。

**（三）直面就业挑战，夯实就业基本功**

高校毕业生一要更新求职理念，树立科学的职业价值观，拒绝"有业不就"的躺平心态，先就业后择业，转变职业观念中看重工作稳定的价值主张，树立求变识变应变的理念，在不断的思考和实践中找准自身定位。二要树立持续规划和终身学习的理念，未来的职业形态更加流动、开放和多元，也给个人职业发展带来了更多的机遇与挑战，毕业生们要通过持续学习、终身学习来不断重构自身的知识、技能和能力，实现个人的长远发展。三要注重技能的培养和提升，除了专业知识，要注重对学习能力、沟通与表达能力、创新能力等软性技能和素质的提升，突破就业带来的压力挑战。

# 宁夏退役军人工作调研报告

张东祥

党的二十大报告提出，要加强国防动员和后备力量建设，加强军人军属荣誉激励和权益保障，做好退役军人服务保障工作。近年来，自治区党委和政府深入学习贯彻习近平新时代中国特色社会主义思想和党的二十大精神，全面贯彻习近平总书记关于退役军人工作重要论述和视察宁夏重要讲话指示批示精神，扎实开展学习贯彻习近平新时代中国特色社会主义思想主题教育，立足服务经济社会发展、服务国防和军队建设，锚定"让军人成为全社会崇高的职业，让退役军人成为全社会尊重的人"，守正创新，真抓实干，推进重点任务落实、重点领域突破、重点环节创优，退役军人工作高质量发展迈出新步伐、实现新突破。

## 一、宁夏开展退役军人工作的主要做法及成效

2023年，宁夏认真贯彻习近平总书记关于退役军人工作重要论述，勇于担当作为，不断开拓创新做好退役军人工作的政治责任，取得了新进展，见到了新成效。科学应对退役军人工作面临的新特点、新任务，坚持法治保障、法治管理推动退役军人工作在法治轨道上运行。着力推进退役军人工作严格落实，压实主体责任，形成工作合力，夯实基层基础，确保退役

---

**作者简介** 张东祥,宁夏社会科学院《宁夏社会科学》编辑部副编审。

军人工作各项要求高效高质严格落到实处。

**（一）加强顶层设计，完善政策系统**

一是健全工作运行体系。近年来，自治区党委退役军人事务工作领导小组先后制定出台退役军人事务工作领导小组工作和领导小组办公室工作细则，制定领导小组成员单位工作和领导小组成员单位联络员工作职责，建立退役军人事务核查督办实施细则。新建修订退役军人事务系统管理制度15项、流程37项，修订完善退役军人工作权责清单，确定权责事项21项等。二是健全政策制度体系。先后出台加强新时代退役军人工作的实施意见、宁夏"十四五"退役军人服务和保障规划、加强退役军人思想政治工作的实施意见、深化宁夏军地合力做好退役军人工作的若干措施、加强退役军人舆情信息工作的《实施意见》等政策制度。制定转业军官"直通车"安置办法，对从事教育、科研、宣传、文化、体育、医疗卫生、情报侦查、财务审计、航海、飞行等专业工作的转业军官，可根据其德才条件和工作需要、岗位要求等，对口安置到相应岗位。制定军官、军士、义务兵"阳光安置"实施办法，确保公开、公平、公正。完善转业军官编制保障和职务职级安排机制，根据转业军官德才条件以及服现役期间的职务、等级、所做贡献、专长等和工作需要安排工作岗位，采取使用空出的领导职位、按规定增加职级职数、先进后出等办法，重点安排好担任领导职务转业军官的职务职级。制定转业军官服役表现量化评分考核办法，坚持服役时间越长、贡献越大、安置越好的导向，优先安置有参战经历，担任作战部队单位主官，属于烈士子女、功臣模范，长期在艰苦边远地区等特殊岗位服役的转业军官。三是健全深化改革配套政策。2022年8月，自治区党委印发《退役军人工作政策制度改革实施方案》，对今后一个时期深化退役军人工作政策制度改革做出安排部署。一年多来，自治区先后制定出台自治区计划分配军转干部功绩制考核暂行办法，军人军属、退役军人和其他优抚对象优待工作实施办法、退役军人就业创业培训工作管理办法、自治区级退役军人创业孵化基地（园区）评定管理办法、促进退役军人到开发区就业创业的实施意见、加强困难退役军人帮扶援助工作的实施意见、加强退役军人就业创业工作的若干措施、做好退役士兵教育培训工作的实施意见、加强自主就业退役士兵适应性培训工作的指导意见、加强涉退役军人矛盾纠纷调处多元化解工作的实施意见等政策性文件 19 项，有力地保障了退役军人工作稳步推进。

**（二）坚持守正创新，优化服务方式**

一是打造全生命周期"崇军链"。立足"两个服务"的使命任务，按照面向全国、立足全域、覆盖全业，深化文旅崇军、交通崇军、康养崇军、金融崇军，积极"强链、延链、补链"，联合银行推出"崇军贷"，首次在全区党政机关、事业单位招考中专设"崇军岗"，崇军景区扩展至所有 A 级以上景区，"老兵+"高速公路优待站和机场、高铁、车站等优先通道全覆盖，签约崇军企业，建成从退役返乡到生活发展再到医疗康养覆盖全生命周期的"崇军链"，以"真情可感"的优先优待优惠，推动激励退役军人建功时代与激发现役军人安心国防"双促双赢"局面，相关做法被中央退役军人事务工作领导小组办公室转发推广。二是建立东西部协作发展机制。贯彻落实党中央关于深化区域协调发展的部署要求，与区外几个省市签订推进退役军人工作高质量发展区域合作协议，在军创企业跨区合作、退役军人专业人才联合培养、军休资源共享交流、重点领域课题研究等多个方面展开区域发展协作，率先迈出退役军人工作东西部区域协作发展"第一步"。与黄河流域省区建立退役军人工作高质量发展区域协作机制，推动形成黄河流域省区常态互动、资源互享、交流互鉴、共赢发展良好局面。三是创新帮助退役军人就业。出台加强退役军人就业创业"23 条硬措施"，率先完成军队离退休人员三年移交任务，被中央退役军人事务工作领导小组通报表扬；率先全国设定基层公务员、事业单位、政法公安专项编招聘比例，由退役军人事务部转发交流。联合统计局将退役军人教育培训和就业创业数据纳入统计指标体系，组建退役军人创业导师团队，实施"戎创塞上"系列活动，推出退役军人"创业之星"、协调发放创业崇军贷数亿元，全区退役军人创办实体逐年增加。截至目前，累计组织招聘活动 75 场次、完成培训 1755 人次、学历教育 232 人，新增退役军人就业人数增加。宁夏被列为退役军人事务员新职业、退役军人事务系统"简政便民，优化服务"，"中流击水"等 4 项工作试点省区。

### （三）发挥主体优势，服务社会发展

一是打造老兵品牌。精准对接基层治理、乡村振兴、民族团结示范创建等需要，打造以"老兵宣讲团""老兵志愿服务队""老兵政治指导员""老兵文艺工作队"为骨干，以信访接待工作队伍、法律援助专家队伍、心理咨询服务队伍、红色教育宣传队伍、专兼职教师队伍等各领域"兵人才"为基础的"4+N"品牌。截至2023年10月，选培"兵支书""兵主任""兵委员"多名；组建区、市、县、乡、村五级"老兵志愿服务队""老兵宣讲团"，"老兵政治指导员""老兵文艺队"等，选派退役军人国防教育辅导员数名。二是健全激励机制。建立健全引导退役军人充分参与乡村振兴、基层治理工作的体制机制，起草《关于激励引导退役军人发挥作用优势 投身社会主义现代化美丽新宁夏建设的实施意见》，印发《促进优秀退役军人到中小学任教的实施意见》，出台《退役军人志愿服务工作实施细则》《"宁夏老兵"宣讲团宣讲员管理办法》，打造"退役军人思想政治教育基地"，逐步搭建系统完备、精准有力的退役军人作用发挥政策制度体系和工作运行机制。聚焦基础建设薄弱、历史欠账多等实际，投入经费，推动实施退役军人事务系统信息化、军休服务设施、烈士纪念设施等一批"暖心工程"，提前1年实现国家"2025年实现地级市军休大学全覆盖"的目标要求。三是提升服务水平。集中开展服务保障体系"五有""全覆盖"落实情况"回头看"，启动"百镇千站服务质量提升行动"，连续两年下拨基层退役军人服务机构奖补专项资金数万元，推广联办、快办、代办"三办服务"和"轮值站长"经验，分类建立退役军人服务清单目录，压茬推进基层服务机构网格化管理、精细化服务、信息化发展，退役军人服务中心（站）全部达到国家示范标准。坚持把减权力、优服务作为法治建设重要内容，最大程度实现退役军人服务便民利民。积极推进全区一体化退役军人网上服务平台和"互联网+退役军人服务"平台建设，承接全国退役军人事务系统"简政便民，优化服务"试点，改造升级政务协同办公平台，建成纵向上至退役军人事务部、下至各级退役军人服务中心（站），横向连接自治区行政审批和公共服务平台的一体化平台，实现数据共享共联，提升退役军人公共服务法治化、标准化、便捷化水平。

### （四）开展拥军优属，服务部队作战

一是扎实做好优待抚恤工作。修订优抚对象、残疾退役军人医疗保障实施办法，建立抚恤补助标准自然增长机制，连续多次调整提高优抚对象抚恤和生活补助标准，向多名优抚对象发放抚恤补助资金和医疗保障资金，发放义务兵家庭优待金。悬挂光荣牌数千块，走访慰问数万人次，组织多名重点优抚对象短期疗养，为多名荣立三等功以上军人家庭送喜报。制发优待证数万张，发放率居全国前列，被退役军人事务部通报表扬。二是创新开展褒扬纪念工作。以"2023·崇尚·清明祭英烈"为主题，以缅怀先烈、弘扬英烈精神为重点，组织开展"学思想、颂英烈"讲解员大赛、清明祭英烈主题活动，全区多家烈士陵园现场祭扫数万余人，线上祭扫数万人。常态化开展烈士寻亲，成立烈士寻亲小分队，帮助15位宁夏籍烈士找到了亲人。聚焦基础建设薄弱、历史欠账多等实际，积极争取项目资金，推动实施退役军人事务系统信息化、军休服务设施、烈士纪念设施等一批"暖心工程"。三是深入推进拥军优属工作。修订《军人子女教育优待实施细则》《随军家属就业安置办法实施细则》，持续深化"情系边防"走访慰问活动，组织开展"两节"走访慰问活动，投入专项经费，慰问驻军部队、优抚对象、边海防官兵家庭，相关工作被中央电视台军事频道播发报道。宁夏社会化双拥工作经验做法在全国双拥模范城（县）双拥办主任会议上进行发言交流。四是持续厚植双拥工作氛围。联合宁夏国龙基金会，每年免费为退役军人进行关节置换治疗，联合北京爱尔公益基金，免费为听力障碍退役军人配备助听器。成功举办宁夏首届"最美拥军人物""最美军嫂"发布活动，推出10名"最美拥军人物"和10名"最美军嫂"，推荐2名同志参加全国"最美拥军人物"评选，指导各地开展军民联欢联谊等活动，"军爱民、民拥军，军民亲如一家人"的时代新画卷镌刻在塞上大地。

## 二、宁夏开展退役军人工作存在的主要问题

### （一）服务保障政策体系还不够完善

根据自治区党委《退役军人工作政策制度改革实施方案》要求，退役军人作用发挥的相关配套政策还不够完善，退役军人工作考核评价体系还

未建立，考核监督的正向激励作用发挥尚不充分，各地对引导退役军人作用发挥的重视程度不够，工作进展不够平衡。支持引导退役军人投身产业发展、乡村振兴的普惠性政策处于探索之中，落实中还存在盲点、堵点，集约效应还没有发挥出来，退役军人参与志愿服务、应急冲突、红色宣传等管理制度尚不系统，影响了主体作用发挥的积极性和长效性。比如，由于统一管理保障政策不够完善，退役军人志愿服务的次数、时长及相关贡献无档案记录，相关保险制度尚未建立，一定程度影响了退役军人个体参与的积极性。

### （二）专业人才培育体系不健全

退役军人教育培训以适应性培训和职业技能培训为主，紧缺人才、急需人才、专业人才的培训培育难以有效开展，加之部分退役军人经历受限，在创业创新、参与基层治理、乡村振兴等方面缺少知识经验，在经济社会建设中的融入度、贡献明显不足。比如，部分地区退役军人职业技能训练方面与地方产业发展还存在脱节，围绕"六新六特六优"产业的培训几乎空白。

### （三）保障社会化程度偏低

保障社会化是军人社会保障工作的开展趋势和本质特征。当前，军人优抚工作主要还是以政府主导为主，社会力量和资源融入的方式和渠道较少，基本上还是依靠社会统筹优待金，在社会统筹优待金这一块，还存在地方政府投入不及时、不足额及统筹不到位，甚至优待金来源不规范、不平衡等问题。一些地方受各种因素限制，部分群体或个别保障对象的保障权益难以落实，特别是在乡复员军人为主的部分优抚对象家庭生活依然困难，一些地方在医疗费减免权益方面未完全落实。

### （四）退役军人创业工作基础相对薄弱

退役军人参与地方特色优势产业以及"六新六特六优"产业的比例偏少，创业孵化平台、展示交流平台、协作互助平台建设整体滞后，还不能完全适应地方经济发展需要。统计显示，全区退役军人农村实用人才带头人示范培训、职业技能实用技术培训、乡村治理及社会事业发展带头人等培训率仅占在乡村重点产业创业就业人数的5.4%。

### （五）退役军人参与基层治理工作支持力度不够

退役军人在参与乡村产业发展、投身志愿服务、应急冲突、文化传承等方面，普遍存在政策集约度不够、管理机制缺失、激励效应不强等现象，加之乡村基层工作发展机会少，影响退役军人返乡创业就业、参与基层治理的积极性。目前，虽然有从优秀村干部中招录乡镇公务员、事业人员的专项计划，但退役军人在部队积累的经验、荣誉并没有被参考作为加分项，不能成为考录竞争优势，限制了优秀退役军人参与基层治理的积极性。

## 三、创新推进宁夏退役军人工作的对策建议

### （一）加快完善相关配套政策

按照工作计划要求，加快修订完善自治区党委退役军人事务工作领导小组工作规则，和自治区党委退役军人事务工作领导小组办公室工作细则，研究关于激励引导退役军人发挥作用优势投身社会主义现代化美丽新宁夏建设的实施意见，制定出台社会崇军示范区建设实施方案，健全退役军人工作考核评价体系，创新制定出台支持引导退役军人投身产业发展、乡村振兴的普惠性政策，建立完善退役军人参与志愿服务、应急冲突、红色宣传等管理制度。

### （二）支持退役军人参与先行区建设

大力支持退役军人创新创业，建立退役军人基础信息数据库，常态化开展退役军人创业企业服务行活动，支持退役军人在自治区"六新六特六优"产业领域创新创业，按规定享受相关奖补政策。大力培养退役军人专业人才，围绕新型材料、清洁能源、装备制造、数字信息、葡萄酒等产业，常态化开展名师带徒、技能研修、技能比武、技术交流等培训活动，逐步壮大重点产业领域退役军人专业人才队伍。积极助力生态保护，培育推荐退役军人担任"四级"地质灾害群测群防管理网格员、"六级"耕地保护责任人，组建"退役军人护河队"，开展"万名老兵共护母亲河"志愿服务行动，引导广大退役军人踊跃投身绿色发展和生态文明建设。支持引导退役军人投身基层志愿服务，制定退役军人志愿服务工作实施细则，常态化开展各类志愿服务活动。支持引导退役军人助力基层平安建设，组建"老兵政治

指导员"队伍，设立"老班长调解室"，开通"老兵咨询热线"，激励引导优秀退役军人在基层矛盾化解等方面充分发挥优势作用，积极维护社会和谐稳定。引导退役军人服务精神文明建设，逐步壮大"老兵宣讲团"队伍，常态化开展"六进"宣讲活动，激发奋进新时代、建功新征程的正能量。

### （三）建立健全军人社会优抚制度

持续深化军人抚恤制度和优待保障制度改革，建立军人抚恤待遇水平的自然增长机制和规范遗属抚恤制度，进一步明确界定优待保障内容、责任主体、经费来源和组织实施程序。要完善医疗减免制度，解决优待对象医疗难的问题，要根据优待对象的具体情况，相应采取公费医疗、办理职工医疗保险、开办合作医疗及其他辅助医疗措施，提高社会优抚对象享受医疗保障的待遇水平。

### （四）积极发展优抚事业

要在全社会形成关心优抚事业的良好氛围，建立依托基层群众性拥军优属组织、志愿者队伍、基金赞助团体为依托、各行业共同参与的优抚保障服务体系，为优抚对象提供就医、供养、交通、文化、社会公益等生活方面的服务。同时，要依靠国家政策倾斜及各方资金投入，加大优抚基础设施建设，建立相应的敬老院、福利院、保健院和优抚医院，使优抚对象食有所供、住有其所、病有所医。

### （五）支持退役军人参与示范区建设

围绕铸牢中华民族共同体意识这条主线，助力民族团结进步宣传教育，遴选培养优秀退役军人组建民族团结进步宣传队伍，积极参与民族团结进步"七进"活动，讲好民族团结好故事，传播民族团结正能量。助力民族团结进步示范区创建，推动双拥模范城（县）示范区创建与民族团结进步示范创建深度融合，打造一批"双拥+民族团结进步"示范市、县（区）、乡（镇、街道）、村（社区）、服务中心（站），用"军民鱼水情"浇灌"民族团结进步之花"。助力民族事务领域基层治理，发挥基层退役军人服务中心（站）作用优势，精准开展"老兵+"结对帮扶，每年八一建军节、国庆节、烈士纪念日等重要时间节点开展"老兵永远跟党走中华民族一家亲"主题实践活动，积极营造各族群众共居共学共事共乐共建共享社会氛围。

# 宁夏农村公共服务供给情况调研报告①

## 白 杨

宁夏回族自治区第十三次党代会提出："深入实施综合服务设施、农房质量安全、人居环境整治、农村饮水安全、基本公共服务等乡村建设提升工程。"农村公共服务建设是推进乡村振兴和共同富裕的基础性工作。

## 一、宁夏农村公共服务供给的主要措施及成效

整体来看，宁夏农村地区的普惠性非基本公共服务基本缺位；基本公共服务按照标准化配置在全区全覆盖式建设，实现了从自主建设转向规划引导，服务设施体系基本建立；生活性公共服务参差不齐，村庄项目资金越多的村子，商超、物流、集市发展越好。

### （一）扩大农村医疗卫生供给覆盖面

在农村医疗卫生机构布局方面，全区实现镇、行政村卫生院、卫生室全覆盖，并且对乡镇卫生院和村卫生室设备、人员、服务内容、管理制度等进行标准化配置，将村卫生室的人员、财务、药械、业务、绩效、准入采取"六统一"管理，医疗卫生服务环境与质量明显改善。在服务内容上，

**作者简介** 白杨，宁夏社会科学院社会学法学研究所实习研究员。

①本文系2023年宁夏社会科学院重大现实问题研究课题"宁夏农村民生需求与公共服务有效供给研究"项目的阶段性报告。

除了常规看病以外，村医疗卫生室还提供儿童预防接种、0—6岁儿童健康管理、早孕建册、产后访视、65岁及以上老年人健康管理、高血压患者规范管理、Ⅱ型糖尿病患者规范管理率、严重精神障碍患者健康管理等基本医疗服务。在服务模式上，村家庭医生签约服务全覆盖，联结网格化管理模式，按照"本级管理，上级包保"的原则，进行"定区域、定人员、定任务"，"全方位、全对象、全过程"管理。在医保政策上，落实村民基本医保、大病保险、医疗救助"三重保障"，各村卫生室使用HIS系统报销结算，落实村民就医医保政策待遇，确保医保基金监管。在人才培养上，村医"乡聘村用"，举办"村医大专学历专科班"等方式，培训全科医师、临床、护理骨干等乡村医疗卫生机构专业技术人员，建立由二、三级医疗机构组建专家团队定期到乡村医疗卫生机构开展组团式、协作式帮扶的机制。在信息化建设上，建成覆盖市、县、乡、村四级基层信息化平台及全民健康信息平台，基本实现基层医疗机构信息化业务全覆盖。

**（二）推进农村义务教育供给均衡发展**

在乡村学校布局上，宁夏基本实现了乡村教育资源的充足供给。在义务教育保障上，一是建立监测机制，全区开展春季秋季学期义务教育控辍保学专项行动；二是优化残疾儿童受教育环境，成立银川市特殊教育资源中心，设立特殊教育职教班，在中考中对残疾考生在体育、英语口语、理化实验中给予政策优待；三是坚持政策兜底，精准识别"各学段"资助对象，落实学前二年资助和"一免一补"、义务教育"三免一补"、普通高中贫困生免费、职业教育助学金等资助政策，做到应助尽助、应贷尽贷。在高中教育支持上，2023年开始对享受"指标到校"资格的三区农村初中学校考生，实行降低两个分数段（每个分数段为10分）参加录取的政策，增加农村学校学生接受普通高中教育的机会。在农村地区教师队伍建设上，一方面，引进高层次急需紧缺人才、部属师范类高校公费师范毕业生，提供事业单位（自主）公开招聘岗位，加大教师引进力度；另一方面，针对性地制订农村贫困地区学校教师培养培训专项计划，采取"菜单式"培训，提升农村教师教学水平。在城乡教育一体化建设行动中，建立农村学校帮扶机制，组建城乡义务教育共同体，组织市直属学校开展送教下乡活动，依托"互联网+教育"，促进优质资源进乡村教育。

**（三）对农村社会服务供给进行重点补缺**

在无障碍环境建设上，自治区结合 2023 年 6 月公布的《中华人民共和国无障碍环境建设法》中"统筹城镇和农村发展，逐步缩小城乡无障碍环境建设的差距"的要求，在农村地区开展无障碍环境建设工作，设置盲道和轮椅通道，为残疾人、老年人提供便利。在关爱留守儿童等社会救助服务上，将走访、发现需要救助的困难群众列为村重要工作内容。紧盯重病、重残、老年人等特殊困难群体，全面落实低保刚性支出扣减、"渐退期""单人保"等惠民利民举措，做到符合条件的困难群众"应保尽保"。在农村公共法律服务上，宁夏已基本建成覆盖村居的公共法律服务网络，实现了村居法律顾问、"一村一警"警务等工作全覆盖。推动农村派出所所长、驻村民警 100%兼任乡镇、村居"两委"班子。

**（四）增加农村文化体育供给的多样性**

在设施布局上，集中实施乡村公共文化基础设施标准化建设工程，全区行政村全部建成综合文化服务中心，实现乡村公共文化场所全覆盖。各市根据地区特色，发展了农家书屋和农民文化大院。如，中卫市农家书屋覆盖率 100%，农民文化大院 122 个。固原市全市 65 个乡镇（街道办）建成面积 300 平方米以上的综合文化活动站，独立设置率达到 100%，并配备了专（兼）职文化管理员。在服务内容和形式上，通过送戏下乡、农村数字电影放映、"百场演出下乡村"、"百家图书流通服务点"等，供给流动文化服务。农村体育基础设施建设上，行政村体育健身设施覆盖率达到 100%。各乡镇全部建有"两室一工程"（乒乓球室、棋牌室、乡镇农民健身工程），行政村全部建成"一场一室一工程"（室外篮球场、健身活动室、村级农民健身工程），安装健身器材，建成乡村全民健身晨晚练站点，配备社会体育指导员，指导群众科学健身。定期举办农民篮球赛、百乡千村体育运动会、舞龙舞狮大赛、广场舞、社会体育指导员培训班等全民健身活动。

**（五）提升农民就业服务供给水平**

各市区大力实施就业服务供给。供给方式上，自治区着力推动公共就业创业服务数字化转型，打造集政策解读推送、业务办理咨询于一体的线上智能服务、线下自助服务体系。2023 年，各市县区就创中心通过宁夏公共招聘网、"直播带岗"等线上方式不间断式举办各类招聘活动，有用工招聘需求的企业可直接通过线上招聘平台参加活动，预约展位进入直播间参与"直播带岗"活动，有求职意向的农民工、就业困难人员等求职群体可线上查询企业相关信息，发送求职简历，或通过电话直接联系企业。在欠发达地区特别是脱贫地区、易地扶贫搬迁大型安置区建设公共就业服务机构，提供全方位公共就业服务。如，建立"红寺堡—长乐"跨区域劳务协作，建立驻浙江绍兴市劳务服务站，搭建务工人员信息服务平台，形成服务站、镇、村三级联动服务网络体系。供给内容上，除提供就业岗位等信息外，在全区范围内开展县域农民工市民化质量提升行动，畅通农民工自由流动渠道及其随迁家属权益保障，提升县域农民工基本公共服务覆盖面。

**（六）加强农村养老服务供给投入**

从农村养老设施建设情况来看，主要是农村互助幸福院和农村老饭桌建设，为农村老年人特别是经济困难的高龄、失能农村留守老年人提供休闲娱乐、膳食供应等服务。现已建设农村老饭桌 648 个。在农村养老服务形式上，多举措加强农村养老阵地建设，一是发挥村民委员会作用，将留守老年人关爱服务纳入村规民约，对不同程度存在生活缺乏照料、安全缺乏保护、精神缺乏慰藉等农村留守老年人，起到孝敬父母、尊重老人、互帮互助的示范引导作用。二是发挥农村各类公共服务设施在留守老年人关爱服务中的支持作用。支持农村卫生服务中心为农村留守老年人提供健康管理、基本医疗和长期护理等服务；支持农村综合文化服务中心、农村社区综合服务设施、老年学校、党员活动室等公共服务设施建设，鼓励各有关部门和组织下沉基层的公共服务项目面向留守老年人开展服务；加强农村消防基础设施建设，在农村留守老年人集中居住、消防安全等场所安装简易喷淋、独立式报警等装置。在农村养老保障措施上，对失智失能的五保户，统一纳入乡镇敬老院集中供养，费用纳入财政预算支持。实施特困人员供养服务设施和服务质量达标工程，为经济困难家庭的高龄、失能留守老年人提供低偿或无偿的集中托养服务。

### （七）促进生活性服务供需匹配

生活性服务供给上，自治区聚焦农产品进城"最初一公里"和消费品下乡"最后一公里"拓展供给渠道。一是推动电商、快递进农村。宁夏已建成县乡村三级物流配送的农村电商公共服务体系，全区建成 15 个县级物流配送中心、246 个乡镇快递网点、650 处快递末端公共服务站点，2047 个行政村全部实现直接通邮、快递服务，乡镇覆盖率达到 100%。二是实现乡镇商贸中心和村级便民商店全覆盖。此外，各村陆续建立爱心超市或者在便民超市设点，以村规民约积分卡制度为基础，建设集公益积分兑换，最后由村集体经济收入结算，推进乡村民风民俗、公共环境向好。三是通过试点的方式，部分农村（社区）打造了数字乡村（智慧社区）平台，依托村庄（社区）各类数据，整合基层党建、阳光村务、农村集体资产、人居环境资源等与乡村治理相关的关键资源，将产业发展、公共服务、村务管理等信息精准录入，建立乡村基础信息数据库，村委可以使用网格管理、人员管理、阳光村务、便民服务等功能进行公共服务和矛盾纠纷排查化解，群众下载客户端在"一门一窗一网"和代办制便民服务模块中，可以随时在手机上办理事务、咨询服务，方便村民开具各类证明申请。

## 二、宁夏农村公共服务供给存在的问题

### （一）农村公共服务标准化建设粗放

目前宁夏未在政策层面设计长效机制，未出台《农村公共服务运行维护专项资金管理办法》，长效运维管护机制不健全等问题凸显。总体上，农村公共设施中村委会标准化建设配置完备、标准化程度较高，但是诸如医疗卫生、养老服务的设施，功能类型单一，配置水平不高，配置方式略显粗糙。部分乡镇卫生院存在房屋设施老化、医疗设备配置参差不齐、阵地小等问题，离标准化建设达标要求尚有一定差距。一些基础设施根基薄弱，如农村厕所管道设施的水电基础不扎实。

农村养老服务供给基础薄弱。农村养老问题成为目前农村公共服务建

设最大的短板问题，一是基础设施建设和老龄化设施改造不足，在农村以居家养老为主，家庭无障碍设施改造以及坡道等影响老年人日常生活的公共设施改造推进缓慢。二是乡镇养老服务中心总体数量不足，城乡的养老机构在数量和质量上差距较大。三是农村养老机构、农村养老队伍、经费保障等养老供给力度不够，全区 23 家医养结合机构，全部集中在城镇，农村地区几乎是空白。

**（二）农村医疗卫生队伍建设存在不足**

农村医疗卫生队伍建设需要进一步深化。一方面全区乡村医生年龄整体偏大并存在断层现象，40—50 岁人员占比 45.97%，55 岁以上占比 10.23%，部分年龄偏大人员难以适应网络系统或手机软件应用要求，常见病、多发病的诊疗救治水平和重症识别能力、急症处置能力不足。另一方面，村医无编制，待遇水平较低，参照灵活就业人员为在岗乡村医生缴纳社保，养老保险未解决亦是问题，因此导致具有大专以上学历及取得执业（助理）医师资格的人员不愿从事村医工作，老一辈的村医离休退休后，村卫生室可能出现后继无人情况。

**（三）农村义务教育空心化程度高**

一是川区和山区乡村学校空巢化的速度逐步加快，全区有超过 85% 的偏远山村小学面临生源窘境情况。南部山区教师资源长期供给不足，部分山区学校因常年缺少青年教师注入，学生流失率极高。二是县域教师集中供给和乡村学校专业学科教师需求匹配不精准。有超过 75% 的乡村完全小学和村级教学点因学科教师短缺，只能设齐但开不齐国家规定的相关学科课程，82.3% 的乡村学校开不足每周 2 课时的音乐课。

**（四）农村文化体育供给内生力激发不足**

一是农村公共文化产品的供给与服务的针对性不足，在设施配备、活动开展、服务供给等方面与基层群众的需求不对等，未能结合实际，因地制宜地提供符合当地习俗、满足实际需求、群众喜闻乐见的文化服务，不能常态化、均衡化开展基层文化活动，群众的参与程度不高，基层文化阵地功能作用发挥不够。二是基层综合性文化服务阵地缺乏行之有效的运行机制，多数还只停留在灌输式服务的层面上，"等靠要"思想严重，只开展上级组织的文化活动，组织参与、提供服务的主观能动性不足，功能室的利用率不高，自身组织的文化活动创新性较差，形式单一，不具备连贯性。三是基层文化服务主要以公共财政保障为主，社会资金投向较少，且村级文化管理员报酬补贴没有专项经费支撑。

### （五）农民就业社保服务供给长效化不足

一是就业质量偏低。目前大多数农民工收入水平偏低，工作稳定性较差，更换工作较频繁，职业发展机会不多，80后农民工进入城市参加市场化就业后，多数从事技能要求较低的一线操作岗位，在技能水平、经济资源、社会资源等各方面竞争力明显不足。二是就业结构性矛盾突出。随着信息技术在各行业中爆发式应用，技能要求较低的岗位逐渐减少，农民工的整体素质无法适应技术变革所衍生的职位要求，需要进行再学习、再教育。三是创业扶持力度不够。部分农民工有创业想法，也有一定的技术，但最大困难是没有创业资金和创业经验，没有优质且系统化的创业指导和扶持，再加上受传统思想观念影响，导致创业项目难以实施或达不到预期效益，在一定程度上成为本地区创业的"瓶颈"。

## 三、宁夏农村公共服务供给优化路径

宁夏农村现阶段要解决的问题是如何继续谋划解决农村民生需求与公共服务供给之间"不平衡""不充分"的问题。

### （一）立足民生需求，提高公共服务供给的精准性

党的十九届五中全会提出精细化服务理念，为农村公共服务供给提供了价值指引。要关注公共服务政策制定的年龄靶向性：从劳动就业、公共文化与体育三项基本公共服务入手，提升青年群体的基本公共服务获得感；从改善中年群体的子女公共教育质量着手，在进一步实现基础教育均等化的同时，建设高质量教育体系，满足父母对子女高质量教育、差异化教育的需求；进一步精准优化老年群体公共医疗卫生服务和养老获得感。

### （二）优化公共服务设施布局，提升供给质量和效率

村庄规划是公共服务设施配置的主要依据，做好村庄规划管理是着力

破解农村无序建设、村庄空心化等问题的重要措施。村庄规划要建立在城乡一体化发展的视野下，统筹村镇公共服务设施和城市公共服务设施，根据公共服务设施的空间布局、服务质量，结合居住点布局调整、道路交通的规划、出行方式等其他外部因素，相近功能的合理替代，实现公共服务体系内部与外部因素之间的协同。改革供给管理，提升供给的质量和效率。以项目进村为主的公共服务设施建设模式下，创新公共服务项目供给评价方式。通过增加项目数量、丰富项目形式，促进农村公共服务项目累积，弱化项目的稀缺性。转变"硬件偏重"的思维，整合项目资金，规范项目审核、监管和验收程序，实现项目及时有效的供给和效能科学可持续评价，杜绝低效使用的形象工程建设项目。

**（三）培育多元供给，减少政府责任的过度卷入**

农村公共服务供给与民生需求的有效对接不仅依托纵向关系的制度调整，也呼唤基于多元主体合作的横向关系协调。厘清多元参与主体的权责关系，明确各主体的角色定位和服务供给的权利义务。如政府对于那些适合市场运营，能够盈利的农村基础设施和公共服务，应考虑投入转向市场当中，完善农村基础设施和公共服务的运营补贴制度，通过建立农村基础设施和公共服务使用的上下游价格联动机制，在价格调整不到位时，根据实际情况，合理补贴运营单位，保障其正常运行。[①]社会资本按照"谁投资、谁经营、谁受益"的原则参与农村公共服务设施建设。农村居民增强公共服务共建共治共享的权利意识与合作意识，以农户个体或组织化形式参与供给决策，维护基础设施设备，参与管护工作，借资源输入激活农民主体作用。

**（四）借助信息技术，提高农村公共服务便利水平**

《数字乡村发展行动计划（2022—2025年)》指出要"因地制宜加强农村地区便民服务软件建设，提高乡村治理数字化、智能化、便捷化水平"。一是在需求信息收集上，借助信息技术完成对村民年龄、需求要素、村庄

---

①张瑞娟,崔凯.中国农村全面建成小康社会的短板及其对策研究[J].中国延安干部学院学报,2020(9).

内在结构、地理状况等基本信息的录入，掌握乡村和村民公共服务偏好，重视差异化、个性化服务需求的满足，调整资源种类，实现空间精准、人群精准、时间精准，使公共服务供给更具"锚向性"。二是在信息交互共享上，考虑农村居民数字贫困现状，建立简洁的公共服务交流平台，及时更新公共服务设施建设进程，解决信息不对称问题，促进服务供给与乡民需求的快速对接和匹配。三是运用信息技术提升政府资源整合能力，实现城乡、村际间公共服务资源在的自由流动。

# 银川市老年友好型健康城市建设现状与对策研究①

## 马　妍

　　老龄化背景下城市适老化建设与老年公共服务已经成为社会关注的焦点，从城市硬件设施的适老化和老年公共服务、敬老孝老文化氛围等软环境方面全面深刻地推动城市建设是积极应对老龄化问题的良策，更是增进老年人福祉和建设人民生活福地的善举。老年友好型健康城市是基于城市的适老化硬件设施和老年友好文化的城市建设理念，是以老年健康为核心，从社会和文化两个角度构建应对人口老龄化的城市建设方案。银川的地理环境、气候条件、丰富的物产、便利的交通和相对完备的城市基础设施，造就了优良的宜居性，非常适合老年人长期居住和接待季节性旅居养老，老年友好型健康城市建设条件极为优越。因此，为提高城市的适老化水平，促进城市老年宜居性健康发展，使城市真正成为老年人健康生活的福地，银川市应举全力建设老年友好型健康城市。

---

　　**作者简介**　马妍,宁夏社会科学院社会学法学研究所副研究员,社会学博士。
　　①本文为 2022 年国家社科基金项目"黄河中上游多民族地区孝文化的民间实践与建设研究"(项目编号:22XMZ066)的阶段性成果。

## 一、银川市老年友好型城市建设现状

### (一) 健康养老服务

#### 1. 养老服务体系基本完备

截至 2023 年 11 月底，银川市完成登记备案的养老机构 37 家，其中正常运营 31 家，停业 6 家，总床位数 9503 张，其中护理型床位 5741 张，护理型占总床位数的 60.4%。全市共建成居家养老服务站 295 个，社区食堂（老年人助餐点）214 个、老年活动中心 162 个，老年人日间照料中心 102 个，农村幸福院（含农村互助院、老饭桌）209 处，实现了城镇社区居家养老服务设施全覆盖。提高困难老人的兜底性保障服务。完成困难群体居家适老化改造 3000 多户，实现了分散供养等特殊困难老年人家庭适老化改造全覆盖。为经济困难老人和失能、半失能老人提供"六助+N"和"喘息服务"项目，带动家政服务就业人员 1600 多人。

#### 2. 养老事业与产业双轮驱动

积极争取国家普惠养老城企联动专项资金，撬动社会资本，精心打造中房颐养中心、漫葡小镇康养中心、宝丰护理院等一批医康养服务机构。积极引进品牌企业，先后引进了光大汇晨养老集团、北京幸福颐养集团、上海福康通集团等品牌养老服务企业投资运营"连锁化""社区嵌入式"等养老服务设施，带动养老产业品牌化发展，合力打造"塞上银享"养老服务品牌。

#### 3. 健康养老多业态融合

创新"银居安享"居家和社区养老服务模式，培育打造"物业+养老""家政+养老""中医+养老"等特色养老服务模式。推动"养老+医疗"，成功打造了隆光金萃芳庭康养中心等 4 个医养结合示范项目，有力地推动了医养产业深度融合发展；推动"养老+旅游"，充分挖掘"国际湿地城市""国家旅游休闲示范城市"等银川的亮丽名片，围绕漫葡康养中心、汇晨康养中心、桃李春风养老康复中心，打造了 3 条"旅居养老"精品路线，整合旅居养老床位 530 张，年接待旅居养老团队 3000 多人次。

### （二）适老化生活环境

**1. 老年友好型交通发展**

至 2023 年，银川市在交通适老化方面已经做了全方位的优化和改进。为更好地满足老年人使用手机网上办理车驾管业务需求，银川市车辆管理所积极响应公安部交管局于 2023 年 6 月推出的"放管服"便民举措，推出适合老年人的"交管 12123""大字版"服务。"大字版"不仅使字体增大、大按钮页面展示，还优化了补换领证件、违法处理等高频业务的功能和界面，便利了老年人网上查看机动车及驾驶证信息。至 2023 年全市所有公交车辆都在最方便上下车的位置安装有老幼病残专座，2020 年以后投入使用的新公交车，上下车都只有一级台阶，且只有 30 厘米左右，这些新变化都为方便老年人上下车。另外，公交车及站台周边都有平面媒介宣传引导乘客为老年人让座，司乘人员如果看到老年人没有落座，也会用话筒建议周边乘客为老年人让座。遇到老人上下车，公交驾驶员扶老人上下车也是常见现象。目前，银川市公交车上为老人让座已经成为常态，公交车上关爱老年人业已成为市民自觉行为。自 2014 年开始，银川市常住老年人可自愿办理公交敬老卡享受免费乘坐、免费换乘公交车，60 岁以上老人半价优惠、65 岁以上老年人免费。这一优惠政策，对于习惯于勤俭节约的 60 后、50 后甚至 40 后老年人，大大鼓励了他们的出行愿望。老年人免费坐公交延伸了老年人的生活圈和社交半径，促进了老年人的心理健康和身体健康，使他们生活丰富多彩，更重要的是更充分地参与社会交往。

**2. 城市公共环境适老化**

优美的城市环境不仅是本地常住老年人养老、休闲的好地方，更是开展旅居养老的理想选择。银川具有"塞上湖城"之称，市域内绿化状况良好，湖泊湿地面积大，有 7 万公顷自然湿地，大西湖、小西湖、北塔湖、鹤泉湖等都实现水域贯通连接，市内重点开发的湖泊也处处可见，非常适宜旅游和日常休闲观光。银川市空气优良天数达到 300 天，空气优良天数占全年的 80% 以上。市内的历史文化古迹较多，史前文明遗迹水洞沟和贺兰山岩画、"中国电影从这里走向世界"的西部影城、历史文化遗迹西夏陵、温泉养生胜地漫葡小镇、贺兰山运动公园等，不仅是本地常居老年人休闲娱乐的好地方，也是外地老年人来候鸟养老、旅居养老的理想胜地，也很好地吸引外地养老机构组织老年人来银川开展季节性旅居养老，更是提升了银川市的老年宜居性。

### （三）老年教育

银川市从体制创新、体系建构、项目推动等方面推动老年教育。自2000年以来的20年间，银川市的老年教育在数量、规模、教学质量方面都有了较快的发展和进步。以位于银川市的宁夏老年大学为例，自1984年成立以来，4次迁移校址，2019年建成占地25亩、建筑面积约3万平方米的新校区，学校设有书画、文史、声乐、器乐等专业的7个系和1个艺术团，注册学员9500余人12000余人次，兼职教师192人，教学规模发展迅速。

### （四）老年社会支持与敬老孝亲文化建设

#### 1. 老年社会支持

全社会对老人的文化关爱和社会支持，既表现在国家层面的政治关怀，又表现在基层社区的文化治理策略。在养老保险制度方面，银川市除了和宁夏其他地级市实行同样的基本养老保险制度外，还在宁夏率先探索长期护理保险制度。银川市在2021年12月就启动长期护理保险制度试点，并在2022年完成了政策框架、基金测算筹措、实地走访调研等工作，将于2023年底完成《银川市长期护理保险制度试点实施方案》和相关配套文件的出台。这一制度的推进，能更好地保障失能失智老年人享受护理服务，使他们有尊严地养老。

#### 2. 敬老孝亲文化建设

在基层社区的治理方面，银川市尤其注重社区的孝老爱亲文化的重塑，每年定期举办"好媳妇、好婆婆""孝老爱亲家庭"的评选，通过参选和颁奖，推动基层社区敬老孝亲文化建设，在生活社区构建老龄友好型文化氛围。同时，银川市的大部分社区都会在重阳、中秋这样的节日通过组织节庆活动，提高全体居民对家的关切和对长辈的孝敬。

## 二、银川市建设老年友好型城市的瓶颈

### （一）养老服务供给不足

按照"9073"养老服务格局测算，预计到2025年，银川市有42.3万老年人居家养老，3.29万人需要社区提供养老服务，1.41万人需要入住养老机构。当前银川市的养老服务供给总量明显不足，跟不上老年人口增长趋势的需求量，也难以满足老年人日益增长的多元化、高品质养老需求。一是社区养老服务的可持续性不强。二是养老机构服务质效不高，入住率普遍不高，经营困难。三是养老服务行业从业人员素质普遍不高，专业性不强，从业队伍的稳定性较差。四是医养服务市场发展不充分，供给不足，发展也不均衡。五是康养产业发展缺乏稳定框架，行业服务标准体系不健全，消费观念落后且市场环境尚未形成。

### （二）老年人的社会参与不充分

老年人的社会参与程度较低。首先是自身价值感不足，老年人自身社会参与的意愿不高。传统观念将老年人纳入弱势群体，为防止意外或者需要照顾家庭，尤其认为老年人要抚养孙辈，且对大部分社会活动的意义缺乏正确的认识，认为老年人的社会参与可有可无。相关社会活动宣传力度不大，因而老年人参与度不高。另外老年人社会参与的内容也比较单一，以社区或街道组织的集体文化与活动为主，其他政治参与、经济参与内容较少。

### （三）老年数字鸿沟困境

随着数字生活走进寻常百姓家，成为日常生活的不可分割的重要部分。大部分老年人在医院、银行、政务大厅的终端系统等场景使用智能手机的能力上存在困难，因而与信息时代形成数字鸿沟，老年人渐渐陷入信息孤岛，大大影响老年人适应和融入社会生活。

### （四）老年教育的硬件条件和服务容量明显不足

一是老年大学学位供给不能满足老年学员的需求。银川市的老年教学规模已经在逐年增长，但依然是一位难求，很多老人都要排队很久才可以等到学位。银川老年大学也是几次迁移校址，新建分校，不断扩大教学规

模。2021 年位于兴庆区宝湖路星光华小区内的分校建成开学，分校占地 4575 平方米，上下 6 层，建筑面积 6000 多平方米，包含 25 个大小各异的教学功能室，可以同时容纳 1200 人上课。目前依然不能满足广大老年学员的上课需求。可见，老年人对教育的需求还是很旺盛的，通过参加教育活动提升了老年人的身心素养，增加他们的社交频率，使老年人的晚年生活更加健康幸福。二是经费方面明显不足。由于老年大学都是公益性质，经费主要来源于各级财政和奖补津贴，教育场地、硬件设施和运行经费不足是常态。三是在市内老年教育机构之间资源的整合力度也不够，如宁夏图书馆、银川图书馆、宁夏体育馆等适宜开展老年教育的公共活动场所，都没有充分运用到老年教育上。

**（五）老年群体形象标签化**

城市社会对老年人的包容性不足，造成老年群体的形象标签化甚至污名化。随着信息时代的发展，媒体的运行和信息的传播缺乏一定的约束与规范，自媒体时代到来以后，网络报道更加随意和随性。为博人眼球或者谋取商业利益，较多关于老人的负面新闻频繁发布，以个别老年人的不当行为评价老年群体的现象多发，造成大众心中老年人的形象过于消极。老年污名化现象造成城市社会对老年群体存有刻板影响，对老年群体缺乏正确理性的理解和包容的心态。

## 三、银川市老年友好型城市建设策略

### （一）创建老年友好型城市

1. 加强适老化公共环境建设

适老化宜居环境建设是一项跨领域、跨部门的综合性、长期性的系统工程。宁夏相关部门相继从部门职能角度制定了应对老龄化问题和提升适老化环境的政策文件，建议下一步在政策具体执行中建立区、县层面部门协调机制，启动实施银川市适老宜居环境塑造三年行动，并纳入学习贯彻习近平新时代中国特色社会主义思想主题教育，聚焦解决老年人设施保障的急难愁盼问题，稳步有序推进适老化宜居环境建设。严格落实国家相关标准和技术规范，相关职能部门科学精准做好适老设施规划，大力整合各类项目资金和政策，结合完整社区和未来社区建设试点推进城市和社区基础设施的适老化元素，逐步形成为老、便老、亲老的老年友好型环境。

2. 积极推动居家适老化设施改造

建议银川市加大居家适老化改造力度，聚焦功能性改造、适用性改造、安全性改造和舒适性改造四个方面，结合适老化改造示范社区建设和老旧小区改造等工作，重点推进老年人家庭适老化改造。继续推进无障碍改造，有条件的楼栋加装电梯；探索普及小区内人车分流等，使老年人出行更为方便快捷、安全有序。此外，推进适老化改造应注重方式创新。一方面，应加快建立困难老年人家庭适老化改造兜底机制，可探索设立适老化改造市级专项资金，并将居家适老化改造纳入居民住房公积金和房屋维修基金提取范围，增加老年人实施居家适老化改造的支付能力；另一方面，积极探索政府与社会资本合作模式，通过公益创投、项目捐赠等方式，吸引社会力量和经营主体积极参与适老化改造。

**（二）建成养老服务友好型城市**

1. 优化居家社区养老服务

实施居家社区养老服务设施品质提升行动，完善"中心带站点进家庭"全链条服务模式，培育一批以照护为主业、辐射社区周边、兼顾上门服务的标准化专业化养老服务照料中心，推动"15分钟养老服务圈"提质增效。建议进一步强化家庭养老功能的社会支持力度，推进"六助一护"（助餐、助浴、助洁、助医、助急、助行、上门照护）、家庭照护者培训、"喘息服务"等为老服务项目。探索"社区+物业+健康+养老服务"模式，就地解决居家养老服务需求；深化家庭养老床位建设，推行"家院融合"模式，鼓励养老服务机构参与建设与运营，完善相关扶持政策，并建立特殊困难老年人定期探访制度。

2. 提升机构养老的服务品质

公办养老机构发挥"兜底线，保基本"作用，支持县（市）区至少建设改造1所具备失能失智老年人照护能力养老机构，支持有条件的养老机构设立失智老年人照护专区。一是完善公办养老机构入住综合评估和轮候制度，优先接收经济困难的失能、失智、孤寡、残疾、高龄老年人以及计划生育特殊家庭老年人和曾为社会作出重要贡献的老年人。二是全面放开养老服务市场，鼓励养老机构通过兼并重组、连锁经营等方式做大做强，建设发展一批社区嵌入式、连锁化、专业化的小微养老服务机构。三是加强行业发展监管，落实养老机构标准、监管标准、评价体系和等级评定制度，设立养老机构诚信档案，提升养老机构规范化建设水平。

3. 打造数智养老服务品牌

建议银川市将养老服务深度融入"智慧城市"建设，依托民政部门"金民工程"，加快搭建覆盖城乡的银川市智慧养老服务平台，通过户籍、医疗、社会保险、社会救助等信息资源对接，提供精准智能的"大数据"养老服务，打造全市城乡养老信息化生态圈。同时，着力推进养老领域数字化赋能，做深做强智慧养老服务应用场景建设，不断提高养老服务智能化水平；支持老年用品制造业创新发展，采用新技术、新工艺、新材料和新装备，促进产品升级换代，满足老年人个性需求，建立符合中国人消费习惯的适老化产品品牌。

**（三）构建老年社会参与友好型城市**

1. 升级老年教育，促进老年人健康生活和社会参与

老年教育是促进老年人社会参与的重要途径。一是建议银川市继续扩大建立现有优质老年大学分校，整合社区、高等院校、大型国企的资源，与示范带动和辐射作用较大的老年大学联合开办分校，不断扩大老年教育网点覆盖面，丰富老年大学的教育资源。二是出台相关激励政策，通过购买服务、项目合作，尝试老年教育市场化和公益化双向发展，支持鼓励多种社会力量参与老年教育。三是在教学方式上采用研讨式、体验式、情景式教学等方式丰富多种教学方式。四是探索与宁夏广播电视大学、宁夏电视台、银川电视台、网络电信公司、微信、快手、抖音等平台合作，建立老年大学远程教育网络，使更多老年人共享优质精品课程资源。

2. 开发老年人力资源，促进老年人实现社会价值

老龄化带来的劳动年龄人口逐渐减少的情况下，推动形成更具弹性的

劳动力市场和更广泛的就业，对于缓解人口老龄化带来的冲击有着积极的作用。随着全民营养健康水平的提升，老年人在退休年龄之时，健康状况尚佳，依然可以承担一定的工作任务。有些老年人因退休或其他经济收入水平有限，需要一定的补充性收入来改善生活，充实养老经济保障；另有一部分老年人具有一定的专业知识和技术能力，退休后在健康状况允许的前提下仍然有到社会上发挥余热的意愿，更多地实现社会价值，并以此保持一定的社会活力。老年人再就业也需要按照相关的法律条例规范用工和劳动报酬合法性，加强执法监督力度，保护用工单位和劳动者双方的合法利益。建议自治区和银川市人力资源和社会保障部门建立就业培训机构和就业信息平台建设，促进老年劳动者更充分就业，并尽快地形成与老龄化社会相适应的劳动保障制度。

3. 推动老年志愿服务，促进老年人的社会参与

老年人参与志愿服务活动有利于老年人获得积极的情绪体验，有助于老年人自我角色认同，并维持其身体健康的发展。老年人在退休后通过自我学习完成了由"劳动者"到"志愿者"的社会角色转换，推动老人亲社会的步伐，增强了老年人的社会交往，缓解他们对社会的疏离感。因此，建议银川市积极帮助社区和社会组织根据老年人的特征和特殊性设计适宜的志愿项目，建议政府机构采取一定的激励措施，激发老年群体参与志愿服务的积极性和能动性。

**(四) 营造敬老孝亲氛围友好型城市**

1. 重塑敬老孝亲的文化环境

敬老孝亲文化是中华优秀传统文化的重要部分，也是社会主义核心价值观在社区、家庭和个人层面的具体呈现，更是积极老龄观的核心内容。构建老年友好型城市是解决城镇化背景下"银发社会"问题的良策，而敬老孝亲的文化环境是构建老年友好型城市的重要措施。要加强人口老龄化背景下敬老孝亲文化建设，积极宣传守望相助、邻里和睦、与人为善、与邻为伴等社会风尚，营造浓厚孝道氛围。我国是具有深厚的孝文化传统的国家，孝文化既包括家庭或家族内部基于血缘关系基础上的对父母、长辈的物质上的奉养和精神上的关爱，也包括在社会层面对老年人的价值认可、

生活照料和精神关怀。文化是社会发展的成果，也是社会前进的动力，孝文化亦是老年友好型社会进阶的动力。因此可从以下三个层面重构敬老孝亲文化：一是积极推动敬老孝亲的家庭文化建设，建设和谐家庭氛围，既尊重同辈，又爱护晚辈，在家庭中营造兄友弟恭的家庭氛围，以互助、友爱作为家庭主旋律，在家庭层面为老年人提供居家友好的生活环境。二是在社区文化建设中注重孝道文化的传播带来的规范性和约束力，通过重阳节、中秋节等节庆文化活动，以社区为载体宣传敬老爱老文化。三是在市域范围内，通过各种渠道和方式，对中青年和儿童进行全龄友好文化的宣导，抵制社会上的"厌老"思潮，倡导全社会认可老年群体曾经为国家建设、为社会发展做出过的贡献，帮助老年人，爱护老年人，敬重老年人。

2. 丰富老年文化娱乐活动

银川市的老年文化娱乐活动一向开展得非常丰富，这一点我们日常在兴庆区的中山公园、金凤区的森林公园、西夏区的西夏广场都可以感受到，也由此可见老年群体对文化娱乐活动的需求是相对旺盛的。因此，建议银川市利用图书馆、博物馆、展览馆和文化艺术中心的资源和场地，提升老年文化娱乐活动的教育、休闲功能。二是社区的老年文化娱乐活动要更加形式多样，参与主体也要更多元。传统概念中由社区工作人员和文化部门工作人员作为社区老年文化活动的组织者，今后应转变思维，引导多主体参与社区老年文化娱乐活动，让专业的社会组织、志愿服务团队等第三方机构加入社区老年文化娱乐活动的组织。三是政府机构应该多方筹措活动经费，通过引入公益慈善基金、个人募捐等方式，拓展传统经费来源，消费因经费不足导致的老年文化娱乐活动中断或停办。四是多方协调，消除老年文化娱乐活动扰民的现象，在时间和地点的选择上充分考虑避免对周边居民和办公场所的影响，在"十四五"结束前出台《银川市的公共文化娱乐活动管理条例》，对老年人文化娱乐活动扰民现象予以制度上的管理和限定。

老年人是人类社会的宝贵财富，对于我们国家更是如此。我们今天的幸福生活和优越的物质生活离不开老一代的辛勤奋斗，老年人为国家和社会创造了丰厚的物质财富，尊老敬老任重而道远。需要全社会参与进来，共同构建老年友好型社会。银川市正面临黄河流域高质量发展先行区的重要机遇，建设老年友好型健康城市，既是在应对重要的城市社会问题，也是在创造良好的城市发展机遇。建设老年友好型城市建设，既可以提升老年人的生活获得感、幸福感和安全感，同时也是将银川市打造成人民生活的福地。

# 科技支撑篇
KEJI ZHICHENG PIAN

# 宁夏科技成果转化及产业化研究

曹丽华　徐锦娟　赵功强　刘　雁　张　冲

　　科技成果转化是科技创新与经济发展的紧密结合，是发挥科技在现代化经济体系建设中战略支撑作用的重要环节，也是宁夏实施创新驱动发展战略的重要方面。党的二十大报告明确指出："加强企业主导的产学研深度融合，强化目标导向，提高科技成果转化和产业化水平。"宁夏的第十三次党代会把创新驱动作为五大战略之首，坚持把促进科技成果转移转化作为欠发达地区实施创新驱动战略的主要任务，从健全体制机制、加大财政支持和撬动社会资本投入、加快技术要素市场体系建设等方面全面发力、多点突破、纵深发展，快速推动科技成果向经济、产业和社会发展转移转化取得全面进展。

## 一、宁夏加快科技成果转化和产业化水平的实践探索

### （一）完善科技成果转化的工作机制

　　宁夏科技厅在 2018 年机构改革时专门设立了成果转化与科技服务处，该处成为宁夏科技成果转化工作的核心枢纽。在此之后，宁夏密集颁布和

　　作者简介　曹丽华,宁夏生产力促进中心副研究员;徐锦娟,宁夏生产力促进中心副主任;赵功强,宁夏生产力促进中心主任、二级研究员,宁夏重大行政决策咨询论证专家库专家;刘雁,宁夏生产力促进中心助理研究员;张冲,宁夏生产力促进中心高级经济师。

出台了《宁夏回族自治区促进科技成果转化条例》《宁夏回族自治区技术市场促进条例》《关于促进科技成果转移转化的实施意见》《赋予科研人员职务科技成果所有权或长期使用权试点实施方案》《宁夏回族自治区科技金融补助管理暂行办法》《宁夏回族自治区技术交易补助管理暂行办法》等近30项法律法规和政策文件，其中前三者被称为"新时期推动科技成果转化三部曲"。这些政策的出台为宁夏科技成果转化和产业化提供了有力的法律、政策保障，并明确了各级财政对科技成果转化工作的资金支持保障、高校院所推进科技成果转化的权利与义务、科研人员的奖励及报酬标准、技术经理人专业技术职称评审等，有力地破解了宁夏科技成果转移转化体制机制障碍，打通了科技成果转化的多环节"堵点"，构建了良好的科技成果转化和产业化创新生态。

**（二）加大财政支持和撬动社会资本投入**

宁夏财政厅和科技厅于2019年联合设立科技成果转化专项资金，每年投入财政资金5亿多元，聚焦战略性新兴产业、高新技术产业和县域特色优势产业建链、强链、补链、延链方面的技术需求和现实短板，以引导性资金、后补助、奖励补助、科技金融"贷"款等方式，引导和支持企业引进国内外优质科技成果进行转移转化、中试熟化和产业化，已实施"葡萄酒酵母发酵剂制备技术"等重大科技成果转化应用项目204项、县域科技成果引进示范推广项目318项，认真落实企业科技创新研究开发费用后补助政策，先后有5148家（次）科技型企业享受到研发费用后补助资金22.7亿元，对区内127家企业、高校院所开展的164笔技术交易给予4389.17万元技术交易补助，对7家企业购置的关键核心设备给予475万元补助。宁夏科技厅与19家银行、担保、保险等金融机构达成战略合作关系，通过风险补偿贷款、科技担保贷款、科技保险、科技金融补助等方式累计撬动金融资本151亿元，为2815家（次）科技企业提供贷款支持，2022年支持科技企业628家，贷款总额26.4亿元，着力引导和撬动金融资本支持科技型企业实现创新发展。

**（三）构建技术要素市场服务体系**

2018年以来，宁夏技术要素市场服务体系快速发展，初步建立了区、市、县三级技术要素市场服务体系。到 2023 年底，全区建成各类技术市场服务机构 49 家、科技中介示范机构 42 家和科技中介服务协会 1 家。宁夏技术市场运用"互联网+"、大数据等新技术、新模式，建立了科技成果转化线上线下服务平台，累计收集、筛选、入库各类科技成果 13 万项，服务企业 10000 余家（次），组织开展各类产学研对接、科技成果路演、成果推介、培训等活动 200 余场。宁夏技术转移研究院成功搭建了"东西部科技合作技术转移服务平台"，探索筹建了宁夏高校院所技术转移联盟、宁夏技术转移专家智库。据宁夏科技厅统计，2018—2023 年，宁夏围绕"六新六特六优"产业技术需求共举办了 6 届中国创新挑战赛，面向全国发布宁夏企业创新技术需求 1689 项，征集有效技术解决方案 800 余项，促成宁夏企业与国内有关高校、科研院所、科技创新团队签订技术合作协议 370 项，合作金额近 5 亿元。2023 年 7 月，自治区党委人才办和科技厅等部门共同主办首届宁夏科技成果转化暨人才交流合作大会，集中举办科技创新成果及人才展、高层次急需紧缺人才和东西部科技成果供需对接会、科技成果竞拍会及科技成果评价沙龙等系列科技创新活动，吸引 19 个东西部省市（区），80 多家高校、院所、企业、技术转移机构和 149 家单位参会参展，集中展示科技成果 300 多项，签订科技成果引进转化、科技金融合作等合作协议 123 项，金额达 8.3 亿元，敲响了宁夏科技成果拍卖"第一槌"，开辟了科技成果转化新渠道，推动创新链产业链、资金链、人才链深度融合，有效促进了科技成果转化和产业化。

### （四）启动职务科技成果赋权改革试点工作

为激发科研人员创新创造活力，宁夏启动了职务科技成果赋权改革试点工作。宁夏大学、宁夏农林科学院 2 家试点单位通过"先赋权后转化"或"先转化后奖励"方式，累计转移转化职务科技成果 134 项、合同金额 3545 万元，年均转化金额较试点前提高了 2 倍以上。宁夏大学采用"先确权后转化"模式，以协议方式约定科技成果权属比例，明确成果转化总收益的 85% 直接奖励给完成人，在教师职称评审等方面加大成果转化绩效权重，规定 5 年内成果转化累计到校经费达 50 万元者可直接推荐评定副高级专业技术职称，成果转化累计到校经费达 100 万元者可直接推荐评定正高级专业技术职称。宁夏农科院注重强化激励引导，明确科技成果赋权具体流程。同时，赋予科研人员技术路线决定权、科研经费自主支配权、组建团队用人权，使农科院科技成果转化驶上了"快车道"。2022 年，转化合同总金额近 800 万元，比上年度增长 179.3%。职务科技成果赋权改革有效激活了高校、科研院所科技成果转化效率，激发了科技人员实施成果转化的主动性和创造性。

### （五）提升企业技术创新和成果转化能力

企业是科技成果转化落地的主体，为提升企业技术创新和成果转化能力，宁夏科技厅印发《关于支持民营企业科技创新的若干措施》，加大科技型企业培育力度，不断优化完善科技型企业培育梯次，启动瞪羚企业、创新型示范企业认定培育认定，科技型企业大幅增加。2022 年底，全区各类科技型企业超过 2800 家，预计 2024 年启动科技领军企业、雏鹰企业、独角兽企业培育认定，并实施企业家创新精神培育培训专项行动，着力激发企业家创新精神和创造意识。宁夏的科技成果转化效益非常显著，《中国区域科技创新评价报告 2023》显示，2022 年宁夏高新技术产业化效益指数达到 99.41%，排名全国第二位。

### （六）加快技术转移人才培养

2015—2023 年，宁夏加快技术转移人才培养，快速壮大技术经理人队伍建设.采取走出去与引进来、线上与线下结合方式，每年开展技术经理人培训班 2~3 期。累计培训培养了能够为企业技术转移转化提供需求挖掘、政策咨询、成果评价等全链条、专业化服务的技术经理人 1000 余名。2022年出台《自治区工程系列技术经理人专业职称评审条件（试行）》，正式将技术经理人纳入专业技术职称系列，按照技术转移转化研究、技术转移转化运营、技术转移转化服务三个专业方向，设置初级、中级、副高级和高级职称，构建专业化、梯度化技术转移人才培养体系，为宁夏科技成果转化提供重要的人才保障。

## 二、影响和制约宁夏科技成果转化的主要因素

### (一) 企业创新主体地位不够突出

企业是科技成果转化的主体。从总体情况看，宁夏企业整体创新意识还不强，企业的自主创新能力弱，不愿创新、不敢创新、不会创新的问题普遍存在。特别是大企业科技创新动力不足，规上企业中仍有66%没有开展研发活动，中小企业创新能力不足，缺乏技术、人才和经济实力的支撑。

### (二) 产学研深度融合机制尚不健全

当前宁夏的企业、高校、科研院所联合开展技术开发、科技成果示范应用、技术改造提升、技术创新人才培养等方面的合作交流缺乏成熟的机制。已开展的合作多以解决一般性、临时性技术问题为主，且因各方合作人员、项目、经费等都不稳定，难以实现对某些重点领域的课题开展持续稳定联合研究、人才培养以及相应的知识创造、积累和经验的共享。一定程度上"研"与"转"之间的"堵点"尚未完全打通，急需进一步完善产学研深度融合体制机制。

### (三) 技术市场体系还不够完善

诸多因素导致宁夏技术市场融入全国统一技术大市场进程缓慢，技术要素市场服务体系还有待完善。一是缺乏优质技术转移转化服务机构和专业的技术转移人才团队。二是技术要素市场建设进度相对滞后。三是科技中介机构服务能力不强。

### (四) 科技金融等创新服务仍需提升

一是科技金融生态氛围不够浓厚。宁夏主要依托政府开展科技金融服务管理，人员力量、专业能力、服务范围受限，制约了科技金融突破性发展，亟待建立市场化科技金融服务平台。二是科技投融资存在股权投资短板，在发展政府引导基金、培育壮大私募基金、吸引头部投资机构落地的政策环境建设方面相对滞后。三是科技金融产品亟待优化提升，宁夏现有科技金融产品存在金额小、周期短的局限，科技金融产品服务创新不足。

## 三、宁夏加快科技成果转化和产业化水平的对策建议

### (一)持续强化企业科技创新主体地位

宁夏应持续加大企业家创新精神培训和科技型企业培育力度,稳定落实各类科技型企业奖补政策,强化企业科技创新能力。鼓励各市县(区)出台针对科技型企业的奖补和支持措施,引导支持更多的企业加速进入科技型企业队伍。调整科技项目支持方式,促进科技型中小微企业科技创新,小微企业申报科技项目依然很难,建议单列一定预算资助设立科技型小微企业研发补助专项,专门支持科技型小微企业开展研发活动,确保科技项目支持范围能够做到微、小、中、大型企业全面覆盖。进一步发挥大企业的技术创新骨干作用,支持行业骨干企业牵头组建创新联合体,参与建立技术创新中心、工程技术研究中心、重点实验室、产业技术协同创新中心、科技成果转化中试基地、新型研发机构等创新平台,让各类企业深度参与科技创新、成果转化。

### (二)持续完善产学研深度融合机制

充分发挥政府在科技成果转化环节的方向引领、政策扶持、资源协调等综合作用。创新产学研深度融合模式,推动区内各创新主体与国家大院大所、重点高校、东中部地区创新主体建立协同创新共同体,合作共建创新平台。支持区内外高校、科研机构在宁夏建立专业化技术转移机构,引导科研机构、科研人员与企业建立联合攻关、科技成果转化及产业化示范利益共同体。进一步深化职务科技成果赋权改革等制度,向区内其他高校、院所积极推广宁夏大学和宁夏农科院试点经验,探索建立更加符合市场规律、更能激发科研人员、企业创新活力的产学研融合机制,推动提升高校、院所科技成果转化成效。

### (三)完善宁夏技术要素市场服务体系

一是提升技术转移机构的服务能力。加强与国际技术转移机构对接,借助中阿技术转移平台,融入国际成果转移转化协作网络,与"一带一路"共建国家在技术引进与孵化、技术输出与转化和人才交流等方面合作机制,加强国际合作,推动宁夏成为面向"一带一路"共建国家技术交流的重要

交汇点。促进创新合作、技术交易、资源共享，调动各类科技中介服务机构为科技成果转化提供良好服务。二是提升宁夏技术市场、宁夏技术转移研究院的服务效能。搭建线上线下活跃高效的宁夏技术市场平台，推动有条件的市县、高新区、园区建设区域性、行业性技术市场，加快宁夏技术市场融入全国统一技术大市场。将宁夏技术转移研究院"东西部科技合作技术转移服务平台"升级为"东西部科技合作创新信息共享平台"，推进宁夏东西部科技合作高校院所技术转移中心主任联盟和技术转移专家智库建设，构建东西部互联互通技术转移网络。三是以需求为导向，持续办好各类创新活动。持续高标准举办中国创新挑战赛（宁夏）、科技成果"直通车"、创新创业大赛等创新活动，搭建科技成果供需精准对接平台。建立宁夏科技成果转化暨人才交流合作大会长效举办机制，力争将大会打造成为集聚科技创新资源的重要载体、科技人才引进与交流的高端平台，推动招才引智、成果转化有机结合、协同联动。探索"以赛代评"立项机制，企业给予各类科技创新活动中的获奖、签约的科技创新团队"捆绑"立项支持，提高企业技术创新需求对接效率，精准解决企业技术难点，有效提高科技成果转化和产业化水平。

**（四）壮大科技成果转移转化人才队伍**

加强对具有国际化视野的科技成果转化人才的引进和培养，提升宁夏技术转移机构服务能力。建议设立科技成果转化奖、科技服务贡献奖，不断提升科技成果转化人才的社会荣誉度和社会认可度，激励吸引在职及退休科技人员、科技管理人员、科技中介人员积极投身到科技成果转化服务事业中；建议科技管理部门成立科技成果转化工作专班，结合科技特派员、"三区"科技人才等工作，打造一批面向基层、注重实干的科技成果转移转化人才队伍。

**（五）加大财政、金融支持力度**

优化顶层设计，构建以财政投入为引导、企业投入为主体、金融机构为支撑、社会资本为补充的多元化科技成果转化投入体系，进一步促进科技与金融深度融合。持续优化科技金融政策环境和体制机制，组建宁夏科技创新投资（科技金融）集团公司，打造高水平市场化科技金融综合服务平台，面向科技、金融、创投、中介等市场主体提供需求发布、创新评价、融资撮合、政策咨询等科技金融服务。建立科技创新股权投资体系，设立科技创新引导基金，引导社会资本共同设立天使、创投、科技成果转化等科创类基金，投早、投小支持早中期科技型企业创新发展，持续解决企业科技创新融资难题，引导更多企业投身科技创新活动、加大科技投入力度。

# 宁夏财政科技投入统计分析与建议①

邬佳宝　郭红侠

　　财政科技投入是增强创新驱动的源动力，是引导宁夏加大研发投入的重要来源，对保障科技计划实施、支持地方经济和社会发展起着重要的引导和调节作用。近年来，宁夏认真学习贯彻习近平总书记关于科技创新的重要论述，全力推动落实自治区第十三次党代会部署要求，深入实施创新驱动战略，大幅增加财政科技投入，有效地激发了各类创新主体的科技创新活力。

## 一、宁夏财政科技投入整体情况

### （一）财政科技支出总量及支出比重情况

　　2022 年，全区地方财政科技支出达到 25.56 亿元，较上年下降了 11.84%，占一般公共预算支出比重为 1.61%。"十三五"期间，财政对科技创新的支持力度增加，呈波浪式提升趋势，财政科技支出从 2016 年的 18.25 亿元增至 2020 年的 27.91 亿元，年均增速达到 10.10%。同期各年环比增速也呈现先增后降的趋势，在 2017 年增速达到最大（39.98%），2019 年、2020 年

**作者简介**　邬佳宝,宁夏科技发展战略和信息研究所助理研究员;郭红侠,宁夏科技发展战略和信息研究所创新室主任、副研究员。

①本文为宁夏自然科学基金项目"宁夏科技创新能力统计监测模型构建研究"（项目编号:2023AAC03730)阶段性成果。本文数据来源于《宁夏统计年鉴 2022》《宁夏科技统计年鉴 2022》《宁夏科技统计数据 2022》。

呈现负增长，分别下降了 8.12%、10.72%。从全区财政科技支出占财政支出的比重来看，由 2016 年的 1.46%上升到 2018 年的最高值 2.40%，后降至 2020 年的 1.89%（见图 1）。财政科技投入为科学技术发展提供了强有力的财力保障。

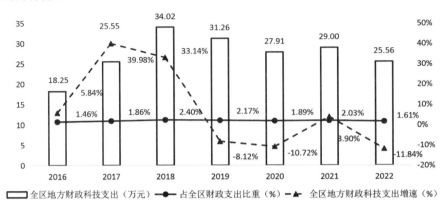

图 1    2016—2022 年宁夏财政科技支出及增速情况

2022 年，区本级财政科技支出 9.64 亿元，较上年降低 22.21%，占本级一般公共预算支出 2.36%；本级财政科技支出占全区财政支出的 37.70%，较上年减少 5.02 个百分点。"十三五"时期，区本级财政科技支出整体高于"十二五"水平，整体变化呈现上升趋势，由 2016 年的 9.77 亿元升至 2020 年的 13.11 亿元，尤其是 2018 年达到最高值 17.03 亿元，年均增速 3.71%；区本级财政科技支出占本级财政支出的比重先增后降，2018年达到五年最高的 4.91%，2020 年降至 3.65%（见图 2）。本级财政科技支

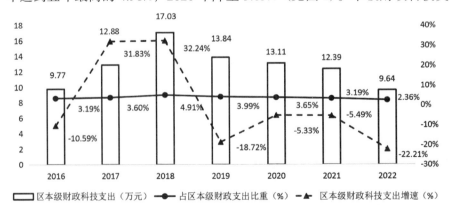

图 2    2016—2022 年自治区本级财政科技支出及增速

出一直维持较高位，积极引导地方财政科技支出。

**（二）财政科技支出科目分析**

从财政科技支出科目看，2022 年区本级支出金额排名前三位的款级科目占总体的 83.08%，其中，技术研究与开发 3.15 亿元，占比 32.70%，主要侧重于科技成果转化、科技金融、重点研发计划和中央引导地方科技发展专项等；科技条件与服务 3.13 亿元，占比 32.47%，主要围绕基础条件与创新平台建设、高新技术产业发展项目、双创示范基地、电子政务外网等；科学技术管理事务 1.73 亿元，占比 17.91%，主要围绕宁夏农林科学院及其下设 11 个公益性研究机构、宁夏社会科学界联合会和宁夏科技厅的基本运转及项目支出。"十三五"期间，区本级财政科技支出中排名前三的款级科目为其他科学技术支出、技术研究与开发和科学技术管理事务，三者合计支出金额分别占当年区本级财政科技支出的 76.91%、83.01%、89.84%、82.74% 和 73.00%。从财政科技资金的投向情况来看，宁夏财政科技投入偏向技术研究与开发，科技管理方面的投入整体偏高。

**（三）财政科技支出功能分析①**

近年来，宁夏主动创新财政政策和支持方式，围绕主线，突出重点，聚焦关键，大力促进创新驱动发展。2021 年区本级财政科技支出 12.39 亿元，其中，R&D 活动 3.93 亿元，占比 31.72%；科技基础工作正常运转经费 2.12 亿元，占比 17.14%；区域创新体系建设经费 2.59 亿元，占比 20.94%；科技成果转移转化及产业化经费 3.74 亿元，占比 30.21%。R&D 活动支出占全区财政科技支出的比重由 2016 年的 15.40% 增加到 2021 年的 31.72%。相较于 2016 年，R&D 活动支出和区域创新体系建设经费大幅增加，科技成果转移转化及产业化经费相对减少，反映出宁夏财政科技投入注重科技研发，持续扩大投入额度。

---

① 财政科技支出功能分析根据财政收支分类科目说明内容，将财政科技支出（206）项级科目划分 R&D 活动、科技基础工作正常运转、区域创新环境建设、科技成果转化及产业化 4 个部分，其中 R&D 活动经费来源于地方财政科技支出统计报表，因地方财政科技支出调查统计数据未完成审核，2022 年的未列出。

**（四）五市财政科技支出情况**

从五市财政科技支出及增速来看，2022 年，银川财政科技支出为 7.90 亿元，占全区地方财政科技支出的 31.91%，成为全区财政科技投入的主力；石嘴山、吴忠、中卫和固原分别为 2.71 亿元、2.25 亿元、1.89 亿元和 1.17 亿元。全区各市财政科技支出呈现一定幅度波动，有 2 个市财政科技支出较上年有所提升，银川和石嘴山增速分别为 1.46% 和 0.93%；吴忠、中卫和固原出现下降，其中吴忠的下降幅度达到 20.54%。"十三五"期间，银川财政科技支出占五市财政科技支出比重有 4 年超过 50%，占据五市财政科技支出的半壁江山。五市财政科技支出虽有波动，但均处于上升趋势，银川市、石嘴山市、吴忠市、中卫市和固原市年均增速分别为 14.67%、33.04%、22.73%、11.30% 和 23.44%。

从五市财政科技支出占比及增量来看，2022 年，石嘴山和银川市财政科技支出占一般公共预算支出比重超过全区平均水平（1.61%），占比分别为 2.23% 和 2.22%；吴忠、中卫和固原市财政科技支出占比均不到 1%。"十三五"期间，银川市、石嘴山市、吴忠市、中卫市和固原市财政科技支出占一般公共预算支出比重的峰值大多在 2018 年，分别为 4.32%、2.90%、2.95%、1.07% 和 2.90%；五年中仅银川市财政科技支出占一般公共预算支出比重均超过全区平均水平。由此反映出，财政科技资金投入地区比较集中，从 2018 年后用于科技创新和研发投入的引导和支持力度有所下降。

**（五）县（区）财政科技支出情况**

从县本级财政科技支出来看，2022 年财政科技支出总量超过 5000 万的有 4 个县（区），分别是灵武、贺兰、平罗和青铜峡，灵武财政科技支出（19225 万元）是中宁（7495 万元）的 2 倍有余（见图 3）。从县级财政科技支出占比来看，有 2 个县（区）财政科技支出占一般公共预算支出比重超过全区平均水平（1.61%），分别是灵武和贺兰，占比分别为 2.79% 和 2.13%，有 17 个县（区）财政科技支出占比不足 1%，永宁县仅为 0.10%。"十三五"期间，县级财政科技支出总体呈增长趋势，其中大武口、惠农、平罗均大于 50%（见图 4）。可以看出，县级财政科技资金投入持续加大，投入力度大的地区相对比较集中。

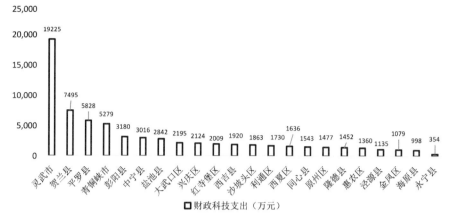

图3　2022年宁夏县级财政科技支出情况

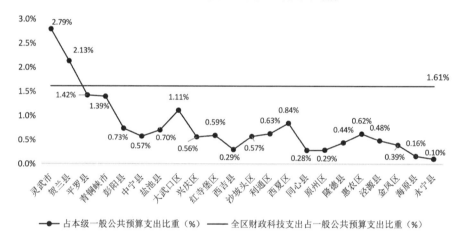

图4　2022年宁夏县级财政科技支出占一般公共预算支出比重

## 二、宁夏财政科技投入存在的问题

### （一）财政科技投入持续增长不足

近年来，宁夏对科技创新的支持力度大幅提升，财政科技投入的规模不断加大，总体呈上升趋势，但存在基数偏小，波动幅度较大。2018—2022年，全区财政科技支出从2018年的34.02亿元下降至2022年的25.56亿元，2019年、2020年和2022年分别下降了8.12%、10.72%和11.84%。财政科技支出占财政支出比重也呈波动下降趋势，由2018年的2.40%降至2022年的1.61%，比重增幅的下降说明财政科技支出增速低于地方财政支出增速，财政科技支出占地方财政支出比重增长乏力，在某种程度上影响了政府投入对全社会研发投入的引导作用。2022 年，宁夏全社会研究与试验发展（R&D）经费支出 79.38 亿元，研究与试验发展（R&D）经费投入强度（与地区生产总值之比）为 1.57%，与全国（2.54%）和西部地区首位的重庆（2.36%）相比，差距明显，仅依靠财政科技的投入很难实现全区研发经费总量的持续增长。

### （二）财政科技支持结构有待优化

财政科技资金投向侧重技术研发与成果转化，源头创新不足。从财政科技支出款级科目可看出，宁夏财政科技支出以其他科学技术支出和技术研究与开发为主，占比达到 60%，技术研究开发、科技管理方面、科技成果转化、信息化建设等较多，基础研究和应用研究投入较弱。在 2016—2019 年，基础研究和应用研究 2 个款级科目之和占财政科技支出的比重不足 4%，基础研究在 2016—2018 年不足 1%。在 R&D 经费支出中，基础研究是科技创新可持续发展的重要保证，具有显著公共产品属性。2022 年，全区研发经费投入中基础研究和应用研究经费之和仅占 13%。

### （三）地区财政科技支持力度差异明显

全区各市、县（区）经济与社会发展不均衡，财政科技投入水平差异显著。2016—2022 年，区本级财政科技投入力度明显高于全区平均水平，区本级财政科技支出占本级财政支出的比重一直维持在 3% 以上，而全区水平基本在 2% 上下浮动。从财政科技支出总量上看，银川是其余四市的 2 倍以上；从增长幅度看，石嘴山年均增幅最大（25.56%），中卫较小（6.71%），二者相差 18.85 个百分点；从财政科技支出占地方财政比重上看，银川财政科技投入强度水平最高，2018 年达到了 4.32%，石嘴山、吴忠、固原、中卫分别比银川少 1.42、1.37、3.25、1.42 个百分点。2022 年，22 个县（区）中仅有 5 个县（区）财政科技支出超过县级平均水平（3170 万元），12 个县区不足 2000 万，有 17 个县（区）财政科技支出占地方财政比重不足 1%。

### 三、加强宁夏财政科技投入对策及建议

全面贯彻落实党的二十大提出的深化财政科技经费分配使用机制改革要求，建立财政科技投入稳定增长机制，优化财政科技投入结构，不断创新财政支持方式，提升财政科技投入效能。

#### （一）建立财政科技投入持续增长机制

建立财政科技投入稳定增长机制，发挥财政科技资金的强力驱动和引导作用，带动全社会研究与试验发展（R&D）经费投入强度稳步提升。一是在财政支出中保证科技投入的优先级，加大科技投入以切实提高财政科技投入绩效，将有助于先行区建设和创新驱动发展战略的落实，要按照《中华人民共和国科学技术进步法》的相关要求，加快出台宁夏回族自治区科学技术进步条例，从体制和制度上依法保证用于科学技术经费的增长幅度应当高于财政经常性收入的增长幅度，建立严格明确的法规制度，保证科研活动内外部环境，激发市场创新活力，加大全社会对科技的投入。二是进一步加强各级财政科技投入，优化资金配置，提高财政科技资金用于研发活动的比重，特别要加大落后地区的支持力度。汲取先进先行地区的财政科技创新改革政策，结合本地区实际情况，确保自身财政科技投入支持的稳定性和持续性，从总量和存量上提升财政科技投入力度。三是继续加大对市、县（区）实施创新驱动战略和高质量发展的考核力度，确保财政投入分级加大力度。引导市、县（区）财政科技投入聚焦研发，引导企业和社会其他组织提高对科研的投入力度，促使企业成为创新研发的主体。

#### （二）优化财政科技投入结构

基础研究和应用研究作为科学研究的总开关，对于创新水平提升起到了源头活水的作用。一是继续加大基础研究投入力度。对接国家现有科技计划布局，聚焦自治区党委、政府重大决策部署，通过凝练项目、聚焦重点进一步加大对自然科学基金的投入力度，重点支持科研人员开展自然科学及与自然科学相交叉学科领域的基础研究和应用基础研究，鼓励科研人员围绕服务经济社会发展和产业需求开展科学研究和自由探索。二是加强

重点产业应用研究支持。面向"六新六特六优"产业，在信息、能源、生物、环境、农业等领域，针对高校和科研院所，战略部署一批基础研究项目，重点解决一大批制约发展的关键科学问题，加大基础研究投入比例，促进基础研究、技术开发、产业化全创新链协同贯通。充分发挥东西部科技合作机制的作用，引导企业以自身需求为导向，不断创新"揭榜挂帅""赛马"等项目组织方式，推进企业与高等学校、科研机构的合作研发和科技成果转化，提高规上企业开展研发活动的比例。二是规范项目管理。联动科技、财政、相关产业部门建立项目库管理制度，对基础性、长期性科技项目进行收集储备、分类筛选、评审论证、排序择优和预算编制，作为项目滚动实施或分期实施的基础，加大财政稳增长支持力度。

**（三）提升财政科技投入效能**

一是创新财政支持方式。加强与地市科技项目联动，积极引导地市财政科技投入竞争性的项目。充分发挥高等学校、科研机构等公益研究机构各类创新主体的创新主动性、积极性，对科研机构和大学的研发项目经费，采取"竞争+稳定"的支持方式。开展院士、领军人才支持方式试点，围绕国家、自治区重大战略需求和前沿科技领域，给予持续稳定的科研经费支持，由院士、领军人才自主确定研究课题，自主选聘科研团队，自主安排科研经费使用。鼓励自治区、市（县）财政对被列为全社会研究与试验发展（R&D）纳统单位的科研机构，根据研发投入按一定比例给予补助。支持新型研发机构实行"预算+负面清单"管理模式。建立金融资本支持企业创新机制，发挥科技担保基金、风险补偿资金的杠杆作用，撬动金融资本支持科技企业创新发展。二是健全财政科技投入监管机制。明确各部门权责范围，简化财政拨款手续流程，加强项目的申报、实施、验收、反馈等各环节的监管工作，建立既符合科研规律又能全方位监管的流程，提高财政资金利用效率。三是完善财政科技经费投入绩效评价机制。建立事前事中事后相结合的科技经费绩效评价制度，在分配资金前加强事前绩效评估，合理有序安排每部分财政科技资金；在资金运行过程中加强资金风险管控，提高财政科技经费使用效益；根据资金使用绩效评价结果提升财政科技投入管理水平。

# 宁夏打造区域科技创新高地研究

## 马万琪

2023 年，国家批建了北京、上海、粤港澳大湾区 3 个国际科技创新中心和成渝、武汉、西安 3 个国家区域科技创新中心，河南在打造一流创新生态文明建设国家创新高地、湖南在争取建设长株潭区域科技创新中心。建设科技创新高地已成为区域高质量发展的竞争热点、制胜未来的关键一招。一般来讲，科技创新高地首先是科学研究发展扩散形成的科研基地，其次是创新产业蓬勃发展形成的创新阵地，创新高地也必须依赖于"热带雨林"式创新生态。自治区第十三次党代会提出"打造区域有影响力的科技创新高地"，为推动全区科技创新描绘了目标蓝图。

## 一、宁夏建设科技创新高地的现状

### （一）科技创新基础实力进一步加强

2022 年，宁夏综合科技创新水平指数达到 61.4 分，排名全国第十八位、西北第二位。全区 R&D 经费投入达到 79.4 亿元，同比增长 12.78%，高于全国增速 2.67 个百分点，增速居于沿黄九省区第一，R&D 强度达到 1.57%，排名全国第十八位，比 GDP 全国排名高 10 个名次。启动组建自治区装备制造、新材料实验室，林木资源高效生产全国重点实验室成功重组。首

---

**作者简介** 马万琪，宁夏科技发展战略和信息研究所助理研究员。

批备案智慧水联网等新型研发机构 6 家，科技创新平台总数达 771 家。累计遴选培养科技领军人才 95 名，科技创新团队 142 个，宁夏大学教授李星获得 2022 年何梁何利奖，北方民族大学教授靳治良当选 2023 年欧洲自然科学院院士。区域创新各具特色，银川市加快建设创新发展引领市，R&D 强度首超 2%，盐池、贺兰、平罗获批国家创新型县。

**（二）科技支撑高质量发展做出新贡献**

2022 年实施重点攻关、重大成果转化项目 278 项，带动技术合同成交额达 34.37 亿元，催生出一批硬核技术、明星产品。气相法生产聚丙烯技术打破国外技术壁垒、神州轮胎达到 C919 大飞机装机技术标准、草坪节水灌溉技术闪耀世界杯绿茵场；煤制聚丙烯等 5 项产品入选全国制造业单项冠军产品。真金白银培育科技型企业，2022 年撬动金融资本 26 亿元支持科技企业 628 家（次），全区规上工业企业有研发活动企业占比达 40.2%。首批培育瞪羚企业 10 家、组建创新联合体 16 家，国家专精特新"小巨人"企业、国家高新技术企业、自治区科技型中小企业分别达到 34 家、487 家、2178 家，科技型企业总数超过 2800 家。

**（三）科技创新环境氛围进一步优化**

获批建设全国首个东西部科技合作引领区，参与科技合作的区外创新主体达到 736 家、区外人才超 9000 人，东西科技合作形成新格局。聚焦激发科技创新活力，制定科技体制改革攻坚行动、深化科技评价改革、改革完善财政科研经费管理、科技奖励、加强科技伦理治理等系列顶层文件，回应科技人员诉求、顺应科技创新规律，持续推动科研管理向创新服务转变。"精准柔性引才用才模式"入选全国科技体制改革典型案例，借力创新"宁夏现象"全国知名。

## 二、宁夏建设科技创新高地存在的问题及困难

**（一）科技创新基础性力量依然薄弱**

作为科技创新第一资源的人才，是宁夏科技创新的最大短板。2021 年全区 R&D 人员 3.09 万人，占就业人员的 0.6%，是全国平均水平的 60%，高水平领军人才和创新团队匮乏。近五年来，仅 2 人入选中国科协"青

年托举人才"工程。《中国基础研究竞争力报告2022》显示,宁夏基础研究竞争力排名全国第二十七位,处于最末第四梯队。全区每万家法人企业中高新技术企业数约28家,几乎是全国水平的一半。全区8所本科院校中3所有博士学位授权点,只多于青海和西藏。科研机构数量极少,没有国家级大院大所,工口科研机构数为零,大科学装置相关工作尚属空白,在技术创新中心、制造业创新中心等国家新一轮创新基地布局方面暂无建树。

**(二)科技创新活动呈现效益和效率"双低"现象**

选取技术合同成交额和R&D经费投入的比值表征创新效益、技术合同成交额和R&D人员全时当量的比值表征创新效率、R&D经费投入和R&D人员全时当量的比值表征研发人员投入强度。结果表明(见图1),2017—2022年,全区创新效益从0.17翻番为0.43,创新效率从6765升至21109元/(人·年),但也仅是全国水平的27.7%、28.1%,且创新效益、效率提高速度也慢于全国水平,整体处于"高投入低产出"阶段。研发人员投入强度稳定在4万/年左右,和全国平均水平基本持平,2020年、2022年甚至超过全国水平,表明全区研发人员"人头费"已经达到较高强度,但是创新效益和效率不尽理想。

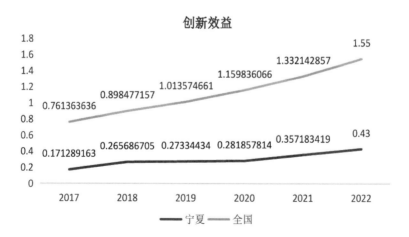

227

数据来源：2017—2022年国家和宁夏科技统计公报。

**图1　2017—2022年宁夏科技创新效益、效率和研发人员投入强度情况**

### （三）科技创新和产业、教育等行业协同不够

科技创新不等同于"科技的创新"，本质上是系统工程和经济活动。但实际情况中科技创新、产业发展、教育人才等领域由于行业设置原因，均按各自惯性独立运行。创新资源分散在各大部门，部分科研项目变换名称或侧重点，可以在2个甚至多个部门立项的情况屡见不鲜。2020年全区高新技术产业营业收入占工业营业收入比重为4.69%，新产品销售收入占营业收入比重为9.56%，均为全国平均水平的1/3。全区上市企业共18家，市值约2000亿元，分别位居全国第30名、31名；义务教育阶段科技教师人数较少，根据科睿唯安①统计数据显示，全区高校仅4个学科进入全球前

---

①科睿唯安:全球知名科技信息咨询公司。

1‰。高校院所创新活动松散，横向合作仅解决单个企业技术问题，对影响产业发展的"卡脖子"问题有组织攻关不足。

## 三、典型科技创新中心经验借鉴

### （一）英国伦敦科技创新中心

伦敦是全球三大国际金融中心之一，也是世界一流的科创中心，凭借独特的"创新网络+创意文化+金融支撑"模式，伦敦成为近年崛起最快的欧洲科技创新枢纽。一是政产学研紧密协作，构建顶级科创网络。在政府层面，不断加大财税政策对创新的支持力度，为不同发展阶段的科创企业提供资助，例如为获得专利的企业降低10%的所得税，将市区新建建筑部分空间用作科技企业孵化区，累计创建60多家科技企业加速器。伦敦共有15家世界500强企业总部，诞生了41家独角兽企业和73家准独角兽企业，冠绝欧洲。在企业与大学合作层面，伦敦拥有牛津大学、剑桥大学、帝国理工学院和英国皇家学会等世界顶尖高校院所，定期为高科技企业提供创新研发、商业法律咨询等服务。二是营造浓郁的创意创新氛围。伦敦创意产业创造超过1000亿英镑的产值，诸多科技型中小微企业和几乎所有的独角兽企业都诞生在人工智能、沉浸技术、零售科技、数字营销等创意科技领域。对科技园区进行艺术化、潮流化设计，塑造富有创新活力的生活工作环境，吸引会聚了一大批新锐年轻科学家和工程师。三是打造完善的金融支撑体系。伦敦拥有伦敦证券交易所和超过1370家风险投资公司，仅2022年伦敦的科技公司就吸引了198亿美元的风险投资，位居欧洲各大城市首位。

### （二）旧金山湾区科技创新中心

大湾区是全球排名第一的创新高原，而"硅谷"是湾区顶级的创新高峰，凭借成熟的"热带雨林式创新生态"模式，旧金山湾区持续引领全球科技潮流。一是创新主体多元共生。湾区会聚了斯坦福大学、加利福尼亚大学伯克利分校等5个世界级研究型大学和伯克利国家实验室等5个国家实验室，诞生了苹果、英特尔等领军企业，吸引超过100万全球各地科技人员在湾区创新创业，包括诺奖得主30多人，还会聚一大批律师、会计师、设计师等科技创新间接参与者。产业链上下游、大中小企业间、高校企业之间紧密相连，组成不断演进的创新"群落"。二是创新要素高效流通。湾区创新活动开放度高，人才流、技术流、资金流、数据流等创新资源开放共享，各类科技中介为创新要素对接流通提供专业服务。三是创新文化公平包容。湾区建立了完善的知识产权保护体系和科技成果转用体系，如谷歌公司创立的核心技术是佩奇和布林在斯坦福大学所研发，专利权属于斯坦福大学。

### （三）北京国际科技创新中心

2022 年，北京 R&D 投入强度达到 6%，稳居全国第一。通过"科学中心+创新高地+创新生态"模式，北京国际科创中心建设取得显著成效，根据清华大学发布的《国际科技创新中心指数 2022》，北京位列全球第三。一是谋划建设科学中心。打造中关村科学城、怀柔科学城、未来科学城和北京怀柔综合性国家科学中心"三城一中心"，把科学中心打造为原始创新策源地，建设昌平国家实验室、京津冀国家技术创新中心等高能级创新平台，抢占科技制高点。二是积极建设创新高地。在新一代信息技术、医药健康、新能源智能网联汽车等前沿领域，提升创新链、延伸产业链，培育高精尖产业新动能；完善颠覆性技术挖掘机制，建设了一批未来产业孵化器、加速器等，在量子计算、6G、未来网络等领域超前布局未来产业。三是着力打造创新生态。推动科技咨询数字化发展，布局建设新型传感器概念验证平台等 12 家概念验证中心。推动设计融入研发前端，打造张家湾设计小镇。

### (四) 粤港澳大湾区国际科创中心

粤港澳大湾区是国家吸引集聚全球创新资源的桥头堡，凭借"协同创新+开放创新"模式，大湾区正在打造全球新兴产业重要策源地。一是打造协同创新共同体。粤港澳科技和产业禀赋互嵌互融，香港、澳门发挥吸引全球人才资本的优势，粤深发挥科技创新集聚地作用，通过建设"广州—深圳—香港—澳门"科技创新走廊，推动人才、资本、信息、技术等创新要素区域间融通。例如广东省建成"1+12+N"港澳青年创新创业孵化基地体系，累计孵化港澳项目超 2300 个，横琴粤澳深度合作区科技型企业超 1

万家。二是面向全球开放创新。大湾区分布着25家世界500强企业、超过6万家高新技术企业、10所QS世界排名前500的高校，逾200位院士定居粤港澳大湾区，PCT专利申请量连续三年稳居世界第一。高规格举办大湾区科学论坛，牵头发起"人体蛋白质组导航"等国际大科学计划，鹏城国家实验室研发的超级计算机"鹏城云脑Ⅱ"计算能力连破世界纪录，一批批世界级前沿成果在大湾区落地开花。

## 四、宁夏打造科技创新高地的对策建议

### （一）夯实科技创新基础打造有特色区域科研基地

一是深入实施创新力量厚植工程。树牢抓基础研究就是抓创新主动权的意识，补齐"科"字短板。统筹好奇心驱动的探索性基础研究、战略任务驱动的有组织基础研究、市场需求驱动的应用基础研究三种类别，在人才培养、平台布局、评价激励等方面一体设计、差异对待。布局一批基础学科研究中心，高标准建设自治区装备制造、新材料实验室，推动稀有金属、煤炭高效利用与绿色化工国家重点实验顺利重组，打造宁夏基础研究高峰。通过重组、联合、新建等方式布局"全区重点实验室"，打造重点实验室2.0版。利用宁夏地貌天文资源、全国重要生态节点等优势，争取国家在宁夏布局大科学装置。探索将研发加计总量扣除和后补助政策，调整为按照试验开发、应用研究、基础研究梯次累进加计或后补助，调动创新主体从事基础研究的积极性。二是推动"教育科技人才"一体发展。大力发展科技教育，构建政府、学校、科研机构、协会学会等多元主体参与的科技教育体系，推动全区中小学专职科技教师全覆盖。试点推行"STEM"①课程体系，注重培养学生批判思维和科学精神，让"赛先生"浸润中小学校园。加快推进宁夏师范学院升大创博、宁夏理工学院升级大学，在高校院所系统推进有组织科研。推进"才聚宁夏1134行动"，全面落实人才政策，打造全域科技教育人才一体化推进示范区。三是谋划建设西夏科技城。西夏区R&D强度达到5.39%，规上工业总产值逾千亿元，是名副

---

①STEM：科学、技术、工程和数学。

其实的全区人才集聚地、科技企业集聚地、科教资源集聚地。自治区层面制订科技城建设方案，结合银川资源禀赋，聚焦科学教学、科学研究、科学实验、科学设施以及科技人才、科技企业、科技服务、科技交流重点方向，并在基础设施、智慧城市等资源配置方面向科技城倾斜，建设为西安国家科学中心银川分中心，打造"科产城人"深度融合的科技城。

**（二）瞄准高质量发展首要任务打造区域创新阵地**

一是深入实施创新主体培育工程。优化创新主体营商环境，杜绝项目多头申报、重复挂牌现象。在孵化基地方面，整合（小微企业）"双创"示范基地、科技企业孵化器等资源，构建"众创空间—创新型小微企业孵化器—创新型企业加速器"全链条孵化体系；在企业培育方面，整合科技企业类型，优化梯次培育梯次，打造科技型企业、高成长创新型企业、新型工业创新主体三个序列，即："国家（自治区）科技型中小企业—国家高新技术企业—自治区创新型示范企业—自治区科技领军企业""自治区雏鹰企业—自治区瞪羚企业—自治区潜力独角兽企业—自治区独角兽企业""自治区专精特新中小企业—自治区行业领先示范企业—自治区'链主'企业—国家级专精特新'小巨人'企业—国家级单项冠军企业"，打造中小微企业铺天盖地、领军企业顶天立地新发展格局。二是构建场景创新牵引的成果转化新模式。主动适应创新范式变革，探索建设场景创新中心，为技术找场景、为场景找技术。聚焦数字政府、智慧城市、养老托育、绿色农业等场景，定期发布场景创新需求清单，举办场景创新大赛，探索"技术攻关—场景验证—产业化推广"成果转化新路，推动科技管理从"给项目"向"给机会"转变，开辟新领域新赛道。三是围绕产业链部署创新链。聚焦"十条产业链"，强化企业在重大项目中的主体作用，引入链主企业、行业协会等组成的"最终用户委员会"，全程参与重要科技项目、重大创新基地的需求凝练、立项评审和绩效评价等。深入实施企业家精神培育行动，依托宁夏大学建设科技商学院，体系化培养复合型科技产业组织人才。强化产业链科技招商，培养一批"技术官"，定期赴深圳、西安等科创资源集聚区开展招商活动，引入优质科技项目和企业。加快建设汇集"投、贷、担、保"等功能于一体的市场化投融资平台，引导资本市场投早投小投硬科技投产业链。深入实施企业上市"明珠计划",推动"宁科贷""人才贷""工业知助贷"增量扩面,力推更多科技型企业在"沪深北"甚至境外交易所IPO,实现科技—金融—产业良性循环。

**(三)构建雨林式创新生态打造区域创新热土**

一是深入实施创新协同联动工程。用活抓实"全国东西部科技合作引领区"金字招牌,积极融入全国全球创新网络。探索实施创新要素流动配置的突破性政策,保障创新主体间项目合作、平台共建、产权转移、技术转让、人才流动、资源共享等能够顺畅实现。全面推行重大科技研发、成果转化、创新基地建设项目"揭榜挂帅"制度,面向全国招贤选能。鼓励所有类型研发项目开展科技合作,项目外拨经费比例可提高至不超过60%。持续实施国家自然科学基金区域创新发展联合基金项目。探索与东中部地区建立专家信息交换共享机制,开展科技项目、科技奖励异地评审。以赛引智、以会聚才,办好科技成果与人才交流合作大会、中阿技术转移与创新合作大会、创新挑战赛等赛事会议。二是深入实施创新生态涵养工程。成立自治区党委科学技术委员会,统筹全区科技领域战略性、方向性、全局性重大问题。科技部门更多地聚焦科技规划制订、科技预算统筹、基础研究推进、科技奖励激励、科技项目监督、科技伦理规范、科学技术普及等"共性"事项,做好科技创新"裁判员"。各行业部门做好本领域技术创新"运动员",从项目凝练立项、技术改进创新、小试中试放大、推广应用全链条布局,让科技项目"攻出来用起来"。依托宁夏科技发展战略和信息研究所(中国工程科技发展战略宁夏研究院),成立自治区科技战略决策咨询委员会,大力发展科技智库,强化科技战略决策咨询。有效落实科技体制改革攻坚、深化科技评价改革等政策,实质性推进科技领域审计监督检查结果共享互认,进一步为科技人员松绑赋权、鼓劲加油。建设可以快速审查、确权、维权"一站式"服务的宁夏知识产权保护中心,更加尊重市场原则和科技创新规律,打造热带雨林式创新生态。

# 社会治理篇

SHEHUI ZHILI PIAN

# 现代化美丽新宁夏嵌入中国式现代化研究报告

"全面建设社会主义现代化美丽新宁夏'小齿轮'嵌入
中国式现代化'大齿轮'研究"课题组

2022 年 10 月召开的宁夏回族自治区党委第十三届二次全体会议提出，把现代化美丽新宁夏的"小齿轮"嵌入中国式现代化的"大齿轮"，强调将中国式现代化的"五个中国特色"与美丽新宁夏的四个奋斗目标贯通起来，一体把握、一体推动、一体落实，全力跑出宁夏建设加速度、好状态。

## 一、现代化美丽新宁夏经济发展嵌入中国式现代化

### （一）测算到 2035 年实现国民经济总量或人均收入翻一番，实现经济增长目标年均增长 5.3%以上，宁夏经济增长短期目标偏低

根据国家社科基金"到 2035 年中国经济发展潜能与新动能分析"课题组测算，2020—2035 年我国潜在增速的平均水平将下降至 3.76%，在基准情形的经济增速水平下，到 2035 年人均实际 GDP 水平仅为 2020 年的 1.7 倍，难以完成翻一番的目标，从而也难以达到基本实现社会主义现代化的要求；在"基准增长情形+基准政策效果"组合下，2020—2035 年中国经济的年均增速预计为 5.3%，到 2035 年人均实际 GDP 水平将是 2020 年的 2.13 倍，从而能够完成翻一番的增长任务，为基本实现社会主义现代化打下坚实基础。

作者简介　课题组成员：丁生忠，宁夏社会科学院社会学法学研究所副研究员；丁文强，中共宁夏区委党校（宁夏行政学院）副教授；吴月，宁夏社会科学院农村经济研究所研究员；王玉强，宁夏社会科学院民族研究所助理研究员。

2018—2022 年，我国 GDP 平均增长率 5.3%，宁夏平均增长率 5.6%，高于全国 0.3 个百分点，也高于我国经济由高速增长阶段转向高质量发展阶段的 5.0% 增长目标。但根据课题组预测，全国 2020—2025 年"基准增长+基准政策效果"年均增长率 6.11%、2026—2030 年为 5.43%、2031—2035 年为 4.28%。可见我国"十四五"期间年均增长率目标值高于宁夏 2018—2022 年平均增长率 5.6%，甚至高于宁夏 2020—2035 年地区生产总值年均增长 6% 左右的目标，宁夏经济增长短期目标偏低。

**（二）对标 2035 年构建现代产业结构体系，一二三次产业结构比例为 5.7：31.86：62.44，宁夏产业结构优化调整时间紧、任务重**

宁夏产业结构按照产业演进的规律朝着融合的方向发展。2022 年，宁夏第一产业增加值年均增速达到 4.7%，高于全国的 4.0%。2018—2022 年，宁夏第二产业增加值年均增长 7.1%，高于全国同期 1.1 个百分点。2022 年，宁夏第三产业增加值占 GDP 的比重为 43.7%；信息传输、软件和信息技术服务业增加值 174.58 亿元，增长 10.7%。

宁夏第一、二、三产业比例由 2010 年的 9.4:49.0:41.6 调整为 2021 年的 8.1:44.7:47.2，总体呈现一产平稳、二产下降、三产增加的基本态势。对标 2022—2035 年我国三次产业结构变化预测（见表 1），宁夏一产在 2035 年下降 2.4 个百分点；二产到 2025 年下降 11.38 个百分点，到 2030 年下降 11.01 个百分点，到 2035 年下降 12.84 个百分点；三产到 2025 年增加 10.67 个百分点，到 2030 年增加 12.95 个百分点，到 2035 年增加 12.24 个百分点。目前，距离 2035 年仅仅 12 年时间，一产下降 2.4 个百分点、二产下降 12.84 个百分点、三产增加 12.24 个百分点，宁夏产业结构调整难度极大。

表 1　2022—2035 年我国三次产业结构变化预测

| 年份<br>类别 | 2022 | 2025 | 2030 | 2035 |
|---|---|---|---|---|
| 第一产业增加值占比(%) | 7.33 | 6.81 | 6.16 | 5.70 |
| 第二产业增加值占比(%) | 36.16 | 35.32 | 33.69 | 31.86 |
| 第二产业增加值占比(%) | 56.50 | 57.87 | 60.15 | 62.44 |

数据来源：中国式现代化研究课题组《中国式现代化的理论认识、经济前景与战略任务》载《经济研究》2022 第 8 期第 26-39 页。

**（三）对标 2035 年中国式现代化进程中需求结构，消费、投资和净出口比例为 72.68∶26.33∶0.94，宁夏经济增长"三驾马车"并驾齐驱动力明显不平衡**

根据中国式现代化课题组预测，基准情况下在相应人均 GDP 水平下中国可能出现需求结构变化。消费占比 2025 年达到 68.51%，2035 年达到 72.68%，2050 年达到 79.01%。相对应的投资占比则逐步下降，2035 年降至 26.33%，2050 年降至 24.61%。整体来看，预测中国需求结构将向着高收入国家靠拢，消费在经济增长中的地位将进一步上升。

2000—2021 年，我国消费占比由 63.9% 降低到 54.5%，降低 9.4 个百分点，可见我国消费占比呈逆增长趋势；同期投资占比呈增加态势，由 2000 年的 33.7% 增长为 2021 年的 43.0%，增长 9.3 个百分点；同期拉动经济增长的净出口占比变动不大。一是消费拉动。根据我国需求结构变化的现状和中国式现代化课题组预测来看，距离 2025 预测目标，宁夏消费拉动与同期全国消费拉动差距约 20 个百分点，距离 2035 年预测目标相差约 34 个百分点。由此可见，宁夏经济增长消费拉动明显乏力。二是投资拉动。宁夏投资占比明显高于全国同期，2019 年距离 2025 年预测目标相差 20 个百分点，距离 2035 预测目标相差 23 个百分点。根据李尤等（2020）测算全国资本系数，宁夏资本系数位居全国倒数第二位，表明宁夏投资效率较低。推动宁夏经济高质量发展就是要打破锁定效应，一方面要破解依赖投资拉动，同时也要着力提升投资效益。三是进出口拉动。2017—2021 年，我国进出口对 GDP 的贡献率是宁夏的 38~40 倍，国内生产总值与进出口总额比重比值由 2017 年 38 倍扩大为 2021 年的 40 倍，与全国差距越来越大。显然，宁夏在利用外部资源和外部市场方面，存在很大空间。

## 二、现代化美丽新宁夏文化建设嵌入中国式现代化

**（一）到 2035 年我国将建成文化强国，提高社会文明程度，坚守"和为贵"的核心理念，宁夏需要更好地将民族团结工作融入铸牢中华民族共同体意识中去共建精神家园**

中华文化是世界上拥有悠久历史和博大精深的文化之一，着重强调

"和为贵"的中心理念，在中华文化及其各民族文化中都有深刻的印记和表达，它是一种继承和发扬团结、和谐、包容、互助、协调、平衡等价值观念的精神。这种理念反映出中华文化的人文关怀和对和谐的追求，它强调人性的向善与个人文化的自觉，鼓励和支持各种构建社区、家庭、企业、国家和全球的和谐关系的努力。

在民族地区一直存在着跨越民族和地域的互信、互助和合作，极大地表现了"和为贵"的文化价值。"和为贵"的核心理念也体现了多元文化的包容性和对文化多样性的尊重。中华文化与各民族文化中的"和为贵"的核心理念强调人与人之间的和谐共处，强调社会乃至全球的和谐，反映出我们真诚地关心人类的共同未来。应该通过深入了解和探讨中华文化与各民族文化"和为贵"的精神和实践，铸牢中华民族共同体意识，建设一个和谐、包容、共同发展的世界。

**（二）到 2035 年我国将建成文化强国，提升公共文化服务水平，宁夏需要加强东西方文化、城乡文化交流互鉴，丰富人民群众的精神生活，促进民族和谐共生**

从宁夏与全国艺术表演团体相关数据可以看出，从 2020 年到 2022 年以来，无论是演出场次还是演出收入，宁夏都处于缓慢增长态势，然而全国在 2021 年后出现下跌的情况（见表 2）。但是，从课题组调研发现，宁夏艺术表演团体演出节目类型少，演出内容与老百姓的生活贴切度有待提高，以便满足群众的精神文化生活。

表 2　宁夏艺术表演团体各项指标与全国比较情况

| 指标 | 区域 | 2020 年 | 2021 年 | 2022 年 |
|------|------|---------|---------|---------|
| 机构数(个) | 全国 | 17581 | 18370 | 19739 |
| | 宁夏 | 28 | 28 | 30 |
| 从业人员(万人) | 全国 | 43.69 | 45.44 | 41.52 |
| | 宁夏 | 0.17 | 0.19 | 0.16 |
| 演出场次(万场) | 全国 | 225.61 | 232.53 | 166.07 |
| | 宁夏 | 0.29 | 0.3 | 0.33 |
| 演出收入(亿元) | 全国 | 86.63 | 112.99 | 80.95 |
| | 宁夏 | 0.20 | 0.21 | 0.27 |

数据来源：根据文化和旅游部《2022 年文化和旅游发展统计公报》、宁夏回族自治区文化和旅游厅《2022 年宁夏文化和旅游统计公报》相关数据整理。

宁夏拥有丰富的民族文化，体现了各民族之间的互相影响和融合。同时，宁夏还有许多共性民俗，如花儿、舞龙舞狮等，这些活动都不同程度地加强了各民族之间的联系和团结，民族和睦相处的传统得到了延续和弘扬。

## 三、现代化美丽新宁夏生态文明建设嵌入中国式现代化

### （一）测算到2027年全国碳达峰，宁夏实现"双碳"目标时间紧、任务重

根据宁夏发改委《宁夏回族自治区二氧化碳排放碳达峰行动方案（讨论稿）》相关数据，我国将于2027年二氧化碳排放达到峰值（106亿吨），预计2035年排放量约102亿吨，至2060年排放量约6亿吨。根据模型测算宁夏二氧化碳排放量峰值，在基准情景下将在2032年达到峰值，在调控情景下将于2030年达到峰值，在强化情景下将于2028年达到峰值；根据《宁夏回族自治区碳达峰实施方案》，非化石能源占能源消费总量比重由2020年的11.5%提高到2025年的15%（全国目标由2020年的15.9%提高到2025年的20%），至2030年比重达到20%，至2035年比重达到30%，单位地区生产总值能耗和二氧化碳排放持续下降，全面落实十大行动确保如期实现碳达峰。可见，宁夏实现碳达峰碳中和目标时间紧、任务重，直接影响中国式现代化建设进程。

### （二）预计到2025年全国森林覆盖率达24.1%、湿地保护率达55%，宁夏森林生态系统碳汇能力弱、湿地生态功能不完善

从森林资源普查看，虽然宁夏森林覆盖率逐年增加，但是2021年仍低于全国均值近7个百分点（见图1），森林生态系统碳汇能力弱，直接影响宁夏碳中和目标实现进度，间接影响人们对优美人居环境的满意度。根据宁夏"十四五"绿色生态发展目标值，至2025年森林覆盖率、湿地保护率由2020年的15.8%、55%分别提高到20%、58%（2025年全国森林覆盖率预计达到24.1%、湿地保护率预计达到55%），至2030年宁夏森林覆盖率达到21%、湿地保护率达到58%。可见，宁夏森林覆盖率及湿地保护率较全国还存在很大差距，森林碳汇能力弱，湿地的生态功能还未完全发挥作用。

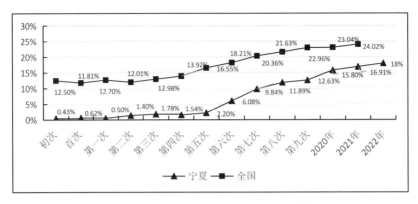

图 1　宁夏及全国森林覆盖率变化趋势

**（三）预计 2025 年全国环境空气质量优良天数比率达 87.5%、地表水质达到或好于Ⅲ类比例高于 85%，宁夏大气污染与水污染治理、土壤环境改善任务艰巨**

党的十八大以来，宁夏地级市环境空气质量优良天数比率呈波动增长态势（见图 2）。至 2022 年环境空气质量优良天数比例为 84.2%（同比上升 0.4 个百分点），大多数年份占比都低于全国平均水平。"十四五"绿色生态发展目标，宁夏地级市环境空气质量优良天数比率由规划年的 85.1%提高到 2025 年的 85.5%、目标值低于全国优良天数比率 2 个百分点（全国目标由 2020 年的 87%提高到 2025 年的 87.5%），$PM_{2.5}$ 含量由 33 微克/米$^3$下降至 30.5 微克/米$^3$、目标值略低于全国均值，$PM_{10}$ 含量控制在 70 微克/米$^3$以内，低于全国均值较多，臭氧浓度稳中有降。

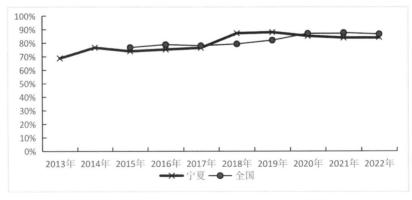

图 2　2013—2022 年宁夏及全国地级市环境空气质量优良天数比率

黄河宁夏段干流Ⅱ类水质占比由 2015 年的 50%增加到 2016 年的 66.7%，自 2017 年以来连续六年保持Ⅱ类进Ⅱ类出，2022 年 20 个地表水国控考核断面水质优良比例为 90%，达到国家保障黄河水质安全的目标；至 2025 年，地表水国考断面水体水质达到或好于Ⅲ类比例高于 80%（全国目标由 2020 年的 83.4%提高到 2025 年的 85%），与全国差距较大。

2022 年，宁夏受污染耕地安全利用率和污染地块安全利用率全部达到 100%，至 2025 年持续保持受污染耕地安全利用率 100%（全国受污染耕地安全利用率由 2020 年的 90%提高到 2025 年的 93%），土壤环境优于全国平均状况，但高标准农田建设项目仍需持续高位推动，化肥农药零增长目标等指标仍需刚性约束，改善土壤环境质量刻不容缓。宁夏大气环境质量、水环境质量综合治理目标虽然都达到国家约束性指标，但低于全国平均水平，土壤环境有待进一步改善，生态环境本底差，要想同步或超前实现全国生态环境综合治理目标，宁夏面临的困难多、任务艰巨。

## 四、现代化美丽新宁夏实现人民富裕嵌入中国式现代化

### （一）预测到 2035 年全国城镇化率达 76.19%，宁夏推动城镇化建设与乡村振兴耦合协调，实现城乡发展平衡将面临诸多困难

近五年来，全国人口城镇化率从 2018 年的 59.58%增长到 2022 年的 65.22%，增长了 5.64 个百分点。与此同时，宁夏常住人口城镇化率从 58.88%增长到 66.37%，增长 7.49 个百分点，总体看宁夏比全国城镇化率增速快。按照每年常住人口城镇化率看，2020 年以前常住人口城镇化率宁夏均低于全国；从 2021 年开始这种情况出现翻转，以 2022 年为例，宁夏城镇化率高于全国平均值 1.15 个百分点（见表 3）。在现代化建设中城镇化将对全国经济的高质量发展、"双循环"新发展格局的构建，以及共同富裕的实现产生重要影响。

根据中国自然资源研究院刘天科研究团队对全国城镇化 Logistic 模型上限的曲线回归分析，2035 年全国城镇化率预计达到 76.19%，年均增速预计为 1.48%，这一增速较 2022 年以前放缓。照此计算，宁夏常住人口城镇化率预计 2035 年达到 80.28%，若考虑到误差，则预计将达到 79.18%~81.36%，

届时宁夏将高质量完成基本实现社会主义现代化的城镇化目标。实际上，虽然我国城镇化建设取得一系列成效，但是 2023—2035 年城镇化建设将面临新挑战，例如区域发展差距明显、城乡分化加剧、资源约束趋紧，等。目前，宁夏城镇化与乡村振兴之间的耦合协调水平偏低，新型城镇化对乡村振兴的带动效应有限。

表 3　宁夏与全国人口城镇化率对比统计

| 年份 | 宁夏常住人口(%) | 全国人口(%) |
| --- | --- | --- |
| 2022 | 66.37 | 65.22 |
| 2021 | 66.04 | 64.72 |
| 2020 | 60.0 | 63.89 |
| 2019 | 59.86 | 60.60 |
| 2018 | 58.88 | 59.58 |

数据来源：根据国家统计局《中华人民共和国 2018—2022 国民经济和社会发展公报》，宁夏回族自治区统计局、国家统计局宁夏调查总队《宁夏回族自治区 2018—2022 国民经济和社会发展公报》相关数据整理。

### （二）人口发展问题是宁夏现代化建设面临的新形势

根据第七次全国人口普查显示，我国人口保持低速增长态势，2021 年全国人口增长达到峰值，2022 年自然增长率为 -0.60‰，进入历史性负增长阶段。近五年以来，全国人口自然增长率逐年降低，宁夏人口自然增长率的趋势还处于正增长态势（2022 年为 4.14‰）（见表 4）。

表 4　宁夏与全国人口变化情况统计

| 年份 | 区域 | 出生率(‰) | 死亡率(‰) | 自然增长率(‰) |
| --- | --- | --- | --- | --- |
| 2022 | 宁夏 | 10.60 | 6.19 | 4.14 |
| | 全国 | 6.77 | 7.37 | -0.60 |
| 2021 | 宁夏 | 11.62 | 6.09 | 5.53 |
| | 全国 | 7.52 | 7.18 | 0.34 |
| 2019 | 宁夏 | 13.72 | 5.69 | 8.03 |
| | 全国 | 10.48 | 7.14 | 3.34 |
| 2018 | 宁夏 | 13.32 | 5.54 | 7.78 |
| | 全国 | 10.94 | 7.13 | 3.18 |

数据来源：同表 3。

说明：2020 年宁夏与全国人口变化数据缺失。

党的十八大以来，我国人口发展的主要矛盾已经从人口数量过快增长转化为人口结构调整，人口老龄化成为 21 世纪重要国情。根据中国人口发展研究中心贺丹研究团队的研究结果，2020—2035 年，老年人口占比将增加约 11 个百分点，到 2035 年老年人口达 3.26 亿，占比为 22.8%，表明我国老年人口数量大幅度增长，低龄老年人口占比较高。宁夏的老龄化问题也同样严重，并且成为人口发展的又一关键性问题

**（三）面向 2035 年的社会保障体系建设，宁夏扩面巩固基本养老保险，提高基本医疗保险标准，完善社保体系负担重**

以城乡居民基本养老保险和基本医疗保险为例探索社会保障建设，2022 年，全国参加居民基本养老保险 5.49 亿多元，有相当一部分人只缴 100 元，未来根本不能满足居民年老后的基本生活需要；参加基本医疗保险 9.83 亿多，重大疾病仍是其现实之忧。2022 年宁夏参加城乡居民养老保险 235.89 万人，较 2018 年增加了 54.52 万人，根据社会平均工资统计每年每人应缴纳 9400 多元，灵活就业人群缴费标准逐年增加，其年工资收入远远低于统计公布数据，群众反映缴费负担重，难以续保，扩面成果难以巩固。从 2018 年至 2022 年参加居民基本养老保险人数逐年减少，大多数群众仅仅按照合作医疗的最低标准缴纳。

据调查发现，宁夏存在两个系统性不足：一方面，社会参保扩面空间不断收窄，社保制度内人口抚养比不断下降，灵活就业人员新增参保潜力小。灵活就业人员、新业态就业人员还没有纳入保障范围或保障不足，出现"漏保""脱保""断保"等现象。另一方面，大数据、大平台的数字化社保有待加强，部门数据信息共享协作没有完成。

**五、深化推进社会主义现代化美丽新宁夏嵌入中国式现代化的政策建议**

**（一）要对标先进地区优化发展软环境，构建现代产业体系，加快特色产业发展**

构建现代产业体系是宁夏高质量发展的基础工程。一是推进融合发展，构建现代产业体系。加强"六新"与现代科技融合，促进特色产业的集群

化、现代化发展。推动"六特"与农村一二三产业深度融合，促进农牧业全产业链、价值链转型升级。推动"六优"与"互联网+"融合，提升为新经济、新业态，大力发展旅游休闲、健康养生、文化创意等服务业，打造重要支柱产业。二是创新运作机制，提升特色资源的价值。通过区域合作，共建特色园区，发展高品位、高附加值的"飞地经济"。

**（二）打造数字经济发展先进优势，紧扣发展需要激发战略功能平台的综合效能**

数字技术作为新一轮科技革命的重要代表和集中体现正在迅猛发展。一是借助老基建补短板，发展数字经济。宁夏要一体推动新老基建发展，加大 5G 技术、数字技术等新基建建设力度，力争与东部地区先进地区并行发展，发展数字经济。二是积极培育新经济、新动能。宁夏可以运用创新、积聚、移植等手段，利用优质公共资源和分享经济，大力发展数字经济，培植新经济、新动能实现超越发展。

**（三）树立各民族共创共享的文化符号，共建中华民族精神家园，铸牢中华民族共同体意识**

文化符号是中华民族精神的有效载体，宁夏要重塑红色文化符号，用好红色资源、传承红色基因，展示红色文化；同时，要突出黄河文化符号通过浸润和赋能，增强各民族的政治认同、国家认同、情感认同。此外，宁夏要提高民族事务治理现代化水平铸牢中华民族共同体意识，实现民族工作治理格局的多元协作；提高治理主体的社会化参与程度；以民族事务治理的科学化、精准化、法治化为目标和方向。

**（四）紧抓全国能源双控、"双碳"战略，推进大气、水、土壤污染综合整治，提高生态环境治理水平**

构建法治生态体系，打赢宁夏污染防治攻坚战，持续推进大气、水、土壤污染综合整治；健全智慧生态文明建设，改善区域生态环境。倡导绿色生产生活方式变革，推动公众使用环保材质生活用品或器具，通过节水设施改造工程，提升农业、工业、生活节水器具使用率；注重城市慢行交通系统建设，推广使用电动车、自行车，建设城市绿色环保交通体系；在碳达峰碳中和及能耗双控目标下，不断优化能源结构和产业结构，大力发展优势风电、光伏发电、水能等电力资源，以绿色能源引领绿色转型，实现绿色发展。

**（五）以县域为载体推动新型城镇化建设，提升城乡协同发展能力，完善居民社会保障体系**

加强以县域为载体的城镇化建设，推动城乡融合发展，破除妨碍城乡要素平等交换的体制机制壁垒，合理配置公共资源。建设社会保障体系，提升城乡居民社会保障水平。一方面，构建多层次社保体系，全面巩固社保标准化"四级四同"机制；另一方面，扩大社保覆盖面，推进全民参保计划，以新业态从业人员、进城务工人员、灵活就业人员为重点，采取措施调动群体参保缴费积极性。

**（六）提升公共服务均等化水平，构建合理的人口发展政策，提高人均预期寿命**

在人口、经济和社会发展等多层面推进制度创新。一是构建与包容性政策相配套的人口政策体系，制定切实可行的鼓励生育措施。二是构建适应老龄化社会政策制度，将人口老龄化与创新驱动发展、乡村振兴、可持续发展等重大举措深度融合。三是加强公共卫生领域数字技术支撑，有效应对重大突发公共卫生事件，提升医疗卫生水平，争取早日进入国际长寿国家行列。

# 宁夏建设铸牢中华民族共同体意识示范区需要引起关注的几个问题

李保平

铸牢中华民族共同体意识是新时期民族工作的主线，自治区第十三次党代会报告提出宁夏要建设铸牢中华民族共同体意识示范区（以下简称示范区），使得示范区建设成为未来五年甚至更长一段时间宁夏民族工作的首要任务。但在推进示范区建设的过程中，相关部门和一些人员对铸牢中华民族共同体意识还存在一些片面甚至是错误的认识。如不及时廓清，就会对实际工作造成负面影响，影响示范区建设的质效，需要引起高度关注并加以纠正。

## 一、把铸牢中华民族共同体意识看成是单纯的思想观念和文化认同问题，忽视经济利益、政治（法治）权利等因素在"铸牢"工作中的作用

铸牢中华民族共同体意识，在实际工作中的一种误解是把"铸牢"工作，单纯看成是一项思想政治教育，而忽略了铸牢中华民族共同体意识的丰富内涵。在中央民族工作会议上，习近平总书记指出，必须把推动各民族为全面建设社会主义现代化国家共同奋斗作为新时代党的民族工作的重要任务，促进各民族紧跟时代步伐，共同团结奋斗，共同繁荣发展。同时

---

**作者简介** 李保平，宁夏社科院社会学法学研究所所长、研究员。

要在实现好中华民族共同体整体利益进程中实现好各民族具体利益，推动各民族共同体走向社会主义现代化。通过立足资源禀赋、发展条件、比较优势等实际，找准把握新发展阶段、贯彻新发展理念、融入新发展格局、实现高质量发展、促进共同富裕的切入点和发力点。在政治层面，习近平总书记提出必须坚持各民族一律平等，通过落实全过程人民民主，保证各民族共同当家作主、参与国家事务管理，保障各族群众合法权益。必须坚持和完善民族区域自治制度，确保党中央政令畅通，确保国家法律法规实施。要加强民族地区基层政权建设，夯实基层基础。在社会层面，习近平总书记强调，要促进各民族交往交流交融，统筹城乡建设布局规划和公共服务资源配置，逐步实现各民族在空间、文化、经济、社会、心理等方面的全方位嵌入，着力提高民族地区社会保障水平，在全面建设社会主义现代化国家新的历史征程中，一个民族也不能少。从习近平总书记的上述论述可以明显看出，铸牢中华民族共同体意识，是一项涵盖经济、政治（法治）、社会、文化等要素在内的一项系统工程，把铸牢中华民族共同体意识单纯看成是一种思想观念和文化认同，而忽视"铸牢"工作的综合性、系统性，忽视经济（利益）、政治（权利）、党的领导等因素在铸牢中华民族共同体意识中的作用，是片面的不完整的，实践中也是有害的，需要在工作中深化认识，不断拓展铸牢中华民族共同体意识的范围，铸牢中华民族共同体意识的根基。

**二、把铸牢中华民族共同体意识看成是民族地区的专属事务，是专门针对少数民族提出来的，忽视了"铸牢"工作的整体性、系统性**

不可否认，民族问题是铸牢中华民族共同体意识的逻辑起点。在新的历史发展方位，我们比历史上任何时候都需要且必须处理好民族问题、做好民族工作，持续加强中华民族大团结、中华儿女大团结，为实现中华民族伟大复兴创造条件、凝聚力量。我们必须要完整准确地理解民族问题。按照马克思主义的民族理论，民族问题是社会革命总问题的一部分，是资本主义发展的产物，发生在民族交往联系之中。民族问题只能发生在民与民族之间，在一个民族内部，只可能产生阶级问题或治理问题，不可能产生民族问题。我国是一个统一的多民族国家，除汉族外，共有55个少数民族，民族问题，实际上就发生于56个民族的社会交往和生产活动中。尽管民族问题产生于民族之间，但客观上讲，对不同的民族而言，中华民族共同体意识还是存在一定程度的认知差异，因而铸牢中华民族共同体意识工作的侧重点与方式也可能有所不同。要有针对性地做好工作，纠正大汉族主义和地方民族主义，全面提升铸牢中华民族共同体意识的水平。从铸牢中华民族共同体意识写入党章、宪法的那一刻起，实际上已经成为全体中国人民共同的事业，既面向少数民族和民族地区，又面向汉族和东中部地区，地无分南北，人无分老幼，全国各民族、各省区都有铸牢中华民族共同体意识的义务。

### 三、把铸牢中华民族共同体意识工作看成是宣传、统战、民族、教育工作部门的专有任务，忽视了"铸牢"工作的综合性、协同性

各级党委宣传、统战部门和各级政府民族事务委员会（局）是民族工作的专门机构，承担着民族工作的日常管理和服务工作。但铸牢中华民族共同体意识，涵盖政治经济社会文化建设许多方面，已经远远超越了宣传、民族统战部门工作的范围，需要全党、全社会共同推进，才能取得实实在在的效果。在中央民族工作会议上，习近平总书记指出，要赋予所有改革发展以彰显中华民族共同体意识的意义，以维护统一、反对分裂的意义，以改善民生、凝聚人心的意义。铸牢中华民族共同体意识，事关中华民族伟大复兴的历史伟业，事关宪法、党章权威，事关贯彻落实习近平总书记关于加强和改进党的民族工作的重要思想，因此，全社会都必须动起来，全面推进中华民族共有精神家园建设，在推动各民族走向现代化的历史征程中发挥各自应有的作用。

## 四、把汉族文化当成中华文化，把汉族历史观当作中华民族的历史观，忽视了"铸牢"工作中文化的多样性与共享性

在中央民族工作会议上，习近平总书记指出，必须坚持正确的中华民族历史观，增强对中华民族的认同感和自豪感。中华民族历史观的提出，有助于我们廓清认识迷雾，纠正错误认识，站在中华民族的高度，以中华人民共和国的版图为历史空间，以中华各民族交往交流交融、共同发展的历史为时序，构建中华民族的历史观。中华民族历史观要求我们不能把汉族文化当成中华文化，少数民族文化也不能自外于中华文化，不能把汉族的历史观作为分析历史的工具，也不能把历史上少数民族建立的政权予以美化，固化历史记忆，造成思想混乱。必须立足于中华文化和中华民族发展的历史时空，通过对中华文化、中国历史的新阐释，系统书写各民族在中华大地上不断交往交流交融的历史，确立中华民族历史观，为铸牢中华民族共同体意识奠定思想认识基础。

## 五、把铸牢中华民族共同体意识看成是只要共同性，不要差异性，忽视了"铸牢"工作的"多元一体"属性

习近平总书记在中央民族工作会议上提到铸牢中华民族共同体意识需要正确把握的四个方面的关系，第一个谈的就是正确把握共同性和差异性的关系。共同性和差异性是相辅相成的共生关系，没有差异性，也就无所谓共同性。离开了共同性，铸牢中华民族共同体意识无从谈起；忽略了差异性，铸牢中华民族共同体意识难以做起。真可谓"有同无异"，没必要强调共同体，有异无同，形成不了共同体。所以，鉴于民族差别的长期存在，尊重差异、包容差异不但是民族工作的重要原则，也是铸牢中华民族共同体意识的应有之义，不能把铸牢中华民族共同体意识片面理解为只要共同性，不要差异性或最终要消除差异性。同时，我们也要清醒地认识到，铸牢中华民族共同体意识是基于民族国家建设和中华民族伟大复兴而做出的重大战略决策，共同性是主导，是方向、前提和根本，差异性可以存在，但不能削弱和危害共同性。保护差异是必要的，正是差异性的丰富多彩，为共

同性注入活力。另外，我们也要看到，推动各民族共同走向中国特色社会主义现代化是铸牢中华民族共同体意识的目标，现代化作为一个持续发展过程，不仅意味着一种全新的生产力发展水平，也意味一种全新的生活方式，在现代化过程中，同质化是趋势，一些与现代化不相适应的传统文化（包括少数民族文化），不管我们对其有多深的情感和留恋，但从历史发展的趋势看，其消失不可避免。差异性来源于文化的多样性，正是文化的多样性，对丰富人类社会生活，促进人类社会发展产生了重大影响。但差异性也是一个多样化的存在，从价值层面分析，差异性既有与现代价值相一致的东西，也往往包含各民族文化中一些与时代不符的落后元素，需要不断加以改变，不能因为包容差异而固化差异性中落后的因素，影响民族地区现代化步伐。

## 六、把铸牢中华民族共同体意识看成是国家简单向民族地区赋能的过程，认为中华民族共同体的形成是历史文化自然演进的结果，忽视了国家治理在"铸牢"工作中的重要作用

我国经济社会发展存在明显的南北差异和民族差异。为了推动民族地区发展，国家对民族地区采取特殊的优惠政策，涉及政治经济社会文化等诸多方面。这些政策的落实，对推动民族地区发展发挥了重要作用，有效地维护了民族地区发展利益和国家安全，是铸牢中华民族共同体意识的基础性工程。中华民族共同体作为民族国家层面的共同体，虽然具有国家特质，但也与一般共同体共享一些基本要素结构。由于人是一种社会性的存在，因此，共同体就构成人类生存发展的基本载体，从家庭共同体、家族共同体、氏族、部落等血缘共同体，演变为部落联盟、族群共同体、行业共同体、文化共同体等地域共同体。到近代以后，随着民族国家的出现，进而产生国家共同体，成为人类社会基本的治理单元，国家也就成为人们尊崇和效忠的对象。考察人类不同阶段、不同形态共同体的发展演变，虽然大小不一，性质各异，但任何一个共同体的维护都必须具备下列基本要素：利益、权利、认同、权威。利益一般表现为经济社会利益，权利一般表现为政治法治权利，认同一般表现为文化认同和价值观念，权威则在不

同历史阶段有不同的体现，家长权威、文化权威、帝王权威等都是不同时期权威的重要体现，他们对维系一个共同体发挥了重要作用。近代以后，随着民主化进程的加速推进和政党政治的发展，政党权威取代了其他权威，政党共同体对凝聚全民意志，维护国家统一完整发挥了重要作用。由于政党只是部分人的组合，要把全体公民团结起来，还需要借助更为普遍性的既包含权利，又有具体义务的规范，这就是以宪法为核心的法治体系。铸牢中华民族共同体意识是一项双向建构的过程，历史与现实证明，单向赋能并不能够达到建设共同体的目标要求，因此，治理应在其中发挥着重要作用。在法治国家建设大的背景下，虽然政党在维系国家共同体上仍然发挥着重要作用，但任何政党，都必须在法律规定的范围内活动，法治被认为是一个社会最大公约数，是最大的社会共识，也是最高的治理权威。公民身份将高于一个人的文化身份和自然身份，成为人们彼此认同的基础。因此，在新的历史阶段，发挥法治在铸牢中华民族共同体意识中的作用就成为一种必然选择。

### 七、把铸牢中华民族共同体意识等同于民族团结进步教育，忽视了"铸牢"工作的高位阶特征

在党的十八大以前，我们在民族关系领域做的一项重要工作是维护民族团结。宁夏作为民族自治地方，民族团结进步不但是社会稳定的压舱石，也是经济社会发展的生命线。由于长期以来在民族团结工作领域久久为功，宁夏的民族团结工作取得了骄人的成绩，是宁夏的一张亮丽名片，也是宁夏建设铸牢中华民族共同体意识示范区的基础。但"铸牢"工作作为新时期民族工作的主线，毕竟不同于以往的民族团结工作，相比于传统的民族团结进步教育，"铸牢"工作更加强调党的领导在"铸牢"工作中的作用，更加强调经济发展背景下社会分工在"铸牢"工作中的作用，更加强调各民族交往交流交融在"铸牢"工作中的作用，更加强调中华文化认同的价值引领，更加强调法治的保障作用，是民族团结工作在新的历史条件下的升级版。如果说民族团结是以"团结"为主要目标，主要表现为涂尔干的"机械团结"的话，"铸牢"工作则更加突出中华文化与价值追求的引领作

用和经济发展对社会团结的重要价值，追求的是异质性社会背景下基于社会分工的"有机团结"。由于传统的路径依赖和对"铸牢"工作认识不足，一些地方在建设示范区过程中往往把"铸牢"工作与民族团结工作等同起来，用民族团结工作代替"铸牢"工作，用"铸牢"新瓶装民族团结旧醋，虽然做的都是打基础、利长远的工作，但民族团结和"铸牢"工作毕竟不是一个层面的工作，两者在价值内涵、目标任务和保障措施等方面均有较大的差别，万万不可将其混为一谈。

# 新时代维护宁夏政治安全的战略意蕴、现实挑战与应对之策

魏向前

政治安全是我国传统安全的重要组成部分，其核心包括政权安全和制度安全，最根本的目的就是维护中国共产党的执政地位，捍卫中国特色社会主义制度。牢牢把握政治安全这个根本，是坚决贯彻总体国家安全观的重中之重。当前，国内外安全形势复杂多变，非传统安全问题时有发生，传统安全问题也不容忽视。在新旧安全风险交替叠加的背景下，极易引发同频共振效应，进而危及国家政治安全。因此，我们必须深刻认识到维护政治安全的极端重要性，更加积极主动、义不容辞地承担起维护新时代国家安全的政治责任。

## 一、宁夏维护好政治安全的战略意蕴

### （一）有助于保持政治与社会稳定

就当前我国面临的外部环境而言，由于当今世界格局演变与调整不断加速，"东升西降"的国际力量对比趋势日趋明显，随之而来的全球动荡源与风险点也逐渐增多，我国外部发展环境无疑将更加扑朔迷离。一是与美西方国家关系呈现出明显的不确定性。在这种情况下，我国的发展不仅面临着与美西方国家在意识形态领域的激烈博弈，还存在与西方国家遏制

作者简介　魏向前，中共宁夏区委党校（宁夏行政学院）公共管理教研部主任、教授。

与反遏制的殊死较量，更有与美西方国家日益增多的利益摩擦与矛盾。尤其是美西方国家近年来明显加大了对中国的围堵、打压与遏制的力度，频繁挑战中国国家安全的底线与红线，从而对我国的政治安全与社会稳定造成了潜在的威胁与影响。二是周边地区热点问题一直是影响我国国家安全的潜在隐患。台湾问题久拖不决，朝核问题扑朔迷离，南海问题波谲云诡，中印关系及中日关系暗流涌动，这既增加了中国与周边相关国家解决领土与领海的难度，也给中国国家安全带来不小的挑战。三是随着我国走出去步伐进一步加快，特别是"一带一路"倡议在全球范围内的不断拓展与延伸，我国海外重大项目、驻外机构和人员安全，国家利益、企业利益和个人利益安全也都面临前所未有的挑战①，政治安全与社会稳定风险与隐患也将日渐增多。所以，要强化风险意识，科学预见发展中面临的安全挑战。只有居安思危、知危图安，才能防患于未然。因此，我们必须保持战略定力，不断提高战略思维、法治思维、底线思维能力，强化斗争精神和斗争本领，牢牢守住政治安全底线。

**（二）有助于推动经济高质量发展**

习近平总书记指出："国家安全是安邦定国的重要基石，维护国家安全是全国各族人民根本利益所在。"安全问题是任何国家在探求现代化的历史实践与社会进步进程中始终绕不开、躲不过的重大现实课题。尤其是如果政治安全领域出了问题，不仅会影响到一个国家和一个民族的前途命运，同样也会影响到个人的安危福祉。中国近代以来曾经积贫积弱、落后挨打的深刻教训让我们永远铭记。当前，我们正处在开启全面建设社会主义现代化国家新征程的起步阶段，我们也面临错综复杂的国际环境和艰巨繁重的国内改革发展稳定任务。新冠疫情全球大流行使百年未有之大变局加速变化，世界也因此进入动荡变革期。在当今这样一个矛盾和风险易发的关键时期和敏感时期，各种看得见和看不见的风险、显性和隐形的风险因素无疑将越来越多。一个国家如果解决不好自己的政治安全问题，经济社会

---

①田雅嫚.新时代加强政治安全的三重逻辑探析[J].中共成都市委党校学报.2019（01）.

发展进程便可能中断或者受到影响。没有和平的国际环境和稳定的国内政治环境，经济发展也将无从谈起。我们要坚持总体国家安全观，把安全发展贯穿于国家发展各领域和全过程，要把确保政治安全作为贯穿总体国家安全观的首要任务。牢牢筑起一道政治安全防火墙，实现经济发展结构、规模、速度、效益相统一。这既是现代化发展的内在逻辑，也是任何国家和民族必须切实遵循的现代化建设规律。

### （三）有助于促进民族团结和社会进步

我国是一个统一的多民族国家，宁夏作为一个民族自治地方，民族团结始终是各族人民的生命线。做好新时代民族团结工作不仅事关宁夏经济社会各项事业的顺利发展，也是各族人民安居乐业不可或缺的前提，更是事关宁夏意识形态安全与否的关键。持续做好民族团结进步事业，建设好、维护好具有强大凝聚力和引领力的社会主义意识形态，筑牢意识形态安全防线，始终是一项重大的政治任务。苏联解体、东欧剧变的教训殷鉴不远，究其原因，民族因素是导致其亡党亡国的重要变量。船的力量在帆上，人的力量在心上。要始终将民族团结工作置于重中之重的地位，全面贯彻落实党的民族政策与民族区域自治制度，深化民族团结进步教育，不断铸牢中华民族共同体意识，各民族要像石榴籽一样紧紧地抱在一起，促进各民族交往交流交融，共同实现全体中华儿女中国梦的荣光。习近平总书记多次强调："在国家安全体系中，政治安全是最根本、最核心的安全。捍卫政治安全是生命线、是不可动摇的底线。"牢牢把握政治安全这个根本，是我们坚决贯彻总体国家安全观的工作总要求之一。我们必须深刻认识到守护好维护政治安全生命线具有根本性、战略性、全局性意义，同时要理性洞察目前面临的政治安全隐患，着力提高应对各类重大政治安全风险的能力，有效统筹发展和安全两件大事。

## 二、宁夏维护好政治安全面临的现实挑战

### （一）党的自身建设领域：政党懈怠影响政治安全

保持党的纯洁性和先进性，不仅是党的建设主要内容和重要举措，也事关党的执政安全与政治安全。当然，党的执政地位不是与生俱来的，也

不是一劳永逸的。如果不坚持一以贯之的全面从严治党策略，不仅会影响党的事业顺利发展，甚至最终还会危及党的长期执政地位。国外深刻的历史教训也时时在警示着我们，苏联共产党、日本自民党、墨西哥革命制度党、印度国大党等老牌政党之所以在执政长达几十年后丢掉执政地位，原因皆在于其自身党建的缺失。习近平同志担任党的总书记以来，全面从严治党取得历史性成就，但我们仍然面临来自我们执政党自身方面的危险与挑战。一是反腐败斗争依旧严峻复杂。腐败乃政治之癌，其危害程度不言而喻。十八大以来，我们党全面从严治党，铁腕反腐，河清海晏、朗朗乾坤的政治生态正在逐步构建。但我们必须清醒地认识到，反腐败斗争是一项长期、艰巨而复杂的任务，稍有松懈就可能前功尽弃。反腐败没有选择，必须知难而进。需要说明的是，与革命时期不同，在社会主义建设时期，执政党往往容易在政权稳定状态下放松警惕、骄傲自满、精神懈怠。二是一些干部"官本位"思想依然难以破除。"官本位"思想属于我国封建专制文化中的糟粕，其价值观主要内容体现在以官为贵、以官为尊、以官为本。中国古代漫长两千多年的历史致使这种思想观念已经深深渗透到中国社会的各个层面，进而导致长官意志、权力至上等不良社会现象盛行。在现实生活中，部分干部高高在上，群众观念淡薄，为人民服务意识不强，只关心个人政绩而不考虑群众利益，只注重短期利益而忽视长远发展，从而严重背离了我们党的初心与使命。

**（二）意识形态领域：社会思潮冲击政治安全**

作为国家软实力的重要组成部分，意识形态是政治安全的重要精神堡垒，对外是执政党和国家的"形象"，对内是政党凝聚力量、达成共识的强大思想武器。随着我国改革开放向纵深发展，来自西方形形色色的思想价值观念潮水般涌入国门。尤其是在新媒体时代，一些敌对的社会思潮更是不遗余力地加大解构、颠覆与瓦解社会主义意识形态，公开或秘密地与我们党争夺阵地、争夺群众，由隐性力量发展到显性力量，意识形态领域斗争愈加复杂与尖锐。"宪政民主""历史虚无主义""新自由主义""普世价值"等颇具迷惑性和欺骗性的西方思潮严重影响民众对我国主流意识形态的权威性和主导性认同。需要说明的是，上述西方思潮往往借学术研究、经济援助之名，温水煮青蛙式渗透干扰社会主义意识形态，以实现其最终摧毁中国人民共有的精神家园，颠覆中国特色社会主义制度的险恶目的与不良用意。防止敌对思潮与意识形态对中国的入侵是一场艰苦卓绝、没有硝烟的无声战争。只有赢得这场必须赢下来的战争，我们才能避免我们的政治信仰不被摧毁、政治制度不被颠覆、政治秩序不被破坏。也只有这样，我们全面建设社会主义现代化国家以及中华民族伟大复兴的宏大战略目标才会有厚重的思想文化引领、强大的政治制度保障。

**（三）宗教领域：境外宗教渗透威胁政治安全**

我国是一个统一的多民族国家，而宗教往往成为民族认同的纽结，甚至构成一个民族的核心判断标准。宗教心理与民族感情交织在一起，成为这些民族精神家园的终极归宿，构成了这些民族的内核特质，也塑造了这些民族的外在特征。尤其是传统的思维方式的固化和精神世界的坚守使得宗教关系往往更加敏感。所以在信徒比例较高、信仰虔诚度较高、宗教保守程度较高的情况下，由此产生的社会格局、文化格局与精神格局与世俗世界形成较为明显的反差与强烈的对比。由于宗教在现实生活中影响力较大、根深蒂固的宗教心理以及由此产生的浓厚的宗教氛围，也容易使得宗教的精神鼓动性、宗教领袖的感召力、宗教团体的凝聚力、宗教事件的广泛性更加凸显。从而与现代社会存在一定程度的脱节现象，进而影响与制约政治、经济以及社会文化领域的事务，甚至形成某种阻滞性因素。[①]近年来，随着我国与世界各国在经贸与人文领域的联系与往来日趋密切，境外宗教对我国的影响越来越大。其教规教义与日常行为规范都深深影响着广大信众的思想理念与行为准则。从而在很大程度上影响我国的民族团结、宗教和顺、经济发展、民生福祉、社会稳定以及国家安全。

## 三、维护好宁夏政治安全的应对之策

### （一）始终不渝地加强党的建设，形成政治安全支撑力量

我们党100多年的历史充分证明，党的建设始终是我们各项事业进步

---

① 梁怀新. 系统把握维护国家政治安全的总体要求[J]. 大连干部学刊. 2018(04).

的制胜法宝，是我们党在革命战争年代、社会主义建设初期、改革开放新形势下能取得一个又一个胜利的重要原因。但我们党在执政过程中依然面临"四大考验"和"四大风险"的挑战，这就要求我们党必须全面提高党建科学化水平，全面加强党的建设。一是加强政治建设。要始终将政治建设置于首位，始终牢牢站稳政治立场，坚定不移地执行党的政治路线，自觉地同以习近平同志为核心的党中央保持高度一致。杜绝各自为政、各行其是，坚决维护党的团结统一、坚决维护党中央权威和集中统一领导。确保在任何时候都要坚决拥护核心、跟随核心、捍卫核心。二是加强思想建设。思想建党是保证党内清正廉洁、集体健康的关键，构成全面从严治党的有机组成部分。要坚定理想信念、保持政治思想绝对纯洁，支撑起共产党人强大的精神支柱。这就要求我们继续推动深入学习习近平新时代中国特色社会主义思想往深里走、往心里走、往实里走。认真学习，深刻领会，全面贯彻其中的精髓要义与精神实质，不断汲取强大的真理力量和实践力量。要通过发挥我们党思想政治工作的全方位优势以及基层党组织的强大的组织、宣传、动员、治理功能，切实筑牢共产党员的信仰之基、补足精神之钙、把稳思想之舵，保证党的团结统一与行动一致。①三是加强组织建设。必须坚持以习近平新时代中国特色社会主义思想为指导，深入贯彻新时代党的组织路线，始终坚持党管干部原则，按照新时期好干部标准，树立以德为先、任人唯贤，事业为上、以事择人，崇尚实干、鼓励担当的理念，打牢选人用人的根基，锻造一支忠诚干净担当的高素质干部队伍。

**（二）以社会主义核心价值观引领社会思潮，夯实政治安全精神堡垒**

意识形态是国家软实力的重要组成部分，包括政治理念、政治价值、政治认同等因素，关乎国家发展的旗帜与方向，构成政治安全的灵魂。随着我国对外开放进程的加快以及社会主义市场经济体制的不断推进，国内外各种有害政治思潮也在严重冲击着我们社会主义意识形态的防线，他们妄图实现苏联时期改旗易帜的一幕在中国重现。因此，我们必须要保持高

---

① 白帆.论中国共产党在维护我国政治安全中的核心地位[J].观察与思考.2019(06).

度的警觉与严加防范，通过矢志不渝地创新意识形态工作，从而始终做到牢牢掌握党对意识形态工作的领导权和话语权，培育和践行社会主义核心价值观，引领社会思潮，凝聚新时代全党全社会政治共识。形成有效抵御形形色色有害社会思潮对社会主义核心价值观的冲击与干扰的坚固堡垒。一要管控好互联网意识形态阵地。互联网是一把双刃剑，既可造福于民众，促进经济社会各项事业发展，也会给国家政治安全带来巨大隐患，影响政治及社会稳定。要树立正确的网络安全观念，加强对互联网的有效管控，旗帜鲜明地反对与抵制各种错误观点。要注重大众网络阵地，善于运用网络传播规律，切实增强社会主义核心价值观的大众化传播。[①]二要重视高校意识形态工作。大学生处在世界观、人生观、价值观的形成与塑造的关键时期，做好大学生的意识形态工作就显得尤为重要和迫切。国内外各种敌对势力总是将意识形态的突破点对准在校大学生，所以说大力强化大学生思想政治教育刻不容缓。要通过统筹教师、教材与课堂各个环节，全方位、系统性常抓不懈，抓出成效。对于各种有害的错误思想要敢于发声、坚决亮剑，绝不拖泥带水。

### （三）依法推进宗教治理的力度，确保宗教领域的长治久安

冷战结束后30多年来，全球宗教发展的趋势明显，对政治安全的影响力不断加深。值得一提的是，宗教极端思潮对政治安全的破坏力越来越大。我们面临的来自境外宗教极端思潮对我们所进行的渗透挑战也更加凸显，这不仅会影响国家意识形态安全，也会削弱国家政治安全的社会基础。基于宗教问题具有民族性、复杂性、长期性等诸多特点，我们务必要全力以赴做好新时代宗教工作，在发挥宗教积极作用的同时要全力抑制其消极影响，在当前复杂多变的内外部环境中构筑国家政治安全屏障。一要坚持宗教事务独立自主自办。要坚决反对外来势力干预我国宗教事务，尤其要抵制境外敌对势力的宗教渗透。要坚持宗教本土化、中国化的方向，体现中华文化自信。要从本土实际情况出发，积极引导宗教与社会主义相适应，在促进宗教自身健康发展的同时促进宗教服务于国家政治安全。二要推进

---

① 黄新华,何雷.国家治理现代化进程中的政治安全风险研究[J].探索.2015(04).

宗教事务法治化。在提倡宗教信仰自由，积极培养宗教信众正确的国家观、民族观、宗教观、文化观、历史观，积极引导信教群众参与国家经济社会建设的同时，加强对宗教的依法管理，要保护合法、制止非法、遏制极端、抵御渗透、打击犯罪。三要系统推进宗教信众的国家认同、政治认同、文化认同。国人尤其是要从内心深处树立中华民族多元一体的命运共同体理念，铸牢中华民族共同体意识，不断抵消或削弱宗教存在的一些负面影响。秉持和而不同的理念，推动宗教和谐与民族团结的互动，构建多元和谐的社会局面。四要严厉打击各种披着宗教外衣的分裂、颠覆、渗透与破坏活动。要加大力度、严格防范宗教染指基层政权，杜绝干扰司法、干预教育、干涉婚姻等社会事务的负面现象，积极引导信教群众自觉抵制各种利用宗教进行的违法违规行为，决不能让其在宗教活动外衣的掩盖下从事危害国家政治安全的活动。①

## 四、结语

安而不忘危，存而不忘亡，治而不忘乱。在实现第二个百年奋斗目标以及中华民族伟大复兴中国梦的征程中，作为一个统一的多民族国家，我们依然任重道远，需要下大力气解决前进道路上的一系列深层次问题、破解发展中面临的诸多安全短板，尤其是政治安全领域的短板。所以在任何时候都不要放松政治安全这根弦，如果放松警惕、临危不觉、疏于防范，结果只能是小事拖大，大事拖炸，最后升级失控。须知政治安全无小事，一定要未雨绸缪、建立健全政治安全风险协同研判、防控协同治理机制，主动出击、及时应对，确保不发生系统性风险和不犯颠覆性错误。

---

① 夏自军. "四个全面"视域下政治安全探究[J]. 江南社会学院学报. 2015(03).

# 探索加强宁夏新业态新就业群体党建工作研究报告

马丽娟

近年来，宁夏以平台经济为代表的新业态新模式加速涌现，聚集了快递员、外卖配送员、网约车司机、货车司机、网络主播等大批灵活就业人员，这些人员成为服务保障民生、支撑城市平稳运行的新生力量。新时代，我们要深刻把握扩大党在新兴领域号召力和凝聚力的总体要求，把坚持党对新业态、新就业群体的全面领导贯穿始终，为建设美丽新宁夏做出贡献。

## 一、宁夏新业态新就业群体党建工作概况

### （一）建立统得起管得住领导架构，实现抓党建、管平台和管人群有机结合

通过党建领导体制的创新完善，宁夏新业态、新就业群体党建工作形成了"行业指导，条块结合，协同参与，整体推进"的格局。坚持区市县三级联动、一体推进，全面压实"管行业管党建，管平台管人群"责任。由自治区党委"两新"工委牵头，统筹整合编办、网信、交通运输、邮政管理等多个部门力量，依托自治区党委网信办组建自治区互联网行业党委，负责加强互联网和平台企业党建工作，依托自治区交通运输厅、邮政管理局分别成立自治区交通运输行业党委、自治区快递行业党委并实体化运作，

---

作者简介　马丽娟，宁夏社会科学院社会学法学研究所副研究员。

负责加强交通运输和快递业党建工作。银川、石嘴山、吴忠市设立互联网企业党工委，一些县（市、区）也搭建了互联网行业党委工作架构，初步形成上下贯通、执行有力的工作体系。系统梳理调整重点互联网和平台企业党组织隶属关系，将阿里巴巴等多家平台企业党组织纳入自治区互联网行业党委直接管理，将顺丰等多家品牌快递企业党组织纳入自治区快递行业党委直接联系。将重点互联网企业、快递企业纳入各市县的管理与联系中。自治区互联网行业党委书记直接联系平台企业，工委领导干部担任多家企业党建指导员，专人专班专职强化党建工作指导。

**（二）沿着业务架构织密组织体系，守正创新打通"中梗阻"、畅通"微循环"**

属地、行业、企业三方携手，让党组织在新就业群体的链条上"扎根"，让流离分散的党员"归队"，疏通堵点，在每一个环节确保党的主张贯彻到位。推动各级行业党（工）委及其成员单位深入调研，摸清新业态企业党建工作情况；推动属地镇街全覆盖走访排查社区快递网点、外卖配送站、网约车司机服务站、物流园区等，梳理掌握新就业群体情况，建立党员名册，坚持行业自查、社区排查、系统联查协同发力。通过完善人员信息登记、落实积分奖励、优先派单等措施，引导督促新业态企业党员亮明身份、发挥作用。探索建立新就业群体红色激励机制，推动企业出台政策支持发展党员工作，重点加强对企业管理层、基层站点负责人、优秀骑手（司机）等群体政治吸纳。通过组织找党员、党员找组织、党员找党员，摸清流动党员底数，引导外卖骑手等新就业群体党员积极向党组织靠拢。全面实行属地管理。以大型平台企业和品牌快递物流企业为重点，对内抓好业务板块、项目团队、下属机构组织覆盖，对外带动加盟企业、合作企业、基层网点党组织组建，实现应建尽建。

**（三）发挥党组织和党员"锚"的作用，引导新就业群体有序参与城市基层治理**

构建"党员—基层党支部—企业党委—行业党（工）委"诉求表达机制，对新就业群体的诉求能够及时通过党员收集，合理地推动问题的解决。开展"点亮微心愿，为群众办实事"活动，组织开展新业态新就业群体的

"微心愿"征集圆梦活动，了解快递员、外卖小哥、网约车司机、货车司机等群体的工作情况和生活状况，引导广大基层党组织和党员帮助新就业群体实现一个个"微心愿"，创建安心安居乐业的良好氛围。通过组织社区活动、上门走访、节日慰问等方式，引导快递小哥到社区报到备案。根据职业特点、个人特长，引导小哥群体参与公益服务、文明创建、平安建设、关爱老人儿童等工作，使他们主动融入基层治理网格，积极当好安全管理的监督员、社会文明的宣传员、基层共治的行动员。推动"社区党组织—'小哥'社区议事会—小区物业管理站"三方协同，广泛组织开展小区圆桌会、"小哥"恳谈会，实现资源共享、问题共商、实事共办。

**（四）聚焦急难愁盼做实关爱凝聚，提升新就业群体归属感荣誉感**

坚持以党建为引领，突出服务先行、关爱暖心，综合集成各方政策、资源、力量，全面加强新就业群体合法权益保障，不断增强他们的城市归属感和职业荣誉感，引导他们感党恩、听党话、跟党走。创新开展"分类定级，组团包联"，组织各地相关部门对重点互联网企业、品牌快递物流企业以及快递网点、外卖站点、网约车（货车）车队进行分类定级，形成定级清单。选派县（市、区）委"两新"工委、行业党委和镇街等党员领导干部组团包联，定期走访联系、宣传政策、听取意见，指导帮助解决生产经营问题和"小哥"群体的急难愁盼问题。

突出需求导向、效果导向，制定出台新就业群体综合性服务平台（站点）建设规范，指导推动各地依托现有的党群服务中心、商圈楼宇、城管驿站、社区（园区）服务点等服务场地，沿着"小哥"工作路线合理布局建设"小哥驿站"，打造形成全覆盖的服务矩阵。紧扣新就业群体权益诉求，从劳动报酬、社会保险、职业发展等方面入手，建立完善"小哥"群体全周期关爱保障机制。结合新业态新就业群体实际需求，整合多方资源，织密服务阵地体系，用心用情用力开展服务。常态化开展关爱新就业群体创意活动，大力宣传先进事迹和群体风采。评选"最美快递员""最美外卖骑手""最美网约车司机""最美货车司机"，带动各级选树优秀代表，涌现出一批先进典型。

**265**

## 二、宁夏新业态新就业群体党建中存在的问题

### （一）基础薄，组织力不强

新业态具有以往传统行业不具备的特点，在工作时空上常常界限模糊，劳动管理关系也很疏离，传统党建模式对于新业态这些特点呈现出难以有效覆盖的状态。一方面，许多平台企业因为组织架构悬置于网络上，对以外卖配送行业等为代表的从业者，进行党组织的组建管理缺乏内在动力；另一方面，选择外卖、快递、电商等新业态的新就业群体，大多因为就业门槛较低、工作时间灵活变动，很少有人将其作为长久事业。因此从业人员不稳定，人员底数变化快、统计管理具有一定难度，开展党建工作的基础比较薄弱。

### （二）管理难，凝聚力不强

新就业群体中的党员有的是进城务工的乡镇青年，有的是重新择业的企业员工，有的是退役军人，有的是新就业的大学生，很多党组织关系留在户籍地、居住地或者原单位，存在不少"口袋党员""隐形党员"，给党的组织建设带来影响。新就业群体的生活常态就是"时刻在路上""时刻在网上"，传统的定时定点的党员教育管理模式，与这一状态无法相适应，所有这些对党的管理和建设都带来困扰。

### （三）结合弱，号召力不强

新兴行业没有固定场所，从业人员变化快，新业态企业本身对党建工作缺乏长远规划，在抓党建工作方面存在思想认识不到位、党建动力不足、重业务轻党建的问题，不能将党建与企业发展共同推进，对党建活动各种保障投入不足，缺乏专业的党务工作者队伍和专门经费保证，依托社区开展的新就业群体党建活动中心也存在经费不足和人员不足的问题。加上涌现出的新就业群体比较杂而且分散，大多数的新就业群体追求的是经济效益，党员人数占比低，一些党员担心参与党组织活动占用工作时间会影响收入，对表明自己的党员身份存在顾虑，能积极地投身参与企业经营管理的更是少之又少，造成党组织的政治引领作用在企业较难发挥，党建工作与企业工作缺乏有效衔接。

#### （四）融入差，影响力不强

新就业群体虽然身处城市，但由于工作的性质和生活的状态，难以融入城市中来。个体化的工作方式是"互联网+"的特点，导致从业者在时间上和工作空间上很难融入行业组织，加上工作的考核压力大，企业的人文关怀不够，使众多从业者感到生活压力大、负担重，对城市没有归属感，处于一种疏离的状态。部分企业党组织工作动力不足、工作方法不当，联系服务职工不够，对从业者的困难诉求等方面关怀不够及时。还有一些觉悟高、热心公益的党员发挥作用时，缺乏相应的制度支撑，使他们在参与社会治理时，人熟地熟事熟的优势没有得到充分展现，这些都一定程度上给新就业群体的成长发展带来不利影响。

### 三、加强宁夏新业态新就业群体党建工作的对策建议

#### （一）扩大"两个覆盖"，解决好党组织"怎么建"的问题

1. 加强组织体系建设

一要在管理体制上逐步形成党委统一领导、组织部门牵头抓总、"两新"工委具体指导、行业党委和企业党组织狠抓落实的组织领导体制。二要建立健全域统筹、条块结合、上下联动、一抓到底的工作推进机制。建立新业态新就业群体党建联席会议、党员领导干部联系点制度和党组织与企业平台管理层双向沟通协调机制。三要建立健全党建工作协调机制，解决好上下级关系、同级关系。进一步理顺市、区、街道三级党组织体制，制定责任清单，分清市、区、街道的责任，做好社区兜底管理工作，利用联席会议等平台，加强属地在平台企业党建管理上的联动配合。

2. 分类别强化覆盖

一要以党建的引领扎实基层治理体系根基，有序进行摸底排查，对新业态新就业群体切实做到"六个清楚"。二要建立重点企业名单和动态调整机制，充分联动市场监管、民政、网信、工信、商务、住建、文旅、交通运输、邮政等行业主管部门，发挥行业监管优势，探索建立"行业党委+两新组织基层党组织"机制，推动"两个覆盖"提质增效。三要采取组建、联建、统建、分建等方式，精准到企业、行业、产业，因地制宜，因业施

策，确保新业态党的组织建设全覆盖，新业态经济推进到哪里、党的组织和党的工作就跟进到哪里。在加强组织覆盖的同时，进一步做好工作覆盖。四要发挥好新业态新就业群体党组织的政治引领作用，加强政治建设、思想建设、组织建设、作风建设、纪律建设和制度建设，把党建作为一项系统工程，全面统筹协调推进，不断提升平台党建工作质量和水平，实现党的建设的全面覆盖、有效覆盖。

### （二）壮大党务力量，解决好党组织力量"怎样增强"的问题

#### 1. 多渠道壮大党建队伍

一要做好党组织书记的选拔培养，强化党组织书记党建工作第一责任人责任。要从重点平台企业中择优选拔信念坚定、熟悉经营、党性强、有威信、肯奉献，热爱党务工作的党员担任新业态企业党组织书记。二要加强干部轮训，提升"头雁"能力，经常举办党务培训课堂，就政治理论、政策法规、党建实务等方面内容开展全覆盖轮训，着力在能力素养上实现由"经验型"向"创新型"转变。组织党务干部赴先进地区学习工作经验，拓宽视野，开阔思路。三要打造品牌，形成"雁阵效应"。各所属党组织充分发挥领导班子政治引领作用，深入开展实施党建品牌"领航"计划，不断提升推动党建与业务工作深度融合的能力本领，形成上下共建、层层带动的党建品牌矩阵。四要专业比拼、淬炼本领。不断提升先进党务干部"领飞"本领，探索开展专业比武观摩活动，为基层党组织书记搭建互动交流、拓展思路、积累经验的平台。根据党务工作者人才的逐年积累形成稳定和高质量的人才库，制订人才发展规划管理规划，用好人才。五要利用激励导向和监督约束，引导解决党务人才紧缺、素质能力不强的问题。通过物质保障、政治激励等方式，调动党务人员的积极性和主动性，发挥出最大人才效能。六要选好党建指导员队伍，根据企业实际，坚持购买社会服务与上级组织选派相结合，采取"个人自愿，单位推荐，企业认可"的方式，挑选出政治素质高、作风正派、工作能力强的机关事业单位人员到新业态企业帮助开展党建工作。

#### 2. 凝聚出资人共识

要注重企业主对党建工作的支持。实践证明，凡是企业主对党组织认

同感强的，对企业党组织开展活动支持力度就大，企业党建就会强，企业发展的竞争优势就会因党组织的政治优势、组织优势和思想文化优势而得到提升，相应地党的组织也会有威信，更能得到企业管理层、员工和社会各界的普遍认可。

3. 强化基础保障

一要加大经费投入。认真贯彻 2014 年中央组织部、财政部、国家税务总局印发的《关于非公有制企业党组织工作经费问题的通知》，加强财政投入，多渠道筹措保障经费。认真执行 2022 年 4 月自治区出台的《全区非公企业和社会组织党务工作者津贴发放办法（试行）》，《办法》对宁夏非公企业和社会组织党务工作者津贴实现了全覆盖，各地要根据这一《办法》落实津贴发放范围，最大限度地激发党务工作者的积极性、主动性、创造性。二要确保"有场所议事"。平台企业必须在党建阵地上做好标准化建设，每个企业依托属地，与社区结合分片区、分领域设立党群服务中心，中心便于活动和服务，场地充足，设施完善，有统一标识。三要重视虚拟阵地的建设，利用互联网、微信、微博、企业 OA 系统等平台，开展形式多样内容丰富的网上党建活动。

**（三）聚焦融入整合，解决好党组织作用"如何发挥"的问题**

1. 为企业发展创造环境

一要把党的路线方针政策在企业中贯彻落实好，在日常的经营中引导和监督企业遵守国家法律法规，从政商两端发力正确处理"亲"与"清"的关系，促进企业自觉履行社会责任和大力发展生产经营。二要遵循新业态企业发展规律，把改革创新作为动力，对新就业群体开展教育引导、团结凝聚、鼓励促进、关心扶助，使新业态企业文化形成积极向上的氛围，激发企业活力，促进企业快速发展。三要在帮助企业决策层把握国家路线方针政策的前提下，制定正确的企业决策。四要坚持"听党话，跟党走"，努力把企业做大做强，充分发挥党组织和党员干部的带头作用，争做合格的中国特色社会主义建设者。

2. 为产业进步提供支撑

一要坚持强化党建引领，把党组织建在新业态产业链条上，按照"应建尽建"的原则，采用单独组建、联合组建、挂靠组建等多种形式的组建，大力推进"党建+产业"组织振兴模式，发挥好产业党组织的战斗堡垒作用，在精准发力、综合施策上，为企业高质量发展提供坚强组织保障。二要建立健全新业态新就业群体党建各项规章制度，推进产业链党建标准化、规范化建设，强化基本组织、基本队伍、基本活动、基本阵地，落实"三会一课"、主题党日等制度，进一步规范党建工作，激发党建新动能，助推产业快发展。三要聚焦平台企业发展需要，对照产业发展难题，着力推动党建工作与服务企业生产、产业发展深度融合。

3. 为行业发展树立品牌

一要坚持"党管互联网"原则。通过深化网络生态"瞭望哨"工程建设，聚焦互联网新业态新就业群体党建，积极探索"党建+"工作模式，提出"跟党一起创业"党建品牌建设思路，打造产业服务综合体、互联网企业党建示范点，引领推动新兴行业高质量发展。二要通过"党建+"的工作模式，把党的政治优势、组织优势转化为发展优势。让新就业群体的党员先锋"亮身份、展风采，强担当、树形象"，激励党员当好城市文明的"宣传队"、服务群众的"排头兵"。

4. 为基层治理贡献力量

一要坚持共驻共建、共用共赢、共治共享理念，大力提升基层党组织统筹力、组织力、服务力，深入推动新就业群体主动融入城市基层治理，成为城市治理新力量。二要充分发挥新就业群体走街串巷、遍布城市每一个角落的行业优势，由相关新业态行业党委牵头，开展"亮身份·当先锋"系列活动，引导党员司机、党员小哥、党员骑手成为违法线索"信息员"、文明行为"引导员"、城市形象"宣传员"。三要激励新就业群体在基层治理、平安创建、公益服务、应急处置等方面发挥特殊作用，推动新就业群体从"服务对象"转变为"治理力量"。

**（四）加强关心关爱，解决好员工权益"如何保障"的问题**

1. 加强权益保障

一要根据社会发展及时修订完善相关法律法规，进一步规范劳动者工作时间、休息休假、工资支付、参保范围等劳动基准条款，将新业态从业者权益保护纳入相关法律法规，明确规定新就业形态相关各方的权利义务，明晰认定标准，确立劳动标准。二要坚持"平等保护""双向保护"原则，强化新就业群体保护，防止劳动关系泛化，防止用工企业为规避劳动用工风险滥用外包、转包等形式掩盖用工事实，又不过度增加平台企业负担，推进平台经济健康稳健发展。三要推进职工民主参与和集体合同的相关立法，明确民主协商和集体合同的内容，保障新就业群体参与企业民主管理的权利，发挥集体协商的功能和作用，推动集体合同制度落实，促进企业和从业者双赢，助力劳动关系和谐稳定。四是相关部门应指导和督促企业依法合规用工，切实履行用工主体责任。开展人力资源和劳务派遣机构合规性审查、劳动关系三方联合检查等各类执法检查活动，从源头上规范新业态领域用人单位用工行为。

2. 帮助解决困难

一要加强与新业态和新就业群体交流沟通，以服务新业态和新就业群体为依托，属地主管部门要主动对接，按照需求，坚持整体的效益性，切实解决新业态和新就业群体的生产生活困难，提高党组织的战斗力和凝聚力，从而为新业态和新就业群体带来更多的效益。二要调动新业态新就业群体党建工作联席会议成员单位力量，发挥群团组织优势，为新就业群体提供法律援助、健康体检、联谊交友等"接诉即办"式服务。三要鼓励平台企业建立党员互助基金，为新就业群体突发疾病、意外事故等提供帮扶，减少其后顾之忧。四要深入实施关爱系列服务项目清单，打造服务示范街区，为外卖配送员划定专属停车区、设定取餐绿色通道等，结合其作息时间打造"中央厨房"，推出延长堂食时间、就餐优惠等福利，鼓励经营户挂牌"爱'新'商家"，提供免费开水、优惠套餐等服务。五要利用辖区丰富的文旅资源，面向新就业群体子女推出文旅研学游，带动其感受城市温度。六要定期开展交通安全、消防安全知识讲座，不断强化安全意识。七要依托宁夏网约配送员职业技能竞赛，提升外卖配送员路线设计、沟通交流、安全防护等职业技能。八要依托党群服务中心、社区服务点、城管驿站等场所，整合服务资源，在新就业群体集聚区建设"小哥加油站""司机之家""暖蜂驿站"等"红色驿站"。

### 3. 提升社会认同

一要选育业内宣讲团队。选育一支政治觉悟较高、理论素养扎实、熟悉政策法规的宣讲团队，打造一批业内"站点讲师"，将学习宣传贯彻党的二十大精神、新业态新就业群体的新政策新要求等内容融入晨会例会、日常交流，通过身边人言传身教，引导广大新就业群体党员、从业者听党话、跟党走。二要对工作中表现突出、思想上积极向党组织靠拢的新就业群体，在党员发展上予以倾斜。三要引导参与基层治理。建立骑手党建联盟基地，利用这一平台发挥快递小哥、外卖骑手职业群体走街串巷、熟门熟路的优势，使他们主动化身"警报器""探照头"，为基层治理发挥信息员、宣传员、监督员的作用。四要通过骑手党建联盟基地，加强服务凝聚，做细做实关心关爱，吸引、吸纳更多党员加入，切实增强党在新就业群体的号召力、凝聚力、影响力。五要在新业态领域选树一批先进党组织、培树一批优秀党员，加大"两代表一委员"、"两优一先"、劳动模范等推选力度。五要定期开展"最美小蜜蜂""最美快递人""先锋骑手"等评优活动，深入挖掘行业先进，广泛宣传榜样事迹，教育从业人员崇尚职业文明，激发新业态、新就业群体职业荣誉感。

# 2023 年宁夏社会发展大事记①

徐东海

## 1 月

2 日，宁夏家电消费季暨家电下乡以旧换新活动在银川市西夏区兴泾镇市场启动。

3 日，宁夏回族自治区党委宣传部举行第四场新闻发布会发布消息：2023 年宁夏将聚焦高校毕业生等重点群体就业，扎实开展"就业创业促进年"活动，坚决打好稳就业这场硬仗。

4 日，宁夏回族自治区党委宣传部举行新闻发布会发布消息：教育部同意将宁夏 10 项高校设置事项纳入"十四五"规划，包括新设 1 所本科高校、3 所高职院校，2 所高职学院升格职业技术大学，1 所普通本科学院更名升格大学，3 所高校同层次更名，比"十三五"时期增加了 8 项，这是宁夏高等教育发展中的一次历史性突破。

9 日，由宁夏社会科学院牵头组织科研人员及各行业专家学者编写的 2023 年"宁夏蓝皮书"系列丛书发布。"宁夏蓝皮书"系列丛书，是研究

---

作者简介 徐东海，宁夏大学民族社会学博士研究生，宁夏社会科学院社会学法学研究所助理研究员。

① 根据 2023 年《宁夏日报》、《新消息报》、宁夏新闻网等相关信息资料整理。

宁夏经济社会重大问题与社会现象的系列参考书目，是集学术性与对策性于一体的资讯类产品，是具有原创性、专业性、实证性和前瞻性的重要宁夏智库品牌。丛书分为《宁夏经济发展报告（2023）》《宁夏社会发展报告（2023）》《宁夏文化发展报告（2023）》《宁夏法治发展报告（2023）》《宁夏生态文明建设报告（2023）》5册，由宁夏人民出版社出版发行。丛书中的《宁夏社会发展报告（2023）》在关注教育、卫健、社保、就业等热点研究领域的同时，开拓了宁夏应对人口老龄化、育龄人口生育意愿、人力资本与共同富裕关系、粮食安全现状及其对策、基层医疗卫生人才现状等研究新领域。

12日，中国人民政治协商会议第十二届宁夏回族自治区委员会第一次会议在宁夏人民会堂开幕。

13日，宁夏回族自治区第十三届人民代表大会第一次会议在银川隆重开幕。

## 2月

1日，宁夏回族自治区党委办公厅、政府办公厅印发《宁夏回族自治区"就业创业促进年"活动实施方案》。

10日，宁夏回族自治区党委办公厅印发《关于加强和改进新时代宁夏青年和共青团工作的意见》。

## 3月

1—31日，为深入学习贯彻党的二十大精神和习近平总书记关于学雷锋志愿服务的系列重要指示精神，大力弘扬雷锋精神、志愿精神，推动宁夏学雷锋志愿服务工作深入开展，自治区党委宣传部、文明办、民政厅、团委等部门共同举办了"学雷锋志愿服务月"系列活动，活动主题为"传承雷锋精神，弘扬时代新风"。

2日，肩负重托，满怀豪情，出席全国政协十四届一次会议的住宁全国政协委员乘机抵达北京。

3日，肩负宁夏人民的重托，出席第十四届全国人大一次会议的在宁全国人大代表顺利抵京。

4日，中国人民政治协商会议第十四届全国委员会第一次会议在北京人民大会堂开幕。

5日，第十四届全国人民代表大会第一次会议在北京人民大会堂开幕。

## 4月

1日，宁夏回族自治区人力资源和社会保障厅发布消息称，宁夏已开启与全国各地同步开展2023年大中城市联合招聘高校毕业生春季专场活动，该活动已于3月19日拉开帷幕，至5月26日结束，整个活动将为2023年应届和往届未就业高校毕业生搭建求职平台。

3—4日，教育部组织专家组抵达宁夏开展了"互联网+教育"示范区建设验收工作，宁夏顺利通过国家验收。

9日，宁夏回族自治区学习贯彻习近平新时代中国特色社会主义思想主题教育工作会议在银川召开。

21日，宁夏回族自治区教育厅印发《关于进一步加强新时代中小学思政课建设的实施意见》。

24日，宁夏回族自治区政协组织部分自治区政协委员，围绕铸牢中华民族共同体意识赴固原市开展调研并召开座谈会。

## 5月

10日，宁夏回族自治区卫生健康委、财政厅联合印发《宁夏回族自治区育儿补贴金发放实施方案（试行)》。

18日，第二十届（2023）中国慈善榜在北京揭晓。宁夏宝丰集团有限公司董事长、宁夏燕宝慈善基金会理事长党彦宝等获得表彰。这是党彦宝连续第9次荣获"全国十大慈善家"称号。

29日，国家卫生健康委在银川市组织召开宁夏"互联网+医疗健康"示范省（区）建设验收会，宁夏顺利通过验收。

# 6 月

6 日，宁夏回族自治区市场监督管理厅开展了高考、中考前校园及校园周边食品安全督导检查工作。

8 日，宁夏回族自治区人力资源和社会保障厅、财政厅、国家税务总局宁夏回族自治区税务局联合印发《宁夏回族自治区推进完善失业保险自治区级统筹制度实施意见》。

19 日，宁夏慈善总会庆祝成立 30 周年大会在银川召开。

21 日，教育部公布了新时代中小学名师名校长培养计划（2022—2025）培养对象及培养基地名单，宁夏 6 人入选。

同日，宁夏回族自治区巩固拓展脱贫攻坚成果同乡村振兴有效衔接考核评估反馈问题整改工作会议在银川召开；宁夏回族自治区深入学习贯彻习近平总书记文化传承发展座谈会重要讲话精神专题研讨会议在银川召开。

21 日 20 时 40 分许，宁夏回族自治区银川市兴庆区民族南街富洋烧烤店发生一起特别重大燃气爆炸事故，造成 31 人死亡，7 人受伤。

22 日凌晨，宁夏回族自治区党委常委会紧急召开会议研究银川市兴庆区富洋烧烤店燃气爆炸事故处置工作之后。同日下午，宁夏回族自治区党委常委会再次召开专题会议，传达学习贯彻习近平总书记重要指示，按照中央领导同志批示要求，安排部署医疗救治、善后处置和安全生产风险隐患排查整治工作。

25 日上午，国务院宁夏银川富洋烧烤店"6·21"特别重大燃气爆炸事故调查组在银川召开第一次全体会议。

27 日，由宁夏回族自治区文明办主办，中卫市委宣传部、中卫市文明办承办的 2023 年上半年"宁夏好人"先进事迹发布会举行。

28 日，宁夏回族自治区党委常委会召开会议，深入学习贯彻习近平总书记重要指示精神，听取重点行业领域安全生产风险隐患排查整改情况汇报，研究讨论全面加强安全生产工作责任分工和城镇燃气安全风险隐患排查整治、"九小"场所消防安全专项整治等"1+5"方案，安排部署全面深入整改整治工作。自治区党委书记梁言顺主持会议并讲话，强调要从坚定捍卫"两个确立"、坚决做到"两个维护"的政治高度,深入贯彻落实总书记重要指示和中央有关领导同志批示精神,下决心、出重拳,不换思想就换人、态度不正就挪窝、能力不够就让位,突出"深准狠",扎实抓好"防、查、改、督、究、调、教、强、技、制"各项工作,全力以赴确保宁夏安宁、护佑百姓安康。

## 7 月

3 日,宁夏回族自治区相关会议审议通过《支持高质量充分就业促进居民增收财政政策措施》。

13 日,宁夏科技成果转化暨人才交流合作大会在银川开幕。

18 日,由自治区党委"四大"活动机制办公室牵头举办的"社会主义是干出来的"实践成果展在银川开展。

20 日,宁夏沙漠绿化与沙产业发展基地"全国关心下一代党史国史教育基地"正式揭牌。

25 日,宁夏回族自治区人力资源和社会保障厅、财政厅、国家税务总局宁夏回族自治区税务局日前联合印发《宁夏回族自治区推进完善工伤保险自治区级统筹制度的实施意见》。

26 日,由中共中央宣传部《党建》杂志社和宁夏回族自治区党委宣传部联合主办的学习贯彻习近平新时代中国特色社会主义思想研讨会在银川开幕。

## 8 月

3 日,宁夏退役军人事务厅联合山西、内蒙古、山东、河南、四川、陕西、甘肃、青海八省(区)退役军人事务厅签署推进黄河流域省(区)退役军人工作高质量发展区域协作框架协议。

4 日,宁夏回族自治区党委办公厅、政府办公厅印发《宁夏回族自治区乡村振兴责任制实施细则》。

8 日,宁夏回族自治区残疾人联合会第八次代表大会在银川闭幕。

16 日,北京大学在宁选调生座谈会在银川召开。

17 日，民盟沪宁合作框架协议书签约仪式暨民盟上海市委援助宁夏贫困学校捐赠仪式在银川举行。

## 9 月

5 日，宁夏回族自治区民政厅发布消息称，在第十二届中华慈善奖表彰大会上，民政部授予 144 个爱心个人、爱心团队、捐赠企业、慈善项目、慈善信托"中华慈善奖"。宁夏宝丰集团有限公司董事长党彦宝、宁夏金顺集团有限公司董事长哈学忠获奖。

9 日，宁夏回族自治区党委、人民政府决定对全区民族团结进步模范集体和模范个人进行表彰。

11 日，据《宁夏日报》报道，2023 年 9 月是宁夏第 40 个民族团结进步月。连日来，全区各地以"民族团结一家人·中华民族一家亲"为主题，深入开展铸牢中华民族共同体意识宣传教育活动，着力营造各民族和睦相处、和衷共济、和谐发展的良好局面，推动民族团结进步月活动取得实效。

同日，《民盟粤宁合作框架协议书》签约仪式暨"民盟粤宁同心"奖助学金捐赠仪式在银川市兴庆区月牙湖中学举行。

19 日，第三届宁夏国际友好城市论坛主论坛在银川举行。

## 10 月

12 日，教育部与宁夏举行部区会商会议并签署战略合作协议。

16 日，宁夏新的社会阶层人士联谊会第一次会员代表大会在银川召开。

18 日，"韩红爱心·援宁公益再行动"捐赠暨发车仪式在银川举行。

21 日，宁夏首个校园中医馆在银川市金凤区银外幼儿园开馆。

25 日，由中国传媒大学、中国广电数字教育发展中心、北京歌华有线电视网络公司联合主办的"中华诗词文化鉴赏"音视频课件捐赠仪式在银川举行。

31 日，宁夏社会科学界联合会组织召开社科界学习宣传贯彻习近平文化思想座谈会。

## 11 月

1 日，宁夏回族自治区医保局发布消息称，宁夏职工医保个人账户代缴城乡居民医保费用返还业务在"我的宁夏"政务 APP 上线。

8 日，据《宁夏日报》报道，人社部、全国博士后管理委员会正式发布通知，公布 2023 年批准新设博士后科研流动站名单。宁夏大学生物学、北方民族大学民族学和宁夏医科大学基础医学、临床医学、公共卫生与预防医学等 3 所高校 5 个一级学科获批设立博士后科研流动站。

11 日，由宁夏回族自治区残联主办，银川市残联、宁夏盲人协会、宁夏聋人协会、宁夏肢残人协会协办的首届宁夏"有爱无碍·筑梦幸福"残疾人交友相亲公益活动在银川市残疾人文体中心举办。

22 日，宁夏回族自治区自然资源厅发布消息称，2023 年以来，宁夏将推进解决历史遗留城镇住宅"办证难"问题列为 2023 年全区民生实事和主题教育专项整治内容之一，集中攻坚，集中突破，截至 2023 年 11 月 15 日，宁夏累计解决 106993 户历史遗留城镇住宅"办证难"问题，化解率达95.07%。

29 日，全国安全生产电视电话会议结束后，宁夏回族自治区立即召开全区安全生产电视电话会议暨自治区安委会 2023 年第九次全体（扩大）会议。

30 日，据《宁夏日报》报道，共青团中央、农业农村部表彰在乡村振兴中做出积极贡献的青年，评出 10 名"全国乡村振兴青年先锋标兵"、380 名"全国乡村振兴青年先锋"。其中，来自宁夏的金玉龙荣获"全国乡村振兴青年先锋标兵"称号，苏德花、江力、刘朋鑫、温超、田丽荣获"全国乡村振兴青年先锋"称号。

## 12 月

6 日，全国扶贫志编纂工作推进会在宁夏银川市召开。

19 日，宁夏回族自治区民政厅发布消息，将在全区范围内部署开展

"寒冬送温暖"专项救助行动。

20日11时，宁夏救援物资运输车队抵达甘肃省积石山县地震灾区。

22日，宁夏回族自治区市场监督管理厅下发通知，部署开展元旦、春节两节期间重要民生商品价格质量监管工作。

25日，宁夏回族自治区民政厅与财政厅联合印发《宁夏回族自治区临时救助实施细则》。